해석 현상학적 분석

이론, 방법, 연구

Interpretative Phenomenological Analysis

Theory, Method and Research

김미영, 이광석 역

Jonathan A. Smith, Paul Flowers, Michael Larkin

도서출판 한누리

해석 현상학적 분석

이론, 방법, 연구

Interpretative Phenomenological Analysis

Theory, Method and Research

CONTENTS

역자 서문

해석 현상학적 분석(Interpretative Phenomenological Analysis: IPA)은 그 이론적 근거를 후설(Husserl)이나 하이데거(Heidegger)의 현상학에서, 또 슐라이어마허(Schleiermacher)와 가다머(Gadamer)의 해석학에서 찾는다. 이 책의 저자인 스미스(Smith)와 플라워즈(Flowers), 라킨(Larkin)은 해석 현상학적 분석을 질적연구에서 유용한 방법론 중의 하나로 독특하게 발전시켰다. 본 역자는 이 책의 초점이 개인적 경험의 이해에 대한 관심뿐 아니라 의미에 대한 해석에 있기 때문에 이러한 관점에 유념하여 번역을 하였으며, 국내에 해석의 관점이 아직 충분한 발전이 이루어지지 않아 본 역자는 이 책을 통해 해석의 관점에 대한 지평을 넓힌다는 의미에서 더욱 큰 사명감을 가지게 되었다.

이 책을 읽은 독자들이 우선 해석 현상학적 분석 방법론에 관심을 갖는다면, 특정한 사건이나 현상에 대한 상세한 개인적 이야기에 접근해야 한다. 즉 해석 현상학적인 분석에서 강조하는 것은 순수한 기술에 만족하지 않고 통상적으로 바라보는 시각에 변혁을 가져다 줄 수 있는 해석적인 설명이 이루어져야 한다. 이러한 과정은 쉬운 것이 아니며, 초보 연구자라면 더더욱 어려울 것이다. 따라서 연구자들은 “이 현상은 다른 현상과 어떻게 유사하고 다른가?”, “서로가 어떻게 연관되는가?", "어떤 패턴이 존재하는가?"와 같은 질문을 통해 이해의 폭을 넓혀 나갈 수 있을 것이라 기대한다.

이 책은 크게 세 부분으로 구성되어 있다. IPA를 수행하기 위한 이론과 방법, IPA 관련 연구 및 IPA에 대한 최근 이슈로 나뉘어져 있다. 무엇보다 이 책은 IPA 수행 방법이 상세하고 풍부한 IPA 연구 사례뿐 아니라 다른 질적연구방법론과의 비교를 제시하고 있어 본 책을 처음 접하는 사람들이 IPA를 다른 질적연구방법론과 비교하고 이해하는데 많은 도움을 줄 수 있을 것이다. 역자는 이 책을 번역하는 과정에서 한정된 지식과 시간적 제약으로 번역이 매끄럽지 못한 부분도 있으리라 생각한다. 그러나 질적연구에 관심이 있는 사람들이 IPA를 이해하고 앞으로 지속적으로 활용하는 과정에서 더 나은 번역이 나올 수 있으리라 기대한다. 끝으로 이 책이 나오기까지 수고해주신 하누리 신경원 사장님과 이 책의 편집을 처음부터 끝까지 꼼꼼히 작업해 주신 하누리 관계자 여러분께 진심으로 감사의 뜻을 전한다.

2015년 5월

역자 올림

1장

서론

해석 현상학적 분석(Interpretative Phenomenological Analysis: IPA)은 최근 개발되어 급속히 발전하고 있는 질적연구 방법론이다. 원래 심리학에서 창안되어 널리 알려지게 되었지만 인문학, 사회학, 보건학의 유사 학문 연구자에 의해 많이 채택되고 있다. 본 저서는 IPA를 활용한 연구수행에 도움을 주는 종합 안내서로서 방법론의 이론적 기초, 연구프로젝트의 단계별 상세 지침, 그리고 차원이 높은 연구 사례들을 제공한다. 저자는 이 저서가 연구경력 수준이 상이한 연구자들, IPA에 대한 정보를 더 많이 알고 싶어 하는 학생들, IPA 연구를 처음 수행하는 사람들, 연구기술을 확대하고자 하는 능숙한 연구자들, 이들 모두에게 유용하리라고 기대한다.

IPA란?

IPA는 사람들이 삶의 중대한 경험들을 어떻게 이해하는지를 조사하는 질적 연구 방법이다. IPA는 자체 용어로 경험을 탐구하고 있다는 점에서 현상학적이다. 철학자 에드먼드 후설(Edmund Husserl)이 현상학자들에게 '사태 그 자체로 돌아가라'고 촉구했다는 사실은 유명하다. IPA 연구는 후설의 선례를 따르고 있어서 경험을 미리 정의된 범주나 과도하게 추상적인 범주에 고정시키려 하지 않는다.

물론 '경험'은 복합적인 개념이라서 추후 심도 있게 논의할 것이다. 하지만

IPA 연구자들은 인생경험의 일상적인 흐름이 어떤 이에게 특별한 의미를 가지게 될 때 일어나는 현상에 특히 관심을 가지고 있다. 이런 현상은 대개 우리 삶에서 중요한 일이 일어났을 때 발생한다.

예를 들어, 여러분이 무더운 여름날 바다에서 수영을 한다고 상상해 보자. 신발을 벗고 난 후에야 발 밑 자갈이 신경 쓰이고 해안선에 이르기까진 절룩거리며 걸어야 한다는 사실을 깨닫게 된다. 차가운 바닷물이 처음 몸에 닿아 부르르 떨리게 되는 순간 등에 내리쬐는 햇살이 따뜻하다는 것을 깨닫게 된다. 그때 잠시, 여러분은 이러한 경험의 흐름을 어쩔 수 없이 인식하게 된다. 그러나 대개는 그 경험의 흐름에 잠시 몰입할 뿐이지 그 흐름을 명쾌하게 인식하지는 않는다. 그러면 이 일이 여러분에게 그 이상의 의미를 가지고 있는 경우를 상상해 보자. 여러분은 어린 시절부터 수영을 아주 좋아했지만 심각한 건강 문제로 큰 수술을 받은 후로는 수년간 공공 해변에서 수영을 하지 않았다. 이 경우 수영을 한다는 것에 대한 기대에는 일련의 추가적 의미가 더해진다. 어쩌면 수술자국이나 신체에 일어난 변화를 걱정할지 모른다. 어쩌면 건강회복의 표시로서 언젠가는 이런 순간, 그리고 상실된 모습의 회복을 예상하고 있었을지도 모른다. 또한 수영하는 법을 기억하고 있는지 없는지 단순히 궁금해 하고 있을지도 모른다. 어떤 사례에서건 이때의 수영은 체험, 즉 여러분에게 일어나고 있는 중요한 사건으로 표시된다.

이 예시는 경험의 위계 서열을 드러내준다. 가장 기본적 수준에서, 우리는 자신을 의식하지 않으면서 경험의 일상적 흐름에 시시각각 사로잡힌다. 일어나고 있는 일을 의식하게 되는 순간 단순 경험과는 대조가 되는 '체험'으로 표현될 수 있는 것이 시작된다. 딜타이(Dilthey, 1976)는 다음과 같이 설명한다.

> 시간의 흐름에서 하나의 단위로 드러나는 모든 것은 하나의 의미를 가지기 때문에 체험으로 불릴 수 있는 최소 단위가 된다. 삶의 부분들로 구성된 좀 더 포괄적인 단위는 공통 의미로 연결되므로 그 부분들이 중간에 개입된 사건들 때문에 분리되는 순간에조차도 그 포괄적 단위 역시 체험으로 불린다(p. 278).

딜타이에게 있어, 자갈이나 태양의 열기를 의식한다는 것은 '체험'의 '최소 단위'의 사례로 간주될 수 있으므로 그러한 경험들에 대한 IPA 연구를 수행할 수 있다. 하지만 IPA는 딜타이의 좀더 '포괄적인 단위'에 관심을 두는 것으로 더 잘 알려져 있다. 후자의 연구에서 경험은 개인의 삶에서 더 큰 의의를 지니고 있는데, 수영을 한다는 예상이 과거의 중요한 사건들과 연결되어 건강회복의 표시라는 의미를 가지는 사례에서 살펴본 바와 같다.

이 사례는 경험과의 연결에 의해 포괄될 수 있는 범위의 폭, 그리고 경험 수준들이 서로서로 연결되는 방식을 보여주기 위해 제시되었다. 실제로, 큰 수술 경험과 그것이 삶에 미친 충격을 연구하는 실험 참여자와의 인터뷰 중에 수영 예상에 대한 특정 경험을 듣게 될 가능성이 높다. 이때 포괄적 단위는 수술의 충격이고 다양한 '삶의 부분들'로 구성될 것이다. 이를테면, 의사의 진단을 받는 일, 수술 준비를 하는 일, 통증으로부터 회복, 의미 있는 다른 사람들이 보여주는 반응들에 대처하는 일, 사람들 앞에서 신체를 드러내는 일로 구성될 수 있다. 이 부분들은 시간상으로는 분리되지만 '공통 의미'로 연결되어 있다. 따라서 참여자와의 인터뷰 목표는 그러한 부분들과 그것들의 연관성을 끌어내고 공통 의미를 발견하는 것이 된다.

사람은 자신의 삶에서 중요한 일을 '체험'하게 되면서, 일어나고 있는 일의 의미를 곰곰이 생각하기 시작한다. 따라서 IPA 연구의 목표는 이런 생각들을 활용하는 데 있다. 따라서 IPA 연구자는 첫 출근, 첫아이 탄생, 부모님 사망처럼 삶에서 중요한 변화를 사람들이 어떻게 이해하는지 상세히 살펴보는 일에 관심을 가질지 모른다. 아니면 이민을 가거나 유전자 검사를 받거나 엘리트 스포츠에 전념하기와 같은 중대한 결정을 어떻게 내리는지에 대한 관심을 갖는다. 이런 경험들 중 어떤 것은 개인이 상황을 주도하는 작용주체인 결과이고, 어떤 것은 예기치 않게 일어난 부적절한 것이다. 어떤 것은 불연속적이고 제한적인 반면, 어떤 것은 상당 기간 동안 지속된다. 어떤 것은 긍정적인 것으로 경험되는 반면, 어떤 것은 명백하게 부정적이다. 이 모든 것들의 공통점은 그것들이 개인에게 중요한 의미를 갖는다는 사실이고 훗날 개인은 그 의미가 무엇인지 새겨

보면서 많은 회상과 생각과 느낌에 빠져들게 된다.

연구 참여자가 자신에게 일어나고 있는 일을 이해하려는 이런 시도 때문에 연구자에게는 IPA의 중요한 두 번째 이론 축이 필요하다. 그것은 해석하려는 노력이므로 해석 이론인 해석학의 정보가 요구된다. IPA는 인간이 의미를 생성하는 존재라는 관점을 공유하고 있으므로 참여자가 제공하는 설명은 자신이 겪은 경험을 이해하려는 시도를 나타낸다고 파악한다. 또한 IPA가 인정하는 사실은 경험에로의 접근이 참여자가 털어 놓은 내용에 항상 의존하고 있다는 것, 그리고 연구자가 그 경험을 이해하려면 참여자의 설명을 해석할 필요가 있다는 것이다.

IPA 연구자는 이중의 해석적 활동에 종사한다고 할 수 있는데 이는 자신에게 일어나고 있는 일을 이해하려고 노력하는 참여자를 연구자가 이해하려고 노력하기 때문이다. 여기에 연구자의 이중적 역할이 잘 드러나 있다. 연구자는 참여자와 비슷한 정신적 개인 기술과 수용력을 활용하게 되면서 기본적인 특성, 즉 인간이라는 특성을 공유한다. 동시에 연구자는 이러한 기술들을 좀 더 의식적으로 또 체계적으로 활용한다. 이런 식으로 연구자의 이해 생성은 2차적인 것이고 연구자는 참여자의 설명을 통해서 그 사람의 경험에 접근할 뿐이다.

IPA는 특정 사례를 자세하게 살펴보는 일에 전념한다. 이 특정한 사람의 경험이 무엇인지, 이 사람이 자신에게 일어나고 있는 일을 어떻게 이해하고 있는지 상세히 알고자 한다. 이 내용이 우리가 IPA를 개별기술(idiographic)이라고 언급할 때 의미하는 것이다. IPA 연구는 보통 소수의 참여자를 대상으로 하기 때문에 개개인의 경험 일부를 밝히는 것을 목표로 한다. 이 일환으로 각 사례들 간의 유사점과 차이점을 상세하게 조사할 수 있다. IPA를 사용하여 좀 더 포괄적인 주장으로 넘어갈 수도 있으나 그 사례의 잠정적 가능성이 인정되고 난 다음에 이루어진다.

IPA 연구는 비교적 소수의 표본 규모로 진행되므로 상당히 동질 표본을 찾는 것이 목표이다. 그래야만 그 표본 내에서 수렴과 분화를 좀 더 깊게 조사할 수 있다. 따라서 직접적인 주장은 연구 집단에 한정되지만 이론적 일반화를 거친 확대 주장은 참작 가능하고, 보고서를 읽은 독자는 관련 증거를 기존의 전문적인 지식과 경험으로 얻은 지식과 관련 지어 평가할 수 있다.

자료수집은 반구조적인 인터뷰 형식으로 이루어지는 게 보통이나 꼭 그렇지만은 않다. 이때 예상 질문은 유동적이고 참여자는 구성 내용에 중요한 몫을 담당한다. 인터뷰 내용을 문서화한 기록은 체계적인 질적 분석으로 하나하나 검토된다. 그 다음 이것은 연구자의 분석적 해석이 상세하게 제시되고 참여자가 말한 그대로 옮긴 발췌 내용으로 뒷받침된 이야기식 서술로 바뀌게 된다.

이 저서에서는 IPA에서 중심이 되는 이론적 관점들인 현상학과 해석학과 개별기술을 하나하나 심도 있게 검토하면서, IPA가 그 관점들에 접근하는 특별한 시각을 보여준다. 뒤에 이어지는 장(章)들에서는 이러한 접근을 실행하는 데 필요한 각 단계들을 다룬다. 아울러 사람들의 삶에서 의미 있는 경험들을 면밀하게 조사함으로써 성취 가능한 바를 실증하는 연구의 세부 사례들을 제공한다.

IPA의 역사

IPA의 역사는 짧지만 한편으로 길다고 할 수 있다. 실재하는 최초의 기록은 1996년『심리학과 건강』에 게재된 조나단 스미스(Jonathan Smith)의 논문이다. 이 논문에서 경험적이고 질적인 것을 파악해 낼 수 있으면서 여전히 주류 심리학과 교류 가능한 심리학 접근법을 주장했다. 이 때 중요한 목표가 상이한 지식 분야에서 어느 한 가지 방법을 차용하는 대신 심리학의 중심인 질적 접근법의 적합성을 입증하는 것이었다. 이때 초점을 다른 주제 영역에 문제점이 있다는데 두지 않고 윌리엄 제임스(William James)가 구상했던 좀 더 다원적인 심리학을 되살리는데 초점을 두었다. 따라서 그 주장에 따르면 심리학은 실험적이면서 동시에 경험적인 학문이며, 또한 그렇게 되어야 하며 심리학은 그 지적 역사 내에서 경험적인 속성에 대한 중요한 역할, 비록 억제되어 있긴 해도, 그 역할을 인식하고 있다. 또한 IPA가 1990년대 중반에 모습을 드러내긴 했어도 사실은 훨씬 더 긴 역사를 가진 개념들과 사상들에 분명한 토대를 두고 있다. 즉 IPA는 중요한 이론적 사상들의 영향을 받아왔고 그러한 사상들과 교류하는 한 가지 방식을 운용할 수 있게 하려는 시도이다. IPA는 현상학과 해석학에서 나온 사상들을 명백하게 드러내려는 유일한 연구방법이 아닐뿐더러 고착된 것도 아니다. IPA 나름의 핵심적인 특징들이 있으므로 본 저서는 그런 핵심적인 요소들이 드러낼 수 있게 하는 다양한 방법들을 실례로 입증하고자 한다.

이런 식으로 IPA는 심리학에서 시작되었고 초기 연구의 상당부분은 건강심리학에 속해 있었다. 그 이후 사회 심리학과 교육 심리학뿐만 아니라 임상 심리학과 상담 심리학에서 특히 강세를 보였다. IPA의 가장 중요한 기반이 응용심리학 혹은 '현실 세계의 심리학'으로 광범위하게 기술될 수 있는 것이라고 해도 놀라는 일이 아니다. 우리 저자는 약간 상이한 용어들을 사용하고 IPA의 핵심적인 이해 집단을 곤경에 처한 사람들에게 관심을 가지는 사람들이라는 입장을 지지한다.

우리는 인문학, 건강학, 사회학의 관련 분야들에서도 IPA가 사용되고 있다는 사실을 환영하며 이런 확대를 권장한다. 물론, IPA의 핵심 관심사가 심리적인 것이고, 심리학에는 경험적 속성을 체계적으로 조사하는 방법이 들어설 영역이 필요하므로 IPA가 심리적 속성을 다루는 것으로 간주되는 일이 중요하다고 생각한다. 그러나 IPA는 대문자 P에서는 물론이고 소문자 p의 경우에서도 심리적 특성을 지닌다.

IPA의 지리적 분포는 확장과 유사한 패턴을 따른다. 초기 연구의 대부분은 영국에서 이루어졌는데 지난 20년 동안 질적 심리학이 자리 잡아가는데 실제 시련이 있다는 사실이 흥미롭다. 그러나 이제 IPA를 사용하는 연구자들은 세계 도처에 있다. 이 중 많은 연구들이 당연히 영어권에서 이루어지고 있지만 영어가 제1언어가 아닌 지역에서도 진행되고 있다.

저서의 활용 방법

앞서 말했듯이, 우리 저자는 여러 다른 유형의 독자들을 염두에 두고 저술했다. 초보자를 위해 IPA 연구를 수행하는 단계를 하나하나 상세하게 설명하고자 했다. 처음으로 질적 실험 연구를 하는 일은 벅찰 수 있기 때문에 각 단계마다 양적 프로그램에서 가르치는 기술들의 차이에 초점을 맞춘다. 양적 프로그램은 심리학 과목들에서 두드러진 교육방식이 되고 있는 추세이다. 그러나 우리 역시 '방법론에 치우친' 위험성, 즉 방법 예찬의 위험성을 명시하고자 노력했다. 초보자 또한 이런 안내지침서를 영구적인 처방책들이 아니라 연구 착수에 도움이 되는 제안들로 받아들여주기를 희망한다. 유사하게, 우리는 방법을 설명하는 각 장에서 광범위한 사고방식을 다루고 더 능숙한 IPA 연구자들도 더 큰 가치를 찾게 되기를 희망한다. 우리의 전반적인 목표는 경험에 관한 질적 심리학 연구를 수행하는 개발 과정을 보여주는 데 있다. 연구자는 확실하게 믿을 수 있는 방법을 신중하게 채택함으로써 연구를 시작하지만 자신감이 커지면서 점점 더 과정을 의식하게 되고 기술 개발과 형식적인 절차는 뒤로 밀려나게 된다.

IPA의 근본적인 철학은 절차상의 문제만큼 중요하다. 이 철학에 익숙한 연구자라면 더 일관되고 정교하고 섬세한 분석을 할 수 있을 것이다. 또한 근본적인 철학에 대한 자신들의 이해에 의지하여 예상치 못한 문제들을 해결할 수 있을 것이고, 자신감과 경험이 늘어나면서 자신의 IPA 연구를 앞서 서술한 절차들 너머까지 발전시켜나갈 것이다. 그러므로 우리는 복잡한 철학적인 사상들의 일부를 다시 한 번 이해하기 쉽게 제시하려고 시도하였다. 우리는 IPA 연구자라면 IPA에 영향을 끼친 철학적 이론을 어느 정도 알아야 할 필요가 있다고 생각한다. 동시에 IPA의 정신과 감성을 이해하는 것도 중요하다. IPA는 어느 특정 철학적 사상을 운용하지 않는다. 오히려 광범위한 철학 사상들을 폭넓게 그러면서 선별적으로 끌어낸다.

아울러, 우리는 초보 연구자에게 가장 유용한 것 중의 하나인 IPA 결과물들이 실제로 어떤 것인지 제시되어야 한다고 생각한다. 그래서 우리는 광범위한 주제들을 조사하기 위해 IPA를 이용한 일련의 연구들을 제공한다. 이 연구사례들은 독자에게 IPA를 활용하여 무엇을 성취할 수 있는지 보여주고, 상이한 수준에 있는 연구자들에게는 그들이 열망하는 훌륭한 연구의 실례를 제공한다.

책은 선적 구조를 가지기 마련이다. 대부분의 사람들은 모든 장(章)들을 순서대로 훑어가는 것이 유용하다고 생각한다. 그러나 순서를 바꾸어 읽어도 전혀 지장이 없기 때문에 우리는 이 책을 어떤 순서로 읽어 나갈지 독자 스스로 결정하라고 권장하는 바이다. 어떤 이는 IPA 수행 방법을 다룬 실제적인 장(章)들을 먼저 읽고 나중에 이론을 제시한 장(章)들을 읽고 싶어 할 것이다. 또 어떤 이는 곧바로 Section A를 읽는 대신 IPA가 실제 어떻게 활용되는지 파악하기 위해 연구사례들을 수록한 Section B의 일부 장(章)들을 먼저 살펴보면서 하나의 연구를 완성하기까지 필요한 것이 무엇인지 알고 싶어 할 것이다. 우리는 독자가 자신의 필요성과 경험의 수준이 변화되어 가면서 여러 번 이 책을 찾게 되리라고 본다.

책의 구성

이 책은 크게 Section A, Section B, Section C로 나뉘어져 있다. Section A는 2장부터 6장, Section B는 7장부터 10장, Section C는 11장부터 13장으로 이루어져 있다.

우선 섹션 A의 2장에서는 IPA의 주요한 이론적 토대들, 즉 현상학, 해석학, 개인사례 연구를 개괄한다. 이때 철학적 문헌이 상당히 난해하므로 2장의 목표는 핵심적인 사상의 일부를 쉬운 방식으로 제시하는 것이다. IPA를 하나의 지적인 역사로 자리 잡을 수 있게 하려면 IPA 연구자는 현상학과 해석학의 역사를 어느 정도 알아둘 필요가 있다. 그래서 2장에서는 현상학적 사고와 해석학적 사고의 발달을 보여주는 내용부터 시작하고 그 다음에 주요 이론적 개념들을 하나하나 활용하는 과정을 명시한다.

3장에서 6장까지는 IPA 연구수행 과정의 여러 단계들을 순서대로 소개한다. 3장에서는 연구 설계, 4장에서는 자료수집, 5장에서는 자료분석, 6장에서는 논문작성을 다룬다. 이미 말했듯이, IPA 연구의 목표는 규범에 따르는 것이 아니고 마음을 보는 두 가지 방법, 즉 초보연구자가 쉽게 접근할 수 있는 수행 방법을 제공하는 것, 그리고 경험 있는 연구자에게 도움이 될 새로운 통찰들을 제공하는 것이다.

섹션 B의 7장에서부터 10장까지는 IPA 연구의 완성본을 보여준다. 이 연구 사례들은 본 저자들의 연구프로젝트에서 나온 것들이고 한 가지 사례를 제외한 나머지 모두는 처음으로 활자화되었다. 저자들이 생각하기에 훌륭한 사례들이면서 동시에 자랑스러운 사례들을 선별해서 수록했다. 그 목적은 IPA로 조사할 수 있는 주제들의 다양성을 보여주려는 데 있다. 7장에서는 건강과 질병, 8장에서는 성과 성적 취향, 9장에서는 심리적 고통, 10장에서는 생의 과도기와 정체성을 다루었다. 또한 연구 사례들은 IPA 연구의 다양한 방식들, 이를테면, 규모가 큰 표본의 사례 연구, 연구 자료에 충실하기, 이론적으로 다른 틀과 대화하기 등을 보여준다.

마지막으로 섹션 C의 11장과 12장은 IPA에게 중요한 현행 쟁점들을 다룬다. 11장에서는 IPA 연구의 타당성을 평가하는 방법들을 고찰한다. 12장에서는 IPA와 심리학의 제반 핵심 관심사와의 관련성을 고찰하는데, 핵심 관심사에는 인식, 언어와 체화 등이 포함된다. 그 일환으로 IPA와 다른 질적연구방법의 관계, 그리고 IPA가 심리학의 다른 연구방법들과 연결되는 방식을 기술한다. 13장은 몇 가지 결론적 논평으로 구성되어 있고 IPA의 추후 발전을 조망한다.

이 책의 장(章)들 대부분은 여러 명의 저자가 저술했다고 분명하게 말할 수 있는데, 이는 한 명의 저자가 한 장의 초고를 작성한 후 전반적인 수정 작업을 거치면서 나머지 장들의 내용들을 반영했기 때문이다. 따라서 최종 원고들은 집단 시각이나 목소리를 성실하게 반영하고 있다고 볼 수 있다. 실제로 저자들은 이러한 시각이 단일 시각이면서 동시에 복수 시각이라는 점을 늘 의식하면서 저술했다. 이 책에는 IPA로 작업해온 저자들의 오랜 경험이 반영되었고, 또한 대부분의 장에는 핵심 원리들을 수용한 연구방법에서 시도해볼 수 있는 다양한 가능성들이 반영되어 있다. 그러나 섹션 B의 장들은 조금 다르게 구성되었다. 이 장들은 저자 개개인의 연구조사에 토대를 두고 있어서 개별적으로 저술되었고 이 점은 각 장의 서론에 명시되어 있다. 공식적으로 말하건대, 7장과 10장은 조나단(Jonathan), 8장은 폴(Paul), 9장은 마이클(Michael)이 저술했다. 하지만 각 연구사례의 저자는 나머지 공저자들의 조언을 받아들여 수정작업을 거쳐 완성하였다.

Section A

IPA 수행: 이론과 방법

1장에서 언급했듯이 이 섹션의 첫 장은 IPA의 이론적 토대를 다룬다. 그 다음 장들에서 IPA 연구를 수행하기 위한 안내를 세부적으로 제공한다. 다양한 수준의 이론 활용법, IPA 초보자를 위한 단계별 안내, 더 능숙한 연구자를 위한 광범위한 쟁점들을 다룬다.

2장

IPA의 이론적 토대

서론

1장에서 살펴본 바와 같이, 해석 현상학적 분석은 질적이며, 경험적이고 심리학적 연구에 대한 접근으로, 지식에 대한 세 가지 유형의 핵심적 철학(이들은 현상학, 해석학, 개별기술이다)에서 유래하는 개념과 논의에 기초한다. 이 장은 이들을 소개하고 이들과 IPA의 관련성을 토론할 것이다. 이들 아이디어의 현 상태를 정당하고 분명하게 소개하기 위해, 이장의 첫째 부분은 이들 철학에게서 유래하는 용어들로, 또 바람직스럽게도 합리적으로 접근 가능한 방법으로 이들의 지적 운동에 대한 설명을 제공할 것이다. 각각의 절에서 심리학에서의 연구와, 특히 IPA에 대한 함의를 간단히 제공할 것이다. 이장의 후반부에서는 연구의 구체적 방법을 밝히기 위해 개괄적인 접근에서부터 추출한 핵심 개념에 기반 하여 어떻게 IPA가 도출되는지를 보다 분명하게 그리고 보다 충분히 보여줄 것이다.

현상학

현상학은 경험 연구에 대한 철학적 접근이다. 현상학자들 사이에서도 다양한 강조점들과 관심이 있지만 인간답다 라는 경험이 어떠한가에 대한 생각에 특별한 관심을 갖는 경향이 있다. 물론 그 '인간답다'라는 경험이 어떠한가에 대한 생각에 관한 다양한 측면에 특별한 관심을 갖지만 특별히 우리에게 중요한, 그리고 우리의 생활세계를 구성하는 일들의 관점에서 경험이 어떠한가에 대한 생각이다. 많은 현상학자들은 우리의 세계에 대한 경험이 어떠한가를 어떻게 이해하게 되는가에 대해 집중적으로 파고들었다. 심리학자들에게는 현상학이라는 철학의 핵심적 가치는 현상학이 생생한 경험을 고찰하고 이해하는 방법에 대한 풍요로운 아이디어의 원천을 제공해 준다는 점이다.

여기에서는 네 명의 주요한 현상학자들의 작품을 살펴볼 것인데, 그들은 후설(Husserl), 하이데거(Heidegger), 메를로-퐁티(Merleau-Ponty), 사르트르(Sartre)이다. 이들 각자의 작업이 현상학의 핵심과 일치하기도 하지만 한편으로는 이들 각자가 나름의 특색 있는 방법으로 자신의 작업을 수행하였다. 따라서 현상학이란 하나의 핵심도 있지만 다양한 논의로 전개되었음을 보여준다고 하겠다.

후설(Husserl)

현상학적 탐구에서의 기초 원리는 경험이 일어나는 방법으로 그 경험이 검증되어야 하며 그것도 그 자체의 용어들로 검증되어야 한다는 데 있다. 후설은 처음에는 철학 연구 설계 체계에서의 기초로서 이 원리를 주장하였으나, 철학과 심리학 모두 이 원리가 더더욱 발전해 왔다.

후설에게 현상학이란 인간의 경험을 자세히 검증하는 것을 포괄한다. 어떤 주어진 현상에 대한 경험을 정확히 알고 그 경험의 필수불가결한 성질을 인식하게 하는 어떤 수단을 찾으려 하는데 후설은 특히나 관심을 가졌다. 만약 이것이 가능하다면, 어떤 경험의 필수적인 모습이 그 특정한 환경 속에 놓인 현상을 초월할 것이고, 그러면 다른 사람에게도 그 주어진 경험이 의미하는 바가 있을 것이라고 후설은 설명하였다.

익히 알려졌듯이, 후설은 사태 그 자체로 돌아가야 한다고 주장하였다. 그가 언급하는 사태란 의식의 경험적 내용이며, 그는 그것을 추구하는 과정에서 만날 수 있는 여러 장애물들을 넌지시 말하고 있다. 질서에 대한 우리의 선호도 때문에 우리는 너무 빨리 보아 넘겨서 이미 존재하는 우리의 범주체계 내에서는 사태에 적응시킬 수 없을 정도일지도 모른다는 것을 의미한다. 그 대안으로 특정한 사태 그 자체에 초점을 맞추도록 노력하여야 한다는 점을 후설은 암시한다.

후설의 현상학은 우리의 일상 경험을 검증하기 위해서는, 그가 우리의 자연적 태도라고 이름 붙인 그 일상의 경험 밖으로 발을 내딛는 것을 함축한다. 대신에 현상학적 태도를 취한다는 것은, 예를 들면 우리가 바라보는 방향을 세계 속에 있는 대상으로부터 이들 사물에 대한 우리의 지각 쪽으로 즉 내부로 지향하는 것으로 방향을 돌리는 것과 같은 성찰적 움직임(reflective move)을 포함하고 요구한다. 이에 관해서 깔끔하게 기술한 후설(1927)로부터의 꽤나 긴 인용을 살펴볼 가치가 있다.

> 우리의 경험적 통찰을 우리 자신의 심리적 삶에 초점을 맞추는 것은 성찰이 일어나게 되고 이전에는 다른 곳으로 지향하던 눈짓으로부터의 방향전환이 일어난다. 모든 경험은 그러한 성찰에 매이게 되는데, 이는 예컨대 사고, 감정과 의지의 양상, 가치판단과 노력과 같은 실제적이거나 관념적인 사태에 몰두하는 방법에서와 같다. 그래서 우리가 전적으로 의식적 행위에 몰두해 있을 때에 우리는 전적으로 특정한 사물, 사고, 가치, 목표, 관련된 수단들에 초점을 맞추는 것이지, 그것들의 물리적 경험 그 자체에 초점을 맞추는 것은 아니다. 그 때문에 그들이 알려지게 된다. 오로지 성찰이 우리에게 그 물리적 경험을 우리에게 나타내게 해 준다. 그 물질의 연장선상의 것—가치, 목적, 수단—을 잡지 않고, 성찰을 통하여 우리가 그들을 인식하게 되는데, 그들 각각에 상응하는 주관적 경험을 파악하게 되고, 그 때문에 그들이 넓은 의미에서 나타나게 되는 것이다. 이 이유로 인하여 그것들이 현상이라 불리고, 그들의 가장 일반적이고 필수적인 성격은 그 특정한 사물이나 사고(판단된 사태, 근거, 결론), 계획, 결정, 소망 등등에 대한 인식으로서 또는 현상으로서 존재하는 것이다.

그러므로 우리의 일상생활에서 우리는 세상 속에서의 활동에 관여하며, 우리의 세상경험을 당연히 여긴다. 현상학적이기 위해서는 우리는 그러한 세상에

로의 관여에서 벗어나 그것을 당연히 여기는 경험에 주의하여야 한다. 그래서 일어날지도 모르는 사건을 예를 들면, 어떤 자동차가 내 창을 지나간다. 바깥에서 지나가는 차를 보면서, 누가 운전을 할까, 그 차와 같은 차를 가질 수 있다면 등을 생각하고, 나중에는 차가 지나간 것을 회상하고, 차가 지나가지 않았을 때에라도 지나가기를 소망하기도 하는데, 이 모든 것들이 일상에서 일어나는 활동들—자연적 태도—이다. 우리가 일단 멈추어서 이를 바라보고, 생각하고, 회상하고, 바라는 어떤 것이라도 스스로 성찰해 보면, 현상학적일 수 있다. 이 성찰적 차원에 대한 더 많은 토론에 관해서는 12장을 참고하면 된다.

후설에게는 현상학적 탐구란 개인의 의식에서 경험된 것에 초점을 맞춘다. 후설은 의식에서 일어나는 과정과 그 과정에서 관심 대상 사이의 관계를 기술하기 위해 지향성이란 기술적 용어를 도입하였다. 그래서 현상학적 용어들에서 경험이나 의식은 언제나 무엇에 대한 의식이며, 보는 것은 무엇에 대해 보는 것이며, 회상하는 것은 무엇에 대해 회상하는 것이며, 판단하는 것은 무엇에 대해 판단하는 것이다. 그 어떤 것이란—우리가 의식하는 대상인바—세상에서 실재하는 대상에 대한 지각에 의해 자극되었던 것이거나 기억이나 상상을 통한 것일지도 모른다. 따라서 차와 차에 대한 나의 인식 사이에는 지향적 관계가 있다. 지향성이란 용어가 영어에서 일상적 의미로는 다양한 방법으로 사용되어지고 있음에 유의하여야 한다. 만약 내 기억이 어떤 자동차에 대해 지향적 관계에 있다고 내가 말한다면, 내 기억이 그 자동차를 향해 있다는 의미이다. 즉 내가 그것을 기억하고 있다는 것이지만 내가 정신적으로 그 차가 존재하게 되도록 애쓰고 있다는 의미는 아니다.

현상학적 태도를 가지기 위해서 후설은 인간 경험의 핵심 구조와 그 모습을 확인하기 위한 의도에서 현상학적 방법을 발전시켰다. 첫째로 그는 친밀하고 일상적인 사물의 세계 속에서 살아가는 것을 당연히 여기는 그 결과를 고려할 필요가 있다고 제안한다. 우리는 그 세계에 대한 우리의 지각에 집중하기 위하여 당연히 여기는 세계를 괄호치기 즉 한쪽으로 제쳐 놓아야 한다. 이 괄호치기의 아이디어는 수학에서 그 뿌리를 찾을 수 있다. 그것은 등식 내에서 괄호의 내용을 분리해서 다루는 아이디어와 연결되어 있다. 즉 그것을 괄호 안에 넣게 되면 현상학적 장(場)으로부터 그 세계를 분리시키게 되는데, 왜냐하면 간단하면서도 절대적으로 그 세계가 그 사람에게 존재하게 되기 때문이다. 그러나 그 장소는 그 세계로부터 의식 속에서 주어지게(지각되거나, 기억되거나, 판단되거나, 생각되거나, 가치판단되거나 등등) 된다.

그러나 괄호치기가 당연히 여기는 세계가 사라지게 한다는 것을 의미하는 것은 아니라는 점을 알아야 한다.

> 그러나 어떤 세계 그 자체로서의 이 집, 이 신체에 대한 특정한 경험은 그 자체의 필수적 내용, 즉 분리할 수 없는 이 집, 이 신체, 이 세계에 대한 경험이며 또 경험으로 남아 있다; 어떤 대상에 대한 의식의 모든 형태는 모두 다 이러하다. 결국 동시에 의식이라고 하는 그 자체의 대상을 기술하지 않고 지향적 경험—그것이 설사 환상적이거나 타당하지 않은 판단 등등이라도—을 묘사하는 것은 불가능하다.

후설이 기술한 방법은 일련의 환원(reduction)을 통해 진행된다. 각각의 환원은 바로 앞에 있는 현상에 대해 다양한 렌즈나 프리즘, 다양한 방법의 사고나 추론을 제공해 준다. 각각의 환원들의 결과로 인해, 연구자들 스스로가 자신의 연구 가정이나 미리 주입된 견해(preconception)에 대한 혼란이나 오도로부터 벗어나, 주어진 현상에 대해 연구자들 자신의 경험의 본질로 되돌아갈 수 있는 것이다.

위 인용문에서 명백하게 드러나듯이 후설의 의도는 그러한 점검이 주어진 현상에 대한 모든 개별적 모습들에 대한 기술이나 성찰을 포함해야 한다는 것이다. 그러나 예를 들면 특정한 집(주택)에 관한 현상학적 경험의 기술은 후설에게는 단지 첫 단계에 불과하다. 그가 진정으로 하고 싶었던 것은 좀 더 일반화하여 주택성(houseness)에 대한 경험에 도달하는 것이었다. 개인들 각자는 다양한 개별적 주택에 관한 개인 나름의 지각적 경험을 갖고 있지만, 이런 경험들 역시 공통점이 있다. 따라서 후설의 작업은 어떤 집(주택)에 대해 주관적 경험의 핵심에 잇는 것은 무엇인가, 즉 집의 본질, 또는 형상, 또는 개념을 확립하려고 시도한 것이다.

형상적 환원은 그 본질에 도달하기 위하여 요구되는 기법—그런 유형의 대상(주택)을 개인들이 명확히 하는 주관적 지각 밑에 놓여 있는 변하지 않는 속성의 집합—을 포함한다. 후설에게 그런 기법은 자유변형인데, 이는 집에 대한 다양한 가능한 사례를 주의 깊게 고려해 보는 것이다. 물론 이것은 집에 대한 어떤 개인의 경험에 의존하여 그려질 것이지만 또 한편에서는 새로운 사례를 상상하거나 그 경계를 체크하는 것—가게가 아니라 집이라고 규정짓는 것은 무엇인가—등을 포함한다. 이 과정은 주택성의 본질적 모습을 확립하는데 도움을 주려하는 데에 목적이 있다. 이 과정은 생생한 경험 속에서 우리에게 집이 무엇인가—즉 거주하는 것의 실제적이고 감정적인 모습—에 주의하는 것이다.

후설의 웅대한 비전속에는 의식 그 자체의 성격을 찾아보려 하는 정도로—어떠한 것이든 그것에 대한 우리의 의식을 가능하게 하는 것으로—더 나아가 있었다. 후설은 이것을 초월적 환원이라 불렀다. 따라서 하나의 의미로는, 지금까지 기술해 왔던 것은 의식이라는 경험에 도달하려는 후설의 시도—경험 그 자체에 초점을 맞추어 그 경험의 개별성과 본질적 모습의 관점에서 기술하는 것—였다. 후설 작업의 이 첫 번째 모습은 IPA를 포함해서 현상학적 심리학에 큰 영향을 주었던 바로 그것이다. 후설이 비밀스러운 목적을 마음속에 가지고 있었다는 것이 분명한데, 이는 대부분의 현상학적 심리학자들이 가진 목적—대표적으로 부가적인 환원의 추구, 즉 놀라움으로 의식 그 자체를 바라보기 위해 의식의 내용에 괄호치기를 하는 것—을 능가한다.

후설의 주된 연구 계획이 무엇인지에 대해서, 또 이것이 시간이 흘러도 일관성 있게 지켜졌는가에 대해 연구자들 사이에 의견의 불일치가 있다. 실제로 다양한 그의 저작에서 강조점이 서로 다르다는 것을 발견할 수 있고, 그 결과 때로는 그의 주된 일이 순수의식 그 자체를 추구하려는 듯하기도 하고, 때로는 형상적 환원에 우선을 둔 것처럼 보이기도 한다. 이 초월적 현상학이 가능한지는 논쟁의 여지가 있지만, 대부분의 후계학자들은 이 주제에서 등을 돌렸다.

후설과 과학과의 관계는 재미있다. 그는 과학이 지식에서 특권적 지위를 누려야 한다는 주장에 비판적이었으며, 그는 객관세계 또는 과학세계라고 부를 수 있는 세계의 경험적 기초를 제공해 주는 세계가 생활세계(당연한 것으로 여기고 우리가 생활을 해 나가는 일상의 삶)임을 상기시켜 주고 있다.

> 물론 생활세계가 과학의 전개를 가능하게 한다는 측면에서, 과학세계의 객관적이고 논리적인 자명함의 근거와 비교하여, 생활세계가 지식의 근거를 제공하고 더 높은 단계의 자명함과 존엄을 지니고 있다는 원초적 타당성을 인정하게 하는 것이 대단히 중요한 과업이다. 그 방향은(탐구적이고 기초학문에 종사하는 수학자들에 의해 수행되는 바와 같이, 수학적 통찰력이나 자연과학적, 실증과학적 통찰력에서 보듯) 객관적이고 논리적인 자명함으로부터 여기 생활세계가 이미 주어져 있다는 원초적 자명성으로 되돌아오게 된다.

그러므로 후설은 과학을 둘째 단계의 지식체계로, 이는 궁극적으로 첫째 단계의 개인적 경험에 의존한다고 본다. 후설에게, 경험된 것으로서의 세계에 대한 광범하고 엄격한 현상학적 설명은 어떤 진보된 것처럼 보이는 과학적 설명보다 필연적으로 앞서는 전조가 될 것이다. 마찬가지로 현상학적 탐구를 실시할 때, 과학적 연구업적은 괄호치기에 따르는 것이 필요한바, 그 이유는 과학적 연구업적이 경험 그 자체로부터의 칸막이로 작용하기 때문이다. 이런 연유로, 심리학이 현상학적 과학으로서보다는 자연과학으로 자리매김하려는 길로 나가려는데 대해 후설은 비판적이었다. 그러나 후설은 또한 훈련받은 과학자였다. 과학에 대한 현존하는 접근법들에 대해 비판적이었지만, 현상학이 다양하고 보다 더 진정한 과학을 위해 굳건한 개념적 기초를 놓을 수 있기를 희망하였는데—그것은 또 다른 야심작이었다.

최종적으로 두 가지를 주의해야 한다. 첫째는 후설이 철학자이지, 심리학자가 아님을 기억하여야 한다. 현상학의 과정에 관한 그의 저작 대부분은 개념적이다. 예를 들면 형상적 환원에 관한 단계를 상세히 기술하지 않는다. 현상학적 방법의 결과가 어떻게 될지에 대해 구체적인 사례를 제공하고 있지만 그의 저작 이곳저곳에 혼재해 있어서 가지런히 정리해 놓기가 어렵다.

둘째는 후설은 철학자로서 주로 포괄적 절차에 대해 숙고하는데 혼신의 힘을 다 하였으며, 또 개별성들에 대해서 말한다 하더라도, 1인칭의 관점—즉 자신의 경험에 기초하여 그 자신 스스로가 현상학적 탐구를 수행하여야 하는 것—에 관심을 두었다. 심리학자들은 통상적으로 다른 사람들의 경험을 분석하는데 관심을 둔다. 후설은 이를 알았고 또 중요한 것으로 여겼지만, 그 자신의 저작에는 충분히 전개되지 않았다. 따라서 심리학적 탐구에서는 그의 생각이 원용되어야만 한다. 이 점은 이 장 후반부에서 다시 지적될 것이다.

후설의 작업은 IPA 연구자가 성찰의 과정에 집중적으로 초점을 맞추는데 도움을 준다. 그는 삶의 자료가 되는 것들인 의식, 즉 우리의 생생한 경험의 내용을 주의 깊고 체계적으로 점검할 수 있도록 하는 의제를 선정해 놓았다. 많은 질적연구 접근에서 채택되어 왔고, 우리가 나중에 보는 바처럼 연구과정의 중요한 부분을 제공하는 것으로서의 IPA는 괄호치기, 또는 괄호치기를 시도하는 것을 볼 수 있다. 후설은 경험의 본질을 발견하는데 관심을 기울였으나, IPA는 이보다는 겸손한 야망을 가지고 있는바, 그것은 바로 개별적인 인간에게 경험된 것으로서의 개별적인 경험들을 포착하려는 시도이다.

하이데거(Heidegger)

하이데거는 후설의 문하에서 철학자로서의 경력을 시작하였다. 그는 후설에게 학문적으로 빚지고 있음을 인정하였지만, 또한 그와의 차이를 강조하였다. 하이데거의 현상학에 대한 접근은 초월적인 연구로부터 벗어나 현상학에서 해석학의 시작과 실존의 강조로 전환되는 이정표로 받아들여진다. 이런 이유로 이 책에서는 현상학과 해석학을 설명하는 두 절 모두에서 그를 소개한다.

하이데거가 후설로부터 벗어난다고 해서 원래 현상학에서부터 벗어나는 것이 아님을 유념하는 것이 중요하다. 그보다는 그의 작업이 후설의 작업보다 실제로 더 현상학적이라고 생각했다. 하이데거에게는 후설의 현상학은 너무 이론적이고 너무 추상적으로 보였다. 그는 "「존재와 시간」에서 전개한 존재의 문제는 그런 철학으로부터의 결별이며, 오늘날까지 그 바탕 위에서 현상학의 원리에 더 충실한 전개를 꾸준히 생각해 왔다."고 말했다.

하이데거는 살아있는 세계—사물, 인간, 관계성, 그리고 언어의 세계—에서 해석적 태도의 뿌리를 내리는 반면에, 이 해석적 태도의 바깥에서 어떤 지식의 가능성에 대해 회의적이다. 여기서 의미가 아주 중요한데, 왜냐하면 현상학자에게는 의식이 세계 그 자체를 가능하게 한다. 이 말은 의식이 세계의 존재를 가능하게 한다는 것이 아니라, 의미 있는 세계를 가능하게 한다는 뜻을 함축한다.

그의 주 저서인 「존재와 시간」에서, 하이데거의 주제는 현 존재[문자 그대로 거기에 있다는 의미임]이다. 이 현 존재라는 단어는 '인간 존재'라는 지위의 독특한 성격을 나타내기 위해 하이데거가 선호하는 용어이다. 「존재와 시간」에서, 현 존재의 근본적 성격을 확립하는데 관심을 쏟는다. 현 존재의 근본적 성격이란, 그가 주장하듯이, 서양철학에서 무시되어 왔는데, 그 이유는 당연히 여겼기 때문이거나, 접근하기가 불가능하였기 때문이다. 그래서 후설을 지각(perception), 인식(awareness) 및 의식(consciousness)처럼, 개인적 심리 과정으로 과감하게 분류하는데 관심을 쏟은 학자로 특징지을 수도 있다. 이와 대조적으로 하이데거는 존재 그 자체의 존재론적 의문에, 또 우리를 사로잡고 있는, 따라서 그것을 통해 우리에게 세계가 나타나는, 따라서 의미 있게 만드는 관계와 실제적인 활동에 더 관심을 쏟았다. 하이데거의 저술 양식이 후설의 그것과 아주 다르다는 것도 지적할 만하다. 하이데거는 자기 자신만의 어휘를 창안하여, 후설의 보다 기교적인 용어들을 교묘하게 피하면서, 시적인 사용법을 시도하려는 듯하다.

그렇다면 하이데거의 핵심적인 관심은 무엇인가? 그가 존재의 개념적 기초에 관심을 가졌는데, 이것은 그의 사려 깊은 세계 내(worldly)라는 관점에서 나온 것이다. 하이데거 학파(Heideggerian)의 세계성(worldliness)이란 개념으로 인하여 구체화된, 또 의도를 가진 행위자가 일련의 물리적으로 근거 있고(가능한 것), 상호주관적으로도 근거 있는(의미 있는 것) 선택을 가능하게 한다. 「존재와 시간」 전반부의 대부분에서, 대상(objects)이 개인이 사용하도록, 즉 손만 내밀면 이용할 수 있도록 준비되어 있는, 점점 확대되어 가는 세계의 서술에 상당부분을 할애하고 있다: 이런 실체는 이론적으로 안다고 해서 얻게 되는 대상이 아니라, 익숙해지고, 결과를 만들어 내면서 이루어지는 것이다. 하이데거에게 현 존재는 사람들과 대상의 세계, 언어와 문화의 세계라는 이미 존재하는 세계 속으로 언제나 먼저 던져져 있기에, 의미상으로 그러한 세계로부터의 분리는 불가능하다.

현 존재는 또한 어느 정도의 성찰적 인식을 함축하고 필요로 한다. 즉 현 존재는 어느 경우나 나 자신으로 존재하는 실체이며, 존재란 어느 경우나 나의 것이다. 그러나 이러한 자기 자신(selfhood)이란 성격은 또한 다른 사람의 실존을 요구한다. 심지어 홀로 존재함이라는 것도 다른 사람의 실존을 더더욱 요구하는 증표이다.

> 현 존재란 본질적으로 함께 있음이다(being-with). 심지어 현 존재의 홀로 있음도 세계 내에서 함께 있음이다. 홀로 있음은 함께 있기 위한 노력을 하거나 함께 있으려 할 때에는 놓칠 수 있다. 홀로 있다는 것은 함께 있는 것이 결여된 모습이며, 바로 홀로 있음의 가능성이 함께 있음의 증거이다.

하이데거가 보는 인간 모습이 언제나 지울 수 없을 정도로 세계 속에서 맥락 속에 얽혀 있으며, 상호주관성이라는 개념 모두는 현상학에서는 핵심적 개념이다. 상호주관성이란우리가 세상에 관여하는데 있어서의(남과 함께 하는) 공유성, (되풀이한다는) 중복성, (남과의) 관련성을 언급하는 용어이다. 하이데거의 관점으로부터는, 우리의 세계를 이루는 다양한 신체적인 대상들이나, 의미를 부여하는 대상들과의 관계를 받아들이도록, 우리의 선택에 따라 어떤 내부세계로부터 외부세계로 움직일 수 있다고 믿는다면, 그것은 잘못이다. 왜냐하면 세계와의 관련성은 우리의 것을 구성하는 데에 기본적인 부분이기 때문이다. 상호주관성이라는 개념은 이 관련성을 서술하려는 것을 목적으로 하는 개념이며, 사회구성원 서로 간에 의사소통할 수 있고, 의미를 부여할 수 있는 우리의 능력을 설명하기 위한 목적에 필요한 개념이다.

「존재와 시간」의 후반부에서의 초점은 실존으로 확대되지만, 하이데거는 죽음의 의미를 숙고하는데 까지 확장 된다; 죽음이 어떻게 세계-내-존재인 우리에게 시간적 차원을 제공하는지, 살아가는 삶과는 달리 본질적으로 혼자서 직면해야만 하는 것이 어떠한지를 논의하고 있다. 존재 그 자체는 한정된 시간만 유지되고, 그 시간이 얼마나 길지는 미리 알 수가 없다. 「존재와 시간」의 마지막 부분에까지, 세계-내-존재인 우리가 어떻게 다양한 양상으로 이해될 수 있는지에 관한 의미를 깨달을 수 있다. 세계에 실제적으로 관여하는 것뿐만 아니라, 자기성찰과 함께 어울려 살기, 애정 어린 관심, 그리고 시간적 실존의 지위 등을 포함한다.

이 단계에서 IPA 연구자가 하이데거로부터 취할 수 있는 핵심적 아이디어는 첫째로, 인간이란 대상의 세계와 관계의 세계, 언어의 세계에 내던져진 존재로 생각할 수 있다는 점이다; 둘째로, 우리의 세계-내-존재는 언제나 전체적으로 시야로 조망하는 어떤 것이며, 언제나 시간적인 어떤 것이며, 언제나 무엇인가와 관계를 맺는 어떤 것이다—그 결과로 사람들이 의미를 만들어 내는 행위에 대한 해석이 심리학에서의 현상학 탐구에 핵심적이라는 것이다. 「존재와 시간」의 결정적인 모습은 해석학적 렌즈를 통해 하이데거의 현상학 읽기이다—아래 해석학의 절에서 더 논의될 것이다.

메를로-퐁티(Merleau-Ponty)

하이데거에서처럼, 메를로-퐁티를 읽을 때에는 현상학에서의 연속과 불연속의 의미를 가져야 한다. 메를로-퐁티는 후설에 많이 관련되어 있으며, 또 학문적으로 후설에게 빚지고 있다. 또한 우리가 세계-내-존재라는 것을 이해하도록 함에 있어 메를로-퐁티는 후설이나 하이데거의 헌신에 함께 하지만, 하이데거의 보다 더 사회적 현실에 다가간(맥락화된) 현상학에 대한 소망에 동조하였다. 하이데거와 메를로-퐁티는 둘 다 세계에 대한 우리의 지식에서 처해진 상황과 해석적 성격을 강조하였다. 하이데거가 우리의 존재에 대해 세계성(worldliness)을 강조함으로써 이 문제를 다룬 반면에, 메를로-퐁티는 그 세계에 대해 우리가 가지는 관계를 체화된(embodied) 특성을 기술함으로써, 또 어떻게 그것이 세계에 대해 우리 자신이 개인적으로 처한 상황의 관점이 우선하도록 이끌어 내는지를 기술함으로써 다른 방향으로 이를 발전시켰다.

인지의 현상학(1962)에서 메를로-퐁티는 우리가 탈출할 수 없는 그 처한 상황의 관점(situated viewpoint)이 우선한다는 데 대해 멋진 기술을 제공하고 있다.

> 나는 나의 신체적 또는 심리적 구성을 결정하는 수 없이 많이 원인을 제공하는 기관들의 작용결과도 아니며 또는 그 기관들이 만나서 이루어지는 것도 아니다. 나 자신을 단지 세계의 일부에 불과하다는 것으로 생각할 수도 없으려니와 생물학적, 심리학적 또는 사회학적 탐구의 단순한 대상으로 생각할 수도 없다. 나 자신을 과학의 영역 안으로 가둘 수는 없다. 세계에 관한 나의 모든 지식은—심지어 나의 과학적 지식마저도—나 자신의 특정한 관점으로부터, 또는 세계에 대한 어떤 경험으로부터 획득되어진다. 이런 것이 없다면 과학이 상징하는 바는 의미가 없게 될 것이다.

메를로-퐁티가 암시하는 바는 인간으로서 우리는 우리 자신을 이 세계의 다른 어떤 것과는 다르다고 생각한다는 점이다. 그 이유는 자신에 대한 우리의 감각은 전체로 보는 것이기 때문이며, 세계 속에 포함되어 있다기보다는 세계를 바라볼 수 있기 때문이다. 과학을 첫째 단계의 경험적 기초에서 나오는 둘째 단계의 지식을 제공하는 것으로 보는 후설의 견해에 메를로-퐁티도 동조하고 있다. 그러나 메를로-퐁티가 그렇게 본 것은 지각과 판단의 작용구조를 적절히 개념화할 수 없기 때문이다. 그 결과 메를로-퐁티는 세계에 대해 우리가 가지는 관계를 체화된 특성을 주제—신체 주제—로 작업하는데 초점을 두었다: '신체란 더 이상 이 세계 속에서의 대상으로 생각되지 않았고, 신체로 소통하는 수단으로 생각되어 왔다.' 예를 들면 내 손을 내밀어 책상에 닿는다면, 그것은 나 자신과 세계가 만나는 지점임을 의미한다. 그 닿는 행동이란 이를 통하여 나 자신을 이끌어 내어 세계와 닿게 하는 소통이다.

메를로-퐁티의 주관성과 체성과의 관계에 대한 관심은 우리가 다른 사람을 어떻게 보느냐에 대해 생각할 때 동반하여 나타난다. 다른 사람에 대한 나의 지각은 내 자신의 체화된 관점에서 언제나 발현된다. 이것이 의미하는 바는 나 자신의 타인들에 대한 관계는 서로 다른 위치에서부터 시작한다는 점이다.

> 나는 다른 사람을 그 행동의 일부분으로서도 인지할 수 있다. 예를 들면 나는 고통이나 분노의 어떤 '내적' 경험에 의지하지 않고서도, 그의 행동이나 그의 얼굴이나 그의 손을 통해서 다른 사람의 슬픔이나 분노를 인지할 수 있다. ―그러나 그 경우에 타인의 행동, 심지어 그의 말조차도 그 타인이 아니다. 다른 사람의 슬픔이나 분노가 그 당사자에게 가지는 슬픔이나 분노의 의미(significance)는 나에게 느껴지는 슬픔이나 분노와 똑 같지 않다. 그에게 이런 상황은 체험되고 살아 있는 것인 반면, 나에게는 보여 나타나는데 지나지 않기 때문이다.

따라서 우리가 다른 사람에 대해 공감을 관찰하고 경험하지만 궁극적으로는 다른 사람의 경험을 전적으로 공유하지는 못한다. 그 이유는 그들의 경험은 이 세계에서 그들 자신의 체화된 위치에 속하기 때문이다. 어떤 경험에 대해 '나의 것'(mineness)과 '대략 그런 것'(aboutness)의 지향적 성격과 의미는 언제나 신체-주체에 의존하는 개인적인 것이다.

일반적으로 질적연구자에게는 그리고 특히 IPA 연구자에게는 세계에 대해 우리 지식의 근본적 성격을 신체가 만든다는 메를로-퐁티의 견해는 아주 중요하다. 메를로-퐁티에게 앤더슨(Anderson, 2003)이 말하는 세계-내-몸을 물리적으로 또 지각적으로 가능하게 하는 실제적 행동과 관계는 추상적이거나 논리적인 의미보다 훨씬 더 중요한 의미가 있다. 다양한 현상학자들이 지적인 관심사에 치중하는데 반대하여 다양한 수준의, 예를 들면, 감각이나 생리학적인 것의 역할에 우선권을 주어 왔지만, 경험에서 중심적인 요소로 신체의 지위는 고려되어야만 한다. 세계-내-몸이라는 존재가 겪는 생생한 경험만으로 전적으로 포착되거나 흡수될 수는 없지만, 마찬가지로 무시되거나 간과되어서도 안 된다.

사르트르(Sartre)

사르트르는 실존적 현상학으로 연구범위를 넓혔다. 하이데거에게서처럼 사르트르도 우리들이 세계 속의 일들에 얽매여 있음을 강조하였다. 우리는 자아의식을 가지고 의미를 추구하지만, 이는 우리가 살고 있는 세계에 얽매이는 행동 지향적이고, 의미 형성적인 자아의식이다.

사르트르는 인간의 발전적이고 과정적인 측면을 강조한다. 그의 유명한 '실존은 본질에 앞선다.'라는 표현은 우리는 언제나 우리 자신으로 변해가고 있는 중이며, 자아는 발견되기 위해 이미 존재하는 어떤 단일체(unity)라기보다는 오히려 펼쳐지기 위해 현재 진향되는 계획이라는 것을 의미한다. 키에르키고르(Kierkergaard, 1974)가 말했듯이, '실존하는 개인이란 늘 변해가는 과정에 있다.'

'현재 우리는 무엇인가'보다는 '앞으로 무엇이 될 것인가'라는 데 대한 관심은 그의 또 다른 중요한 개념인 무(無)와 연결된다. 사르트르에게는 우리가 누구이며 우리가 세계를 어떻게 보느냐를 정의하는데 있어서 나타나 있는 것만큼이나 비어 있는 것이 중요하다. 이것이 「존재와 무」라는 책에 장식무늬로 아름답게 포착되어 있다. 그가 피에르와 약속을 위해 어떤 까페에 어떻게 다가가는지를 사르트르는 묘사하고 있다. 피에르를 만나보리라는 기대 속에서 까페에 들어간다. 그러나 존재하는 것이라고는 기대한 만남에 대한 배경만 둥그렇게 남아있다. 피에르가 거기에 없을 때, 까페에 대한 사르트르의 관계는 변하게 된다—관심을 가지고 찾다가 신속히 관심이 물러간다—이 모든 것은 확정된 것이 아니며, 확정시킬 수도 없고 따라서 초점화할 수도 없다. 그 까닭은 [사르트르에게 이 경우에는] 까페의 존재 이유가 사라졌기 때문이다.

> 나 자신은 피에르 만나기를 기대했고 만날 수 있으리라는 나의 예상은 이 까페와 관련하여서는 피에르가 없다는 것이 현실로 나타나게 되었다. 내가 그가 없다는 것을 발견한 것이 현재의 객관적 사실이고, 이 사실이 내가 그를 찾고 있는 그 배경과 피에르 간의 종합적 관계로 나타났다. 오지 않는 피에르가 이 까페를 떠올리게 하고, 피에르가 오지 않았다는 그 자체를 근저에서부터(as ground) 무(無)로 만드는 구조의 조건이다.

만약 피에르가 거기에 있었다면, 까페의 나머지 부분이 자기 주변으로 들어와 그에게 의미망(texture)을 제공했을 것이다. 반대로 피에르가 없었기 때문에, 그 지점에 일정한 시간 내에는 사르트르에게 그의 무(無)라는 의미를 확정시켜 준 것이다.

물론 이 세계에서 우리의 일 때문에 필연적으로 남을 만나게 된다. 사르트르에게 이것은 때로는 우리를 확장시킬 수 있는 관계이다. 세계는 나 혼자만의 세계가 아니며 더 나아가 세계에 대해 내 인지는 대부분 타인들의 출현에 의해 구체화되며, 그 타인들은 수행해야 할 그 나름의 일들이 있다. 그의 책 「존재와 무」의 '조망(The Look)'이라는 장에서 생생한 둘 이상의 단락에서 이 사례를 보여준다. 첫째로 그는 공원에 들어와 그 공원에 있는 다른 어떤 사람을 인식하는 것을 기술하고 있다. 그 결과, 공원의 모든 모습들이 그 다른 사람—그가 중앙무대를 차지하게 되는데—주변의 장소 속으로 이동해 감을 지각한다. 그 다른 사람의 출현이 의미하는 바는 사르트르가 혼자 있을 때의 관점에서는 경험할 수 없다는 것이다.

인지의 방향을 틀면 다른 방법으로서도 작동할 수 있다. '조망'의 둘째 단락에서 사르트르는 다른 방에서 일어나는 사건을 열쇠구멍으로 바라보고 그리고 난 후 자기를 바라보는 다른 사람이 보고 있는 것을 기술하고 있다. 다른 사람이 바라보는 대상이 된 것을 인식할 때에 자기의 자의식은 분명해진다. 그에 뒤따르는 감정(예: 부끄러움)은 대인관계의 맥락 속에서 볼 때 의미가 있을 뿐이다.

사르트르에게 인간의 본성이란 존재보다 되어감(becoming)에 더 많이 관계되기 때문에, 개인은 선택할 자유를 가지며, 그런 의미에서 개인은 자기 행위에 대해 책임이 있다. 그러나 행위란 언제나 그 개인의 삶이나 살아온 역사나, 그 개인이 행동하는 사회적 환경의 맥락 속에서 볼 필요가 있는 복잡한 이슈라는 점을 사르트르는 강조하고 있다.

현상학적 심리학에 관심이 있는 연구자에게는 우리 경험의 세계성에 대한 하이데거의 강조를 되풀이하는 것이 의미가 있다. 사르트르는 이것을 연장시켜, 인간적 및 사회적 관계의 맥락에서 바라보는 관점을 발전시킨다. 그리하여 우리의 경험을 다른 사람과 관계를 맺는 것이 나타나거나 그 관계의 사라지는 것에 달려 있다고 간주할 수 있다. 사르트르가 제공한 것은 아마도 인간조건의 현상학적 분석이 무엇과 유사한가를 명백히 파악할 수 있도록 했다는 점이다. 사르트르가 아주 생생하게 제시한 주제들보다는 IPA 분석들이 다양한 주제를 가지고 있지만, 사르트르의 묘사는 세계 속에서 일을 하는 사람들에 대해 또 이러한 만남의 구체화된, 인간 사이의, 정감 있고 도덕적 본성에 대해 통찰력 있는 분석을 보여준다.

요약

후설, 하이데거, 메를로-퐁티와 사르트르는 현상학이라는 철학을 이끌어 가는 철학자들이다. 여기서 그들의 아이디어의 일부를 기술함에 있어서 현상학의 몇몇 중요한 발전을 요약해서 정리하여 IPA 연구자에게 아주 관련이 있을 듯한 이론들을 지적할 수 있었다. 후설의 작업은 무엇보다도 경험과 그 경험의 인지에 초점을 두어 우리에게 중요하고도 관련이 많은 시사점을 제공하였다. 후설의 작업을 더더욱 발전시키는데 있어서, 하이데거, 메를로-퐁티와 사르트르는 각자가 인간을 보는 관점을 대상과 관계, 언어와 문화, 일과 관심사에 집중하고 파묻혀 있는 존재로 보는데 이바지하였다. 그들 덕분에 우리는 후설의 기술적(descriptive) 측면에의 몰두나 초월적 관심으로부터 벗어나, 살아 있는 세계에 관여한다는 관점으로의 지향성을 이해하는데 초점을 두는 보다 해석적이고 세계 속에서의 위치를 향해 나아갈 수 있게 되었다. 그런데 그 살아 있는 세계에 관여한다는 관점이란 우리 모두에게는 개인적인 어떤 것이지만 고립된 창조물로서 우리 자신에게라기보다는 우리가 세계에 대해 또 타인과의 관계를 맺는 속성이다.

그래서 이들 저자 모두의 업적으로 인해 그 복잡한 '경험'의 이해가 살아있는 과정을 불러오게 하고 관점과 의미를 펼치게 하는바, 이런 것들이 그 개인이 세계에 대해서 체화(體化)된 관계를 맺게 하는데 독특함을 가져오게 한다. IPA 연구자에게 다른 사람들이 세계에 대해 관계를 맺는데 대한 이해하려는 시도는 반드시 해석적이며, 그들의 행동으로부터 또 그들에게 일어나는 일들에 대해 스스로 의미를 만들어 내려는 그들의 시도에 초점을 두어야 한다. 이런 이유로 우리는(현상학에 이어) 두 번째 서술체계인 해석학에 대한 논의로 이제 이동하려 하는바, 해석학이란 해석 그 자체의 문제에 초점을 두는 것이다.

해석학

IPA의 두 번째 주요 이론적 토대는 해석학으로부터 온다. 해석학이란 해석에 관한 이론이다. 해석학은 현상학보다 더 오래된, 그러나 현상학으로부터 전적으로 독립된 사고체계로 우리의 이야기 속에 들어온다. 그러나 그 두 조류가 해석학적 현상학이라는 업적—특히 주목하는 하이데거—에서 만날 예정이라는 것을 독자는 알아차릴 것이다.

원래 해석학은 성경 해석을 위한 보다 확실한 기초를 제공하려는 노력을 의미한다. 이어서 역사적 기록물과 문학적 작품과 같이 계속 증가하는 광범한 범위의 텍스트의 해석을 위한 철학적 기초로서 발전되었다. 해석학적 이론가들의 관심을 끈 작업유형에는 해석 그 자체의 방법과 목적이 무엇인가? 작가의 의도나 원래 의미를 밝히는 것은 가능한가? 텍스트가 생성된 맥락[예를 들면 먼 과거의 역사적 기원]과 텍스트 해석의 맥락[예를 들면 텍스트의 오늘날에서의 삶] 사이의 관계는 무엇인가? 하는 점이다.

이 절에서는 가장 중요한 해석학 이론가들 중에 세 명의 사상가—슐라이어마허, 하이데거, 가다머—를 논의할 것이다. 현상학에서와 같이 심리학자나 연구자라는 우리의 관점으로부터 이들의 자료를 읽을 때, 해석학은 다른 관심 영역과 맞물려 왔고, 그 관심영역에 의해 활성화되었다는 것을 기억할 필요가 있으며, 우리의 지금 현재의 연습을 위해 이같이 함께 어울림이라는 것을 알아내는데 각별히 유의할 필요가 있다.

슐라이어마허(Schleiermacher)

19세기의 전환기에 슐라이어마허는 원시적 형태로서 해석학에 대해 체계적으로 글을 쓴 첫 세대 중의 한 사람이다. 그에게 해석이란 그가 명명했던 문법적 해석과 심리적 해석을 포괄한다. 문법적 해석이란 정확하고 객관적인 텍스트 의미와 관련되고, 심리적 해석이란 저자의 개별성(individuality)을 의미한다.

> 사람이란 한 편에서는 그 개별적인 방식으로 주어진 언어가 형성시킨 지위이고, 다른 한 편에서는 그들의 담론(discourse)이란 언어의 전체성(totality)을 통해 이해될 뿐이다. 그러나 그 사람이란 또한 계속해서 발전하는 정신이며 그들의 담론이란 이 정신의 한 행위에 불과한 것이 다른 행위와 연결된 정신의 행위이다.

이 구절은 대단히 현대적으로 들린다. 슐라이어마허는 해석과정의 전체적인 모습을 제공하려는 것이다. 텍스트란 작가 자신의 언어사회에서의 규약과 예상에 의해 구체화될 뿐만 아니라 그 언어와 함께 하는 작가의 개별적인 작업에 의해 구체화된다. 그래서 슐라이어마허는(규약을 중시하는) 본질주의자(essentialist)와 (개별적인 작업을 중시하는) 담론주의자(discursive)로 나눠진 것을 이어주는 가교가 되고자 하였다. 그가 암시하기를 기교와 어떤(연구대상으로) 주어진 작가의 의도에 대해 독특한 어떤 것이 있다고 하는데, 그 독특한 어떤 것은 그 작가의 의도로 인해 생성된 텍스트에 특정한 형태의 의미를 강요한다. 이 의미는 독자의 해석을 위해 이용 가능하지만, 그 해석은 그 텍스트가 원래 생성되었던 넓은 맥락 속에 또한 녹아들어야 한다. 이것은 현상학적 심리학에서 질적연구 자료를 해석하려는 우리와 같은 연구자에게 대단히 유용한 관점인 것으로 보인다.

슐라이어마허에게 해석이란 기계적으로 규칙을 따르는 것이 아니다. 그보다는 직관을 포함한 일정 범위의 기교를 조합하는 것을 포함하는 일종의 예술이다. 해석적 과정의 일부 목적은 테스트뿐만 아니라 작가를 이해하는데 있고 슐라이어마허가 믿기로 누군가가 상세하면서도 종합적이고 전체적인 분석에 몰두한다면, 그 자신을 이해하는 것보다 말하는 사람(작가)에 대한 이해가 더 깊을 수 있다.

이것이 해석학적 입장에 대하여 아주 다른 관점을 열어준다는 것을 독자들은 알아챌 것이다. 즉 아주 다른 관점을 열어준다는 것은 포스트-모던 문학이론이 제공한 것이고(포스트-모던 문학이론은 작가가 관련되지 않거나 접근이 불가능한 것이 대표적이다), 또한 질적 심리학의 사회구성주의자가 제공한 것이다(이 흐름은 분석이 그 당사자에게 그 언어의 의미에 초점을 두는 것이 아니라 어떤 사람이 사용한 언어의 효과에 초점을 맞춘다). IPA 관점에서 보면, 우리의 분석이 우리의 연구 참여자들의 주장보다 더 진리에 가깝다는 주장에 대한 보증이라고 간주해서는 안 된다. 그러나 우리의 분석이 우리의 연구 참여자들의 명시적인 주장들을 포괄하고 또한 그 주장들을 초월한 유의미한 통찰력을 어떻게 제공해 주느냐를 우리가 인식하도록 해 준다. 그러한 해석적 지위는 어떻게 정당화될 수 있는가? 슐라이어마허는 해석자와 텍스트 작가 사이의 관계를 다음과 같이 간주한다.

> 부분적으로는 사실상 해석자가 자신에게 의식하지 못했던 것을 의식으로 가져오는 절차 때문이고, 부분적으로는 그 자신이 의식 속에서는 구별하지 못하고 행하는 필수불가결한 복사(duplication)를 통해 언어에 대한 자신의 관계를 인식하기 때문이다. 같은 방법으로 해석자는 개별성(individuality)이라는 본질로부터 나타나는 것 또는 교육수준으로부터 나타나는 것과, 비정상(abnormality)이라 간주되는 것이 우연히 일어나는 것과 구별했다면 만들어내지 않았던 것을 구별할 수 없다.

그러므로 해석적 분석가들은 작가가 텍스트에서 제시하지 않은 시각을 제시할 수 있다. IPA 연구의 맥락에서, 이 부가가치의 일부는 텍스트 그 자체의 체계적이고 자세한 분석의 산물인 듯하고, 그 일부는 많은 축적자료를 부주의하게 간과한 것과 관련되어 나온 것이며, 또 그 일부는 심리학 이론과의 대화를 통해 나온 듯하다.

그러한 해석의 가능성은 해석의 대상이 된 사람과 공유할 수 있는 근거가 있음에 의존한다.

> 해석은 사람들이, 개인으로 존재한다는 것 외에, 다른 모든 사람에 대해 수용력(이해력)이 있다는 사실에 의존한다. 그러나 수용력이 있다는 사실 그 자체는 최소한 다른 사람들을 감동시켜 자기 자신의 일부로 만들어버린다는 사실에 의존하는 것으로 보인다. 그 결과 그 직관적 인지(divination)는 자신과의 비교에 의해 감흥을 받는다.

여기서 우리는 슐라이어마허를 읽으면 곧 이어 설명할 현상학의 철학에서 상호주관적 차원을 예상할 수 있다.

하이데거(Heidegger)

이미 앞에서 제시하였듯이, 하이데거의 목표 중에 하나는 해석학적 현상학을 변호하는 것이다. 살아있는 시간과 세상일에의 관여는 현 존재에 대한 하이데거의 설명의 첫 번째 특징이지만 그가 지적하는 것은 그런 일에 대한 우리의 접근은 항상 해석을 통해서라는 점이다.

「존재와 시간」에서 하이데거는 어원적으로 현상학을 정의하려고 하고, 그리스어 현상(phenomenon)과 논리(logos)에서 유래하는 것으로 두 부분으로 되어 있는데 주목한다. 전자는 보여주다(show) 또는 나타나다(appear)로 번역될 수 있다. 하이데거는 우리 존재의 나타남을 해석하는 방법의 윤곽을 그리기 위해, 나타남(appearance)과 관계되는 다양한 의미를 주의 깊게 분해한다. 특히 동사형에서 뭔가가 나타났다고 말하는 것은 그것이 앞으로 나와서, 우리에게 드러내 보이고, 새로운 상태로 진입하는 것—이것은 나타나지 않았던 이전의 상태와 대비되는데—을 암시한다.

나타남은 하이데거에게는 2중의 성격을 지니고 있다. —사물들은 우리에게 (우리를 속일 수도 있고 그렇지 않을 수도 있는) 어떤 보이는 의미를 가지지만, 그 사물들 또한 숨겨진 의미를 지니고 있다. 이것이 그 사물이 나타나는 대로, 밝은 데로 드러내어서 그 사물을 이해하는데 관심이 있는 현상학이란 무엇인가에 관한 그의 독법의 핵심이다.

> 밑바탕에서부터 또 대부분은 전혀 드러내지 않는 어떤 것이 있음은 명백하다; 밑바탕에서부터 또 대부분은 전혀 드러내는 어떤 것에 대비되어 숨겨져 있는 어떤 것이 있다. 그러나 동시에 드러내는 부류에 속하는 그 어떤 것이 있는바, 그 의미와 근거를 구성할 정도로 본질적으로 드러내 보이는 어떤 것도 있다.

그래서 부분적으로 그 어떤 것이 드러나 보일 수 있기 때문에, 숨겨져 있거나 잠재되어 있을지도 모르는 그 어떤 것을 점검하는 데에 하이데거의 현상학은 관심을 둔다. 또한 하이데거의 현상학은 표면에 나타나는 명백한 사물들을 점검하는 데에도 관심이 있는데, 왜냐하면 이것은 심층의 잠재적 모습과 통합적으로 관련되어 있기 때문이며—한 부분일 수도 있고, 떨어져 있기 때문일 수도 있다.

논리(logos)라는 어휘는 담론(discourse), 이성 그리고 판단으로 다양하게 번역될 수 있다. 하이데거는 '자기의 담론에서 "말하고 있는 바"를 명백히 하는 것'으로 뜻풀이하고 있다. 그 독특함이 무엇이든지 간에, 현상학은 두 원천에서 나오는데 현상은 우선적으로 지각과 관련되고 논리는 주로 분석과 관련되는 차이가 있다고 말하는 것이 공정할 것 같다. 그리고 이것은 현상학과 관련되는 보충적 행위를 조명하는데 유용하다. 우리에게 드러내 보이기 위해 나타날 때 사물 그 자체를 점검하는 것이 으뜸의 목표이다. 이것이 마치 거의 동시에 일어나는 것처럼 하이데거는 이에 대해 기술하고 있다. 하지만 그때에는 논리적 측면에서 요구하는 분석적 사고로 인해 우리가 이 나타남을 용이하게 파악할 수 있도록 도와준다. 그리하여 그 현상이 나타나면, 현상학자는 이를 용이하게 파악할 수 있고, 그런 다음에 그 나타남에 의미를 부여하는데 도움을 준다.

현상학을 해석학으로 정의하는 하이데거의 길을 따라 가는 것은 모란(Moran, 2000)이 지적했듯이 미시적 분석과 종합이다.

> 현상학은 실체(entity)가 나타날 수 있는 것이 양식 때문에 아마도 숨겨져 있는 의미를 찾는 학문이다. 그 경우에 의미를 추구하기 위한 적절한 모델이 텍스트의 해석이며 이

런 이유로 하이데거는 현상학을 해석학과 연결시킨다. 어떻게 사물이 나타나는가 또는 어떻게 숨겨지는가는 명백히 연구되어야만 한다. 사물 그 자체가 스스로 숨는 방식과 마찬가지로 숨기도 하지만 동시에 언제나 나타난다.

「존재와 시간」 뒷부분에서 그는 해석을 분명히 논의하고 있는데, 그 부분의 내용은 전제 없는 기술적 현상학에 반대하는 주장의 기초로서 비평가들에 의해 사용되어 왔다. 즉 하이데거가 후설에 반대하는 태도였다: '뭔가가 뭔가로서 해석될 때마다, 그 해석은 본질적으로 선-개념(fore-conception)에 근거를 둘 것이다. 어떤 해석이란 우리에게 나타난 어떤 것을 아무런 전제 없이 이해하는 것이 결코 아니다'. 그래서 독자나 분석가 또는 청취자는 자기들의 선-이해(앞선 경험이나 가정, 앞선 개념)을 앞 세워, 자기의 앞선 경험의 견지에서 새로운 자극을 바라볼 수밖에 없다. 그렇지만 하이데거가 계속해서 강조한 것을 유심히 관찰하는 것은 중요하다.

> 해석하는데 있어서 우리의 처음이자 마지막이고 계속해서 하는 작업은 우리의 ... 선이해가 환상이나 자주 떠올리는 개념들에 의해 우리에게 나타나도록 해서는 결코 안 되고, 오히려 사물 그 자체의 관점에서 선-구조(fore-structure)를 작동시킴으로써 과학적 주제가 확실하도록 하는 것이다.

그 선-구조는 언제나 그 자리에 있으며, 해석할 때에는 위험성에 빠뜨릴 수도 있고, 장애물을 나타나게 할 수도 있기 때문이다. 해석에서 개인의 선-이해에 대해서보다는 새로운 대상에 대해 우선권을 두어야 한다. 그리고 그 연속에 유념해야 한다—여기서의 그 시사점은 사물 그 자체의 관점에서 이들 선-구조를 이해한다는 것이다. 다시 말해 선구조의 존재가 우리가 새로운 사물과 만나는 것보다 앞서지만, 이해는 사물에서 선구조로 실제로는 다른 방향으로 작용할 것이다. 예를 들어 텍스트를 만날 때에 나의 선구조의 어느 부분이 관련이 있는지를 반드시 알 필요는 없다. 그 텍스트에 몰두하게 되면 나의 선-개념이 무엇인지 알게 되는 보다 나은 위치에 서게 될 것이다. 바로 이것이 해석할 때에 무엇이 일어나는지를 생각하는 중요하지만 간과되는 방법이다.

IPA 작업의 관점에서는 여기에 두 가지 핵심이 있다. 첫째로 하이데거가 현상학을 일종의 명백한 해석 작업으로 정식화한 것, 그리고 그가 해석학과 연계시킨 것은 분명히 중요하다—결국 IPA는 해석·현상학적 접근이다. 둘째로 해석적 작업과 우리 이해의 선-구조 사이의 관계에 대해 하이데거가 펼쳐 놓은 방법 때문에 우리는 질적 자료의 해석에서 괄호치기(bracketing)의 역할을 재평가하여야 한다. 하이데거의 복잡하고도 동적인 선-이해의 개념을 한번이라도 고려하게 되면 우리는 순환적 과정으로서 또한 오로지 부분적으로만 이루게 되는 어떤 것으로서의 보다 더 활기찬 괄호치기의 형식을 볼 수 있다. 실제로 이것은 괄호치기를 질적 심리학에서의 성찰적 관습과 보다 더 일반적으로 관련짓는다.

가다머(Gadamer)

해석학에 대한 이전의 작가들처럼 그의 주저인 「진리와 방법」에서 가다머는 역사 텍스트와 문학 텍스트의 분석에 관심을 쏟는다. 그는 해석 과정에서 역사의 중요성과 전통의 효과에 대해 강조하는 성향을 보인다. 그는 슐라이어마허와 하이데거와의 상세한 지적 대화에 열중한다.

첫째 가다머는 하이데거의 해석학에서 선-구조와 새로운 대상 사이의 관계를 주제로 파고든다. 그의 분석은 앞에서 본 하이데거 읽기 내용과 어울린다. 즉 해석하는 이와 해석의 대상 사이의 복잡한 관계를 지적하였다.

> 해석하는 이 자신에게서 유래하는 끊임없는 주의를 산만하게 하는 것을 극복하고 눈길을(해석하려는) 그 사물들에 고정하는 것이 필요하다. 어떤 텍스트를 이해하려고 시도하는 사람은 항상 투사적(projecting)이라야 한다. 그는 텍스트 속에서 어떤 원초적 의미가 나타나자마자 전체적으로서의 텍스트의 관점에서 의미를 투사한다. 그가 의미 속으로 뚫고 들어갈 때에 나타나는 것의 관점에서 끊임없이 수정하는 이 선-투사(fore-projection) 작업이야말로 그 곳에 있는 것을 이해하는 것이다.(Gadamer, 1990/1960: 267)

이것이 위에서 본 우리의 하이데거 일기와 일치한다. 해석하기 전에 우리의 선-개념을 앞에 두기보다는 일단 해석이 진행되면 선-개념이 무엇인지를 진정으로 알게 될 것이다. 그 과정은 심지어 다면적이고 역동적이다.

> 선-투사의 모든 수정은 그 선-투사 앞에 의미의 새로운 투사를 할 수 있다; (텍스트의) 통일된 의미가 무엇인지 분명히 될 때까지 경쟁적인 투사는 나란히 나타날 수 있다; 해석은 훨씬 더 적당한 해석에 의해 대체되는 선-개념에서 시작한다. 새로운 투사의 이 끊임없는 과정은 이해와 해석이라는 활동을 구성한다.(1990/1960: 267)

따라서 사물 그 자체인 현상은 해석에 영향을 미치는데 이는 교대로 선-구조에 영향을 줄 수 있고, 또 그것이 해석에 영향을 미친다. 사람이란 수많은 개념들을 가질 수 있고 이들은 이해 형성의 과정으로 서로 비교되고 대조되고 수정된다.

보다 더 일상적인 용어로, 우리가 텍스트를 읽을 때, 우리의 읽기와 이해는 오래된 어떤 것[어떤 선-이해]과 새로운 어떤 것[텍스트 그 자체] 사이의 대화에 몰두하는 모습이다.

> 어떤 것을 이해하려고 하는 사람은 그 자신의 우연한 선-의미(fore-meaning)에 처음부터 의존해서 멈추어 서 있어서는 안 되고, 해석하는 이가(그 텍스트의 해석이) 그러할 것이라고 상상하는 바를 꿰뚫고 들어가 그 실질적 의미가 끊임없이 들리게 될 때가 아니면, 가능한 한 일관되고 끈질기게 텍스트의 실질적 의미를 무시해야 한다. 오히려 어떤 텍스트를 이해하려고 하는 사람은 그 실질적 의미가 자기에게 뭔가를 말해줄 것에 대해 준비하고 있어야 한다. 이런 종류의 민감성은 내용에 관해서는 중립성이나 자기 자신의 부재를 포함하지도 않는다. 오히려 자기 자신의 선-의미와 편견의 사용과 자기 자신의 선-의미와 편견에 근거를 두는 것을 포함한다. 중요한 것은 자신의 편견을 인식하고 있어야 한다는 점이다. 그래야만 그 텍스트가 모든 다른 것에서도 그렇게 나타날 것이고 따라서 자기 자신의 선-의미를 누르고 그 텍스트의 진리를 주장할 수 있다.(1990/1960: 269)

이 단락은 그 목적이 텍스트 자신의 목소리로 말하고자 하는 새로운 자극을 허락하는 데 있으며, 자신의 선-개념은 이 과정을 방해할 수 있음을 강조한다. 그러나 우리의 선-개념이 필연적으로 나타날 수밖에 없다. 그러므로 우리가 텍스트에서 가져오려고 하는 것과 텍스트가 우리에게 가져오려고 하는 것 사이의 대화가 필수적이다. 때로는 미리 우리의 선-개념을 인식할 수 있다. 때로는 그 선-개념이 새로운 대상이 나타나도록 몰두하는 과정 속에서 출현하기도 한다. 어느 쪽이든 이것은 공개(openness)의 정신을 필요로 한다.

> 어떻게 질문해야 할지를 아는 사람만이 공개성을 지향하려는 자신의 성향을 유지할 수 있기에 끈덕지게 되풀이해서 질문할 수 있다. 공개성을 지향하려는 자신의 성향은 다른 사람과 줄곧 논쟁하려는 것이 아니라 다른 사람의 의견을 무게 있게 진정으로 고려해야 함을 필요로 한다. 변증(dialectic)은 말해진 것의 약점을 발견하려는 노력 속에 있는 것이 아니라 그것의 진정한 힘을 드러내는데 있다.(1990/1960: 367)

이것은 인터뷰 과정에 대해 생각한다면 유익하다. 우리는 이를 이 장 후반부와 제4장에서 다시 주제로 삼을 것이다.

가다머는 또한 슐라이어마허와의 지적인 대화에 몰두한다—비록 물론 여기서 그 대화는 하이데거와의 대화보다 더 긴 역사적 시간을 범위로 하지만. 가다머는 작가가 아는 자신보다 해석하는 이가 작가를 훨씬 더 잘 알 수 있다는 슐라이어마허의 주장에 대해 복합적인 반응을 가지고 있다. 가다머는 텍스트의 의미에 대해 작가가 자동적으로 해석의 권위를 가지지는 않는다는 데 동의하고 있다. 그러나 그는 텍스트의 의미를 이해하는 것과 그 사람을 이해하는 것을 구별하면서, 전자에 우선이 있다고 주장한다. 즉 '이해란 말해지고 있는 것(텍스트)의 내용을 이해하는 것이 주된 것이고 다른 사람(작가)의 의미 그 자체를 분리해서 이해하는 것은 부차적인 것일 따름이다'(1990/1960: 294). 가다머는 역사적 격차(historical gap) 때문에 작가의 의도를 재현할 가능성에 대해서도 역시 의심스러워한다. 따라서 해석은 과거와 현재 사이의 일종의 대화이다: '역사적 정신의 필수불가결한 성격은 과거의 재현에 있는 것이 아니라 현재의 삶에 대해 사려 깊은 성찰에 있다'(1990/1960: 168-169). 그 목적은 과거를 되살리는 것이 되면 안 되고 오히려 현재의 관점에서 과거로부터 새로운 것을 배워야 한다. 이것은 아주 재미난 토론을 의미하는데 이장의 후반부에 다시 주제로 삼아 서술할 것이다. 지금으로서는 우리가 생각하기에 역사적 과거에서 유래하는 텍스트를 의미 있게 만드는 것에 대해 가다머가 재치 있다고 기술하겠다. 해석은 텍스트의 의미에 초점을 두어야 하며 그 의미는 해석이 이루어질 때에 강하게 영향을 받는다. 물론 질적 심리학 연구에서는 실제 시간에서 이루어지는 대화와 그와 동시에 만들어지는 텍스트에 보다 더 몰두하여야 한다. 이런 상황 속에서 슐라이어마허는 가다머의 현대적 목소리와 비교하면 오래된 방법으로 들리기보다는 현저하게 새롭고 통찰력 있게 들린다고 생각된다. 따라서 이장의 나중에 보게 되듯이 우리 생각에 IPA는 슐라이어마허와 가다머로부터 배울 수 있으리라 생각한다.

해석학적 순환

해석학적 순환은 특정한 아이디어로 인식하기보다는 해석학 이론에서 아마도 가장 공감을 불러일으키는 아이디어일 것이고 그래서 대부분의 해석학 작가들이 채택한다. 이것은 부분과 전체 사이의 동적인 관계로 연속되는 수준에 따라 움직이는 것과 관련이 있다. 어떤 주어진 부분을 이해하기 위해서는 전체를 바라보아야 하고 전체를 이해하기 위해서는 부분들을 살펴보아야 한다. 논리적 관점에서는 이 해석학적 순환은 비판을 받아왔는데, 그 이유는 그 속에 존재하는 순환성 때문이다. 그러나 용어를 분석적으로 살펴보면 이는 아주 효과적으로 해석의 과정을 기술하며 역동적이고, 비선형적이고, 생각하는 방식에 대해 말하고 있다.

해석학적 순환의 개념은 다양한 수준에서 작동하고 있다. 따라서 부분과 전체는 다양한 관계를 서술하기 위해 이해될 수 있다. 예를 들면 다음과 같다.

부분	전체
하나의 단어	그 단어를 품고 있는 문장
하나의 발췌(뽑아낸 부분)	완전한 텍스트
특정한 텍스트	한 작가의 전 작품
인터뷰	연구작업(research project)
하나의 이야기	전 생애

그래서 예를 들면 단어의 의미는 전체 문장의 맥락 속에서 볼 때 분명해진다. 동시에 문장의 의미는 낱낱의 단어들의 축적된 의미에 의존한다. 우리는 위에서 이미 해석학적 순환이 작동하는 면면들을 보았다. 진정으로 텍스트의 어떤 부분을 해석할 때 텍스트를 해석하는 독자의 역사[이미 당신이 무엇을 읽었는지]의 맥락 속에서 그 해석이 보이며, 그 역사는 텍스트의 새로운 부분과 만나게 되면 또 변화하게 된다.

해석학적 순환은 IPA 연구자들에게 '방법'에 대해 유용한 생각의 방식을 제공해 준다. 질적 분석에 대한 접근방법은 단계적이고 선형적 방법으로 기술되는 성향이 있으며, IPA도 예외는 아니다. 그러나 분석의 과정이 순환적이라는 것—즉 차례차례로 각 단계를 완성해 나가기보다는, 자료에 대해 광범위하고도 다양한 생각 방식을 통해서 앞으로도 뒤로도 왔다 갔다 할 수 있다는 것—이 IPA의 기본 신조이다. 이 과정을 겪으며 앞뒤로 움직일 때, IPA 연구자가 자료에 대한 관계를 해석학적 순환에 따라 움직이는 것으로 간주하는 것이 또한 도움이 될 것이다. 우리가 텍스트 속으로 들어가는 것은 다양한 수준에서 이루어질 수 있는데, 이 모든 것들이 서로 관련을 지으며, 이 중 상당수는 텍스트의 부분-전체가 일관성 있도록 연결되는데 서로 다른 관점을 제공해 준다는 것이 해석학적 순환이란 아이디어이다.

요약

해석학은 지적 역사의 중요한 한 부분이며 IPA에게 중요한 이론적 통찰력을 제공한다. IPA는 해석적 현상학적 접근으로서 따라서 하이데거의 현상학을 해석학적 영역으로 발전시켰다는 것이 의미가 있다. 하이데거를 따라서, IPA는 어떤 현상이 어떻게 나타나는지를 점검하는데 관심이 있고 분석가는 이 현상의 나타남(appearance)을 용이하게 하고 이해하는데 관련을 맺는다. 하이데거와 가다머는 선-이해와 주의를 기울이는 새로운 현상 사이의 관계에 대해 통찰력 있고 역동적인 서술을 제공해 주었다. 이러한 서술들은 우리가 연구과정을 더 더욱 깊게 이해하는데 도움을 준다. IPA가 해석학적 순환을 예시하는 많은 방법이 있으며 이것은 이 책의 많은 곳에서 분명해질 것이다. 마지막으로 슐라이어마허는 원래는 마음속에 역사적 텍스트를 가지고 글을 쓰려고 했다. IPA 연구에서처럼 현대적 텍스트에 적용될 때 그의 아이디어들이 다시 되 살아난다—이것이 이 책 후반부에 다시 주제로 다루어질 것이다.

개별기술(ideography)

IPA에게 중요한 영향을 준 세 번째 것은 개별기술이다. 개별기술은 특정한 것(the particular)과 관련이 있다. 이것은 대부분의 심리학과 대조되는데, 대부분의 심리학은 법칙을 추구하며, 그룹이나 모집단 수준에서의 주장과 관련되며, 인간 행동의 일반적 법칙을 정립하는데 관심이 있다. IPA가 특정한 것에 몰두한다는 것은 두 가지 수준에서 작동함을 의미한다. 첫째로 상세한 분석의 깊이에서 특정한 것에 대한 몰두가 있다. 그 결과로 분석은 충실하고 체계적이 되어야만 한다. 둘째로 IPA는 특정한 맥락 속에서 특정한 사람들의 관점에서 어떻게 특정한 경험적 현상들[사건, 과정 또는 관계]이 이해되어 왔는가를 이해하는데 몰두한다. 그 결과로 IPA는 작은 규모의 표본, 목적에 따라 선택된 표본, 위치 선정에 주의를 기울인 표본들을 이용하며, 때때로 단일사례분석들을 아주 효과적으로 이용하기도 한다. 개별기술 역시 그 자체로 단일사례에 대한 몰두를 말하기도 하고 또는 단일사례의 검증에서부터 보다 일반적인 주장으로의 움직이는 과정에 대한 몰두를 말하기도 한다. 따라서 개별기술은 일반화를 피하지는 않지만, 그러한 일반화를 확립하는 다른 방법의 처방을 제공한다. 그것은 일반화를 특정한 것 속에 위치시키며, 그러므로 보다 더 조심스럽게 일반화를 발전시키려 한다.

이 특정한 것에 대한 강조(따라서 주어진 사람에게 어떤 것이 가지는 의미를 포착하는데 초점을 두는 것)는 개인에게 초점을 두는 것과 정확히 같다고 볼 수는 없다—비록 개별기술이 무엇을 하는지에 대해 간편하고도 재빠른 설명방법을 제공해 주는 것처럼 보일지라도. 우리가 앞에서 보았듯이 경험에 대한 현상학적 관점은 그렇게 단순하지 않다. 한편에서는 경험이란 독특하게 구체화되고, 어떤 위치에 놓이게 되고, 나름의 시각을 가지게 된다. 따라서 개별 기술적 접근과 잘 어울린다. 다른 한편에서는 경험이란 역시 세계와 관계를 맺는 현상이고, 이는 우리에게 인간의 개념을 제공해 주지만 '개인'에 대해 전형적으로 이해한다고 할 만큼 그렇게 뚜렷이 구별되고 분류화할 수 있을 정도에까지는 이르지 못한다. 현 존재(Dasein)는 사회구성주의(social constructionism)에 의해 공통적으로 가정된 개별화되어 있고 본질적으로 다른 인간군상의 집합은 아니다—그러나 현 존재는 사물과 관계의 세계 속에서 충분히 뿌리를 내려 함께 할 수 있다. 현 존재의 경험이란 어떤 현상과 관계 속에 있는 것으로 이해되기 때문에, 개별적 인간 그 자체의 속성은 아니다. 그러나 어떤 주어져 있는 사람이 이해관계의 다양한 현상과 관련을 맺거나 그 현상 속에 포함되는데 대해 개인적으로 독특한 시각을 우리에게 제공해 줄 수 있다.

보편적 법칙과 관련된 문제

많은 작가들이 법칙적 탐구와 연계된 문제들을 지적해 왔다. 보편적 법칙의 접근은 우선 자료를 제공해 주는 개인들에 대한 정보검색이나 분석을 못하게 하는 방법으로 자료가 수집되고, 전환되고, 분석되는 접근방법이다. 이것은 전형적으로 측정(심리적 현상을 숫자로 전환시키는 것), 합산, 추산되는 통계에 의해 이루어진다.

예를 들어 라미엘(Lamiell, 1987)은 이른바 '개인 차이'(individual differences)

연구에 대해 특히나 비판적이다. 이 작업은 전형적으로 인성의 유형을 만들어 내려고 시도한다. 그것은 잘못된 호칭일 뿐만 아니라 흠이 있다고 주장한다.

> 개인 차이 연구에 의해 생성된 경험적 결과물은 개인의 수준에서 해석될 수는 없으며 그 결과로 개인적 행동/심리적 작용의 이론을 예리한 방법으로 알려주는 것이 가능하지 않다. 더욱이 그리고 바로 그 이유로 개인 차이 연구는 개인적 행동/심리적 작용에 관해 일반법칙을 정립하거나 법칙정립의 원칙을 찾는 작업에는 적합할 수가 없다. 즉 그러한 연구에 의해 생성된 경험적 발견물은 그 어떤 것이 많은 개인들 중에 각자에게 해당하는 사례임을 논리적으로 정립할 수가 없다.(1987: 90-91)

법칙정립의 영역은 특정한 사례라기보다는 집단 평균을 다루므로, 보험통계적이며 확률적일 수밖에 없다. 그러한 분석들은 카스텐바움(Kastenbaum)이 '결코 존재하지 않았던 그리고 결코 존재할 수도 없는 사람들로 구성된 미결정론적(indeterministic) 통계 영역'이라고 묘사했던 것을 만들어낸다(다탄(Datan), 로데히버(Rodeheaver), & 휴스(Hughes), 1987: 156).

사례를 위한 사례

법칙 정립적 분석에 대한 하나의 대안이 있는데, 그것은 특히 단일사례 연구의 가치에 대한 지지를 밝히는 문헌이다. 플라트(Platt, 1988)는 사례 연구는 본질적으로 재미난 어떤 것을 기술할 때 정당화된다고 주장한다. 인(Yin, 1989)은 이와 관련하여 사례 연구는 사건이 아니라 존재를 드러내 밝히려는 의도임을 지적하고 있다. 따라서 단일사례 연구는 어떤 것이 어떻게 존재하는지, 그리고 이것을 통찰력 있는 방법으로 설명할 수 있음을 우리에게 보여줄 따름이다. 플라트는 계속해서 단일사례가 모집단에 대한 현존하는 이론적 주장들 속에 있는 흠에 대해서 어떤 지적을 할 수 있는지와 그런 다음 그 이론을 개정하는 방법을 보여 준다. 마찬가지로 캠벨(Campbell, 1975)은 좋은 사례 연구는 통상적으로 우리의 기대에 어긋나는 것을 확인하거나 예상되지 않았던 일을 밝혀준다. 따라서 사례 연구의 부가 가치는 사례 연구가 우리의 가정, 선개념이나 이론들을 난처하게 하는 수단을 제공하는데 있다.

이러한 명제는 사례 연구가 수고를 많이 해 가며 상세한 것에 주목하는 것에 대한 과학적 신뢰성을 지적한 것이다. 솔로몬(Sloman, 1976)이 주장했듯이, 과학이란 심지어 돌발적인 것이고 독특하게 발생하는 것에 대한 연구도 포함하는데, 따라서 과학이란 '그 특별한 사례들에 대한 정교하고 상세한 조사 및 분석을 정당화시키는 작업이고, 통계적으로 유의미한 상관관계를 연구하기 때문에 때때로(사례 연구는) 피하고 싶은 작업이다. 사회과학자들은 역사가들이나 문학도들로부터 배워야 할 것이 많다'[p. 17]. 이것(사례 연구)에 대한 지지는 아마도 그 출처를 보면 놀라우리만큼 많다. 프란시스 갈톤(Francis Galton)은, 통계학의 발전에 개척자인데, 다음과 같이 기술하였다.

> 특정한 것들에 익숙해진다는 것이 지식의 시작이다—과학적이든 그렇지 않든—분석과 분류를 너무 빨리 시작하게 되면 삶의 정신적 측면이 찢겨서 파편화되는 위험성을 떠안아야 하며 개인의 삶에서 유기체로서 두드러지게 나타나는 현상과(개체를 넘어 그 집단 전체에) 통합되어 자연스레 나타나는 현상을 왜곡해서 대표하여(그 둘 사이의) 잘못된 틈새를 가지고 연구를 시작하는 위험성을 떠안아야 한다.(Galton,1983, 알포트(Allport), 1951: 56에서 재인용)

브롬리(Bromley, 1986)는 명시적으로 주류 심리학 안에서의 사례 연구의 역할에 정당성을 부여하였다. 즉 사회실험이나 조사는 가장 신뢰할 만한 결과를 제공해 줄 수 있는 반면에 사례 연구는—심지어 넓은 의미의 사례 연구마저도—탐색적인 수준일 수밖에 없다는 개념은 잘못되었다[p. 15]. 보다 더 중요한 점은 단일사례들이 더 발전된 분석으로 나아갈 수 있다는 것이다. 수많은 접근법들이 단일사례로부터 일반화된 주장으로 발전되어 왔었다. 여기서 우리는 두 가지 사례인 분석적 귀납(analytic induction)과 준사법적 접근(quasi-judicial approach)을 고려하기로 한다.

분석적 귀납은 한 부류의 사례들로부터 이론적 설명을 끌어내려고 시도하는 방법이다(Hammersley, 1989; Robson, 1993). 이 방법은 애초에 시험적 가설을 제안하고 이후에 그 사례들 각각에게 차례로 검증하는 절차를 포함한다. 따라서 분석적 귀납은 순환적 과정으로, 이어지는 인정된 증거에 비추어 연구자로 하여금 자신의 생각을 반성하게 하고 수정하게 한다. 분석적 귀납의 이상은 모든 사례들에 적용되는 최종적인 이론 명제를 만들어내는 것이지만, 통상적으로(어떤 가설이) 확정적으로(최종적인 이론 명제로) 되기는 가능하지 않으며, 성공적인 결과라고 말하는 것들은 대부분의 자료들과 대부분의 사례들이 검증됨을 설명하는 수정된 가설일 것이다.

대안으로 브롬리(1985)는 사례 연구를 수행하거나 평가하기 위해 준사법적 접근을 주장한다. 여기에는 단일사례들이 서로 간의 관계 속에서 만들어져서(법으로) 고려되는, 판례법으로 점진적으로 발전되는 것에 대응하는 요소가 있다. 이것은 특정한 상황 속에 놓여 있는 사람들에 대해 상대적으로 좁은 범위의 학문적 및 직업적 관심 속에서 낮은 수준의 일반화를 산출하는, 대단히 제한된 설명을 가능하게 한다[1985: 8].

우리는 사례 연구의 역할과 개별기술적 수준의 분석을 옹호해 왔다. 그러나 특정한 것(the particular)과 일반적인 것(the general)이 칼로 무 베듯이 그렇게 나누어지지는 않는다는 것을 인정해야만 한다. 해석학적 순환에 동조하는 어떤 인용에서 괴테(Goethe)가 말하기를, '특정한 것(the particular)은 언제나 일반적인 것(the general)의 기초가 된다. 일반적인 것은 특정한 것에 언제나 합치하여야 한다'(헤르만(Hermans) 재인용, 1988: 785). 그래서 특정한 것 속으로 더 깊이 파고들게 되면 보편적인 것(the universal)으로 우리를 인도한다고 와녹(Warnock)이 지적하고 있다(1987). 따라서 우리나 다른 사람들이 탐구되어야 할 특정한 상황을 어떻게 다룰지, 개인적 환경이 표면적으로는 우리 자신과 다르고 우리 자신으로부터 전적으로 분리된 것처럼 보이는 사람과 가장 깊은 수준에서는 어떻게 그렇게 아주 많이 공유하는 바가 있는지에 대해 생각할 수 있는 보다 더 좋은 위치에 서게 된다. 그리하여 이러한 방법으로 개인의 세세한 부분이 일반적인 것의 중요한 모습이 우리에게 더 가까이 다가온다.

요약

개별기술은 특정한 것에 초점을 두어야 함을 옹호하는 주장으로, 이는 단일사례 연구의 중요성을 재평가하도록 이끈다. 제5장에서 제시하였듯이, IPA는 단일사례들로부터 보다 더 일반화된 명제로 옮아가기 위해 분석적 절차를 채택하지만, 관련된 개인들 어느 누구에게도 특정한 주장들이 해당되도록 한다. 이 접근방법이 심리학에서 중요한 역할을 하고 있고, 소규모 연구와 단일사례들로부터 다중분석의 종합을 이루기 위한 모형인 현상학적이라고—알려진 모형들의 개발에 상당한 근거가 있다고 우리는 믿는다.

IPA와 이론

IPA는 인간의 생생한 경험을 상세하게 검증하는데 관심이 있다. 그리고 IPA는 가능한 한 미리 정해진 범주 체계에 따르기보다는 생생한 인간 경험의 용어로 그 경험이 표현될 수 있도록 하는 방법으로 이 검증을 수행한다. 이 때문에 IPA가 현상학적이라고 할 수 있으며 또한 우리가 앞에서 논의하였던 현상학의 철학자들에게 공통인 핵심적 아이디어와 IPA를 연결시켜 준다. 현상학적 탐구는 시작부터 해석적 과정이라고 주장하는 하이데거와 같은 의견이다. IPA 역시 개별기술적인 일을 추구하는데, 특정한 맥락 속에 참여자를 위치시키며, 그들의 개인적 시각을 탐구하며, 보다 일반적인 주장으로 이동하기 전에 각 사례를 상세하게 검증하는 데에서 시작한다. 그리하여 IPA는 이 장에서 개략적으로 살펴본 각각의 지적 흐름과 연결된다. 여기서 차례로 우리가 이미 서술하였던 각각의 아이디어와 IPA가 가지는 특수한 관계를 기술해 본다.

개인적 경험의 성찰

현상학에 관한 철학적 문헌을 읽을 때, 그 저술이 때로는 무척 어려운데, 현상학의 주제나 접근방법이 그 본질에 있어서 우리의 일상 경험과 연결되고 또는 연결되어야만 한다는 점을 잊기 쉽다. 철학이 경험을 검증하는 과정을 이해하는데 엄청난 공헌을 해 왔지만, 철학이 곧 현상학임을 인정하는 것은 아니라는 점을 깨닫는 것이 중요하다. 홀링(Halling)이 유용하게 지적했듯이(2008), '일상생활에서 다른 사람들이 우리에게 말하는 이야기를 진정으로 들어주는 한에서는 또 우리 자신의 지각에 주의를 기울이고 또 성찰하는 한에서는 우리들 각자는 현상학자의 속성이 있다'(p. 145).

그리하여 철학자들이 하는 것이란 어떤 접근방법을 엄밀하게 서술하여 형식화시키는 것인데, 이는 근본적으로 인간다운 접근법을 형식화하려는 것이다. 후설이 말했듯이 사물 그 자체로 돌아가라고 할 때 그 사물이란 생생한 경험을 말하는 것이지 생생한 경험을 철학적으로 설명한 것이 아니라는 점을 기억해야 한다. 철학적 설명이란 통찰력 있고 계몽적 성격을 가질 수 있지만 그것이 생생한 경험의 특성에 알맞게 이바지하는 것이 그 반대방향으로의 진행은 아니다. 물론 생각을 이런 방식으로 하려는 성향은 각양각색이다. 현상학적 심리학을 하려는 것은 일반적으로 일상적인 인간 행동의 한 부분이 되는 것을 넘어서 입증될 수 있고 체계적인 분석을 포함하지만 그 연결이 중요한 활동이다. 현상학이란 단지 학문적으로 아이디어를 모아놓은 것이 아니라 생생하고도 역동적인 활동이라는 것을 여기에서 강조하려 한다. 연구자와 독자로서 우리는 우리의 연구계획을 책임지고 수행하기 위해 또 연구 활동에서 현상학이 살아있도록 하기 위해서는 철학자들에게서 영감을 받고 있음을 느껴야 함을 강조하고 싶다.

후설처럼, 우리는 현상학적 연구를 일상에서의 생생한 경험을 체계적으로 또 주의 깊게 성찰하는 것으로 간주하고 있으며, 또 후설과 함께 그 일상의 경험이 일차적으로 활동이거나 이차적으로 그 활동에 대한 정신적 또는 정서적 반응—기억하고, 후회하고, 소망하는 등등—이라고 이해한다. 따라서 IPA에게서 주관적 경험을 검증하는데 우리는 관심을 갖지만, 그것은 언제나 '어떤 것'에 대한 주관적 경험이 우선한다.

물론 경험이란 대단이 폭넓은 용어이다. 그러면 IPA는 어떤 유형의 경험에 특히 관심을 가지는가? 이미 제1장에서 보았듯이, IPA는 그 당사자에게 특정한 순간에 또는 특별한 의미를 지니는 경험에 통상적으로 관심을 갖는다. 그래서 예를 들면 유전자 검사를 받을지 아닌지를 어떻게 결정하는지, HIV-양성인 동성애자들이 성 관계를 어떻게 생각하는지, 범죄를 저질렀던 공범자들이 '복역 후 갱생'의 과정을 어떻게 서술하는지를 살펴보는 것이 IPA를 이용한 연구이다. 그래서 IPA에서는 그 당사자가 일어났던 일의 중요성을 성찰해 보고, 그것에 대해 의미를 부여하려 할 때 상당히 '뜨거운 인지(hot cognition)'에 관여하게 되면 일상적인 평범한 경험이 중요한 '어떤 경험'으로 바뀌게 된다.

경험 그 자체는 감질날 정도로 생각이 머리속에 떠오르지만 붙잡기는 어렵다. 어떤 의미에서는 순수한 경험이란 결코 접근할 수 없으며, 우리는 그 사건이 일어난 후에야 그것이 일어났음을 알 수 있다. 그래서 경험에 도달하려는 목적으로 연구를 한다고 말할 때, 진정으로 의미하는 바는 '근접한 경험(experience close)'을 연구하려는 것이다. IPA는 의미를 부여하는 존재로서의 인간에 관한 모형이기 때문에, 경험을 겪은 참여자에 의해 제공되는 의미는—그 의미가 경험으로 되었기 때문에—경험 그 자체가 재현(再現)된 것이라고 말할 수 있다.

물론 경험 그 자체로부터 분리되는 다른 IPA 연구방법도 있다. 인문학과 건강과학 연구자들은 그들 자신들의 경험을 검증하는데 통상적으로 관심을 가지고 있지 않고 오히려 다른 사람의 경험에 주의를 기울인다. 그래서 현상학적 심리학에 대한 도전은 제3인칭 자료의 수집과 분석에 대해서 현상학 철학의 통찰력을 실제적이고 논리적인 접근방법으로 옮기는 것에 대한 것이다. 이 책에서 윤곽을 드러내는 단계들은 그러한 연구계획을 실현시키려는 우리의 방법을 나타낸다.

리쾨르(Ricoeur)가 지적하였듯이(Moran, 2000 참조), 현상학이 인간의 생생한 경험에 관한 탐구에 대한 관심이 핵심이지만, 현상학이 단 하나가 아니고 현상학 철학자들이 연속해서 나와서 그들은 후설의 원래 설계에 특별한 무언가를 더해왔다. 그리하여 후설의 현상학은 상당히 정신내적(intrapsychic)으로 서술될 수 있는 반면에, 메를로퐁티는 구체화에 더 관심이 있으며, 하이데거와 사르트르의 설명은 실존적 문제—둘 다 도덕적 윤리적 주제뿐만 아니라 실제적이고 세속적인 문제—에 초점을 맞추었다. 우리는 이러한 서로 다른 강조점들을 서로 경쟁하는 관계로 또는 보완하는 관계로 볼 수 있다. 여기서는 그들 모두의 공헌이 성숙하고 다면적이고 총체적인 현상학으로 발전시켰다고 보기 때문에 후자의 견해(보완하는 관계)를 취한다.

그래서 어떤 특정한 현상학이나 현상학 이론가를 위주로 하거나 어떤 특정한 현상학 이론가에게 우선권을 주는 대신에, IPA는 그 접근방법이 강조하는 핵심요소와, 또 다양한 위치에서 유래된 많은 추가된 요소들에게서 영향을 받았다. 그런 의미에서 IPA는 심리학의 맥락에서, 현상학이라는 지적인 흐름 내부에서 작동하는 것으로 보일 수 있으며, 더 나아가기를 시도하는 것으로 보일 수 있다. 그러므로 IPA는 인간의 살아있는 경험에 관심이 있으며, 사람들이 그 경험에 영향을 주는 의미의 검증을 통하여 그 경험이 이해될 수 있다는 전제를 가지고 있다. 이런 의미들이 거꾸로 구체화되고, 인지-정서적이고 실존적인 심리학의 영역들을 밝혀줄 것이다. 사람이란 물리적이기도 하지만 심리적인 실체이다. 사람이란 세상 속에서 일하는 존재이고, 자기가 한 일에 대해 성찰하며, 그러한 행위가 의미 있고, 실존적인 결과를 낳게 된다.

여기에 소개하는 간단한 사례가 도움이 될 것이다. 이 책의 공저자 중 한 분인 조나단(Jonathan)이 만성 척추질환의 경험에 대해 마이크 오스본(Mike Osborn)과 함께 연구를 진행하였다[Osborn & Smith, 1998 참조; Smith & Osborn,2008]. 참여자의 경험이 구체화되고, 참여자들은 이 구체화를 인지적으로 성찰하였다. 그들은 또한 자신들의 삶을 어떻게 꾸려나가는지—실제적인 일상의 계획과 그들이 하는 선택—에 관심이 있었고 이런 것들은 실존적인 주제였다. 그리고 그들은 다른 사람들에게 얼마나 해를 끼칠지에 대해 걱정하고 있었다—그리고 그들의 신체적 고통에 수반하는 견디기 어려운 감정적 경험을 어느 정도의 깊이로 서술했다. 그래서 참가자들과 연구자들의 관심사가 구체화되었고, 인지되었고, 정서적이고 실존적이 되었고, 초점이 나타났다. 이 연구는 전형적인 IPA 연구이다. 사람들이 주요한 경험을 가지고 있다가 해결해야 하는 크

나큰 주제에 직면하게 되면, 그 경험에 대한 그들의 다차원적인 반응의 모습이 전면으로 나오고 그렇게 해서 총체적인(holistic) 현상학적 분석이 특히나 딱 들어맞게 된다.

해석학적 전환

IPA는 현상학의 해석학적 견해(version)로부터 또한 강한 영향을 받았다. 여기에 갈등은 없다. 현상학이 관련은 있지만 뚜렷이 구별되는 많은 철학자들의 협동적인 작품에서 볼 수 있듯이 현상학 역시 해석학과 구별되기도 하고 연결되기도 한다. 여기서는 후자의 입장을 취하며 예를 들어 하이데거와 가다머가 해석학적 현상학을 만든 철학자들로 여긴다.

IPA에게는 분석은 언제나 해석을 포함한다. 우리 생각에는 하이데거의 나타남(appearing)이라는 개념이 이를 잘 포착했다고 생각한다. 숨은 것이 드러나 보일 준비가 된 어떤 현상이 있을 것이지만, 쉽게 드러낼 수 있도록 탐구하고, 그런 다음에 일단 그것이 일어나면 의미를 부여하는 노력이 연구자에게 요구되는 일이다. 이 장의 앞부분에 해석학을 설명한 절에서 개괄적으로 서술하였듯이 이 과정은 하이데거와 가다머의 견해와 일치하는 것이 아주 많으며, 분석의 과정에서 일어나는 일에 대한 유용한 조언(助言)으로 하이데거와 가다머의 견해를 추천한다. 말과 글에 대한 의미부여는 듣는 이나 독자의 입장에서 자세한 해석적 관여를 포함한다. 그렇다고 해서 읽기도 전에 반드시 모든 선개념에 유념할 필요는 없으며, 그래서 성찰적 관행과 괄호치기에 대한 순환적 접근이 요구된다.

우리는 역동적 선개념이라는 이 견해를 연구과정에서의 해석학적 순환의 모형 속에 두려고 한다. 여기서 '전체'란 연구자가 살아온 인생 경험이며, '부분'이란 새로운 연구계획의 일부로 새 참여자를 만나는 것이다. 아래 문단에서[스미스(Smith, 2007)로부터 인용], 조나단은 해석학적 순환이 어떻게 연구과정을 이해하는데 도움을 주는지를 기술하고 있다.

순환과정에 있는 한 지점에서, 내 관심권에 들어 온, 나의 선개념에 의해 영향을 받은 나의 경험과 전문가로서의 기술에 의해 구체화되는 지점에서 나는 출발한다. 이 위치에서 시작할 때, 내가 돌아다니면서 그 순환과정의 반대편에 서 있는 연구 참여자를 만나는 일 이전에, 나는 괄호치기를 시도하거나 적어도 나의 선개념을 인정한다. 나의 이전의 관심사나 지위가 무엇이든지간에, 내가 초점인 지점에서부터 참가자가 자신의 경험담을 털어놓기를 쉽게 하도록 내가 참여자의 이야기에 주의 깊게 듣고 관심을 기울이게 됨에 따라 참여자가 초점이 되는 지점으로 옮아왔다. 이것은 참여자가 말할 때 그/그녀에 대해 주의를 집중하고 몰두해야 함을 요구함을 의미한다. 물론 이것은 복잡한 역동적 과정을 단순화한 설명이다. ...여기서 요구되는 공개성(the qualities of openness)에 대한 더 많은 설명은 디버그(Dahlberg), 드류(Drew) 및 니스트롬(Nystrom, 2001)을 참조하면 된다.

그 대화는 마쳤지만, 나는 그 순환을 따라 내가 출발했던 곳으로 다시 돌아오는 여행은 계속한다. 그래서 집으로 돌아와 내가 출발할 때 가졌던 시각에 따라 수집했던 자료, 즉 나의 이전의 개념과 경험에 의해 영향을 받았던 자료를 분석한다. 그러나 새로운 나의 연구 계획에 참여한 사람들을 만나서 그들의 설명을 듣기 때문에 나 역시 이전으로 되돌아갈 수 없을 정도로 바뀌게 된다. 그런 다음 실질적으로 소규모 순환에 몰두하게 되는데, 그것은 나의 집이라는 장소에서 참여자들의 이야기를 다시 듣고, 그것에 대해 질문하고, 이해하려고 하는 방법으로 정신적으로 또 다시 그들과 대화를 한다. 정말로 부분과 전체 사이의 해석학적 순환에서 고유한 다양한 활동들이 집이라는 이러한 인식적 공간에서 발생한다.(p. 6)

여기서 참여자에게 관여하는 적극적 과정에 대한 기교 있는 주의가 필연적으로 관심사 이전에 괄호치기의 과정을 용이하게 한다는 의미에서, 후자(괄호치기의 과정)보다도 우리는 전자(참여자에게 관여하는 적극적 과정)의 중요성을 강조하려 한다. 제4장과 제5장을 참조하여야 하는데, 그곳에서는 아주 상세하게 관련된 과정을 서술하고 있다.

IPA는 '이중 해석'을 포함한다(Smith & Osborn, 2003). 이 말은 연구자가 참여자를 이해하고, 그 참여자는 어떤 것을 이해함을 의미한다. 그리고 이것은 '참여자와 같이 또 참여자와는 달리'라는 연구자의 2중 역할을 보여주는 것이다. 어떤 의미에서는 연구자는 참여자와 같아야 하고, 참여자의 세상을 이해하기 위해서는 일상적 인간 자원에 다가가는 인간이어야 한다. 반면에, 연구자는 참여자가 아니며, 참여자가 자신이 겪은 경험에 대해 이야기하는 것을 통해 그의 경험에 대한 접근이 가능할 뿐이고, 연구자 자신의 경험-지향적(experientially-informed) 렌즈를 통해 이를 이해하게 된다. 그런 의미에서, 참여자가 의미를 만드는 것(meaning-making)은 일차적이며, 연구자의 이해 형성은 이차적이다.

IPA가 이중 해석을 하는 또 다른 방법이 있다. 리쾨르(1970)는 넓은 의미로 두 가지 유형인 공감의 해석학과 의심의 해석학(hermeneutics of suspicion)으로 구분하였다. 전자의 접근방법은 원래의 경험을 자신의 용어로 재구성하는 것을 추구하며, 후자는 그 현상을 비추기 위해 정신분석학에서와 같이 외부로부터의 이론적 관점을 사용한다. 스미스(2004)와 라킨(Larkin, 2006) 등에서는 IPA가 그 경험의 의미를 밝히거나 뽑아내는데 공헌하기만 하면 위의 두 입장 사이에 볼 때 해석적 작업이 적절하다고 판단하는 중도적 입장을 취하고 있음을 시사하고 있다.

여기서 이 중도적 입장이 공감의 해석학을 의심(questioning)의 해석학과[1] 결합할 수 있다는 제안을 하고 있다. 따라서 IPA 연구자는 부분적으로 내부자의 관점을 채택하며(Conrad, 1987), 내부자의 관점이란 참여자의 견해를 통해 보는 것이며, 참여자들의 입장에 있는 것이다. 다른 한편으로 IPA 연구자는 참여자의 곁에 서 있으려 하고, 다른 시각으로 참여자를 바라보는 것이며, 참여자들이 말하는 바에 대해 질문을 던지고 궁금해 하는 것이다. 여기서 분석이란 참여자 스스로 말하는 바가 뜻하는 것에서 멀리 떨어져 연구자의 해석적 작업에 더

1) 이 책의 저자들은 리쾨르의 의심의 해석학(hermeneutics of suspicion)을 변용하므로 리쾨르의 용어인 suspicion을 사용하지 않고 questioning라는 용어로 차이를 설명하려 하고 있다. 따라서 저자들은 questioning 라는 용어 앞에 우리의 의심의 해석학(our questioning hermeneutics)이라는 표현을 쓰고 있지만 번역자가 번역할 때는 괄호 속에 원문만 보이고 '의심의 해석학'을 함께 사용한다(번역자 주).

의존하는 것이다. 성공적인 IPA 연구는 공감하는 바와 의심하는 바의 두 유형의 태도를 결합하는 것이며, 이해라는 단순한 어휘는 이 결합을 산뜻하게 포착하는 것이다. 우리에게 이해는 '어떤 사람에게서 그것이 어떠한가를 알아보려는' 의미에 기초하고 그리고 '어떤 것에 대해 분석하고 해명하고(illuminating), 의미를 부여하는' 의미에 기초한다.

이를 다른 방법으로 살펴보자. IPA는 언제나 해석적이지만, 다양한 수준의 해석이 존재한다. 전형적으로 분석이란 진행됨에 따라 더 깊은 수준의 분석으로 옮아간다. 그러나 IPA에게 중요한 것은 그러한 해석들이 언제나 연구자와 텍스트의 만남에 뿌리를 두어야 한다는 점이다. 예를 들면, 스미스(2004)는 만성적인 등 통증의 경험을 지닌 여성과의 인터뷰에서 녹취한 텍스트의 작은 한 부분을 이용하여, 일련의 단계에 따른 해석을 보여주고 있다. 첫 번째 단계는 중심이 되는 실질적 주제가 나타나는데 주의하는 단계로, 의식에 자리 잡은 사회적 비교라는 집합을 말한다. 예를 들면 그녀의 과거의 자아, 그녀의 규범적 자아(her ought self), 그녀 자신에게 나타나는 다른 자아 등등의 그 여성의 전체 자아 집합과 비교하여, 그 여성이 어떻게 자신감을 잃어가고 있는가에 초점을 두고 있다. 두 번째 단계는 그 여성이 사용하는 은유(metaphors)와 이 은유가 다른 요소와 견주어 볼 때 그녀의 자신감의 상실에 어떻게 특유하게 작용하는가에 대한 세심한 관찰을 포함하고 있다. 세 번째 단계는 그녀의 설명을 임시로 구성한 것을 상세히 읽어 보고, 그 여성이 현재의 시점에서 자신을 서술하는 것과 과거의 시점에서의 자신에 대한 서술 사이에서 흔들리는 모습이 그녀가 나타내려고 했던 '진정한 자아'를 위한 싸움을 반영하는 것이라고 주장하였다. 각 단계의 분석에 따라 보다 더 해석적으로 변화하지만 이들 각 단계는 텍스트 그 자체에서의 읽기에 기초하고 있다. 이들 해석들은(이들 해석 모두가 IPA와 양립가능한데) 그렇지 않은 해석인 심리분석적 독해와 대조된다(심리분석적 독해는 텍스트 외부에서부터의 해석을 수입하고 또 남근 상징(phallic symbols)을 이용하는 것이다).

그러므로 IPA에서, 성공적인 해석이란 참여자가 생산한 텍스트의 용어들 내부로부터의 읽기에 기초하는 것이 중요한 원칙이며, 외부로부터의 독해를 끌어들이는데 기초하는 것은 아니다. 이런 의미에서 이 책의 의심의 해석학(questioning hermeneutics)은 리쾨르의 의심의 해석학(hermeneutics of suspicion)과 분명히 다르다. 제5장에서 보다 상세히 논의된다.

마지막으로 슐라이어마허와 가다머의 논쟁을 재검토하려 한다. 가다머는 텍스트를 읽을 때 우리가 작가를 이해하려 하기 보다는 텍스트를 이해하려 한다고 주장하였다. 그가 암시한 것은 그 결과로 우리의 이해 형성이 우리가 텍스트를 읽을 그 시점에 강한 영향을 받는다는 점이고, 이것이 그 텍스트의 원래 의미를 재창조하는데 방해가 될 수 있다는 점이다. 이것은 분명히 슐라이어마허와 가다머의 주요한 관심사였던 텍스트의 종류와 관련된 것이다. 텍스트란 통상적으로 표현이나 기능적 목적을 위해 그 목적에 적합한 모습으로 구성된다. 텍스트는 역사적으로 앞선 시기에 기록되어 왔고, 때로는 외국어나 아주 독특한 어휘나 장르를 포함하고 있기도 하다. 그러나 만약에 IPA 연구자들이 그 연구대상을 바꾸어 그 자료들과 마주하게 되는 범위 내에 있다면, 슐라이어마허는 할 말이 많을 것이다. IPA 연구자들이 검토하는 텍스트들은 보통 현대적이거나 가까운 과거에 만들어진 것들이며, 또 작가가 뜻하는 목적에 의해서 이루어진 것이라기보다는 연구자의 요청에 응해서 생성된 것들이다. 이런 상황 속에서 분석의 과정은 그 서술을 제공하는 사람에 대해서 또는 그 서술의 주제에 대해서 배우는 것과 연결되며, 그것에 대해 슐라이어마허는 몇 세기 동안 우리에게 유용하게 이야기해 왔다. 해석학과 인문학에 대해 또 해석학적 아이디어를 질적 심리학에 응용하는 실제의 사례에 대해 좀 더 살펴보려면 스미스(2007)를 참조하면 도움이 된다.

따라서 IPA는 현상학적 및 해석학적 통찰력의 결합을 필요로 한다. IPA는 참여자의 경험에 대해 가능한 한 가까이 다가가려고 시도하는 점에서는 현상학적이지만, 이것이 필연적으로 참여자와 연구자 모두에게 해석적인 노력이 필요하다는 것을 인식하여야 한다. 현상학 없이는 해석할 것이 없을 것이고, 해석학 없이는 현상학이 나타날 수 없다.

개별적인 것에 초점 맞추기

IPA는 개별기술적 감각을 가졌다. 우리는 IPA 연구의 가치를 무엇보다도 살아있는 경험의 특정한 사례에 대해 상세하고도 미묘한 분석을 제공하는 것으로 간주한다. 참여자가 생각하기에 자신에게 상당히 중요한 주제에 대해 민감하게 진행된 인터뷰 자료를 통찰력있게 분석한 좋은 사례 연구는 심리학에 의미 있는 공헌을 하고 있다. 우리의 관점에서는 이런 종류의 수고를 마다하지 않는 상세한 사례들을 통해서만이 인간의 심리 그 자체의 복잡성에 합당하고 또 정당화할 수 있는 심리적 연구를 산출할 수 있다.

우리는 끊임없이 IPA에서 사례 연구를 옹호해 왔으며(예: Smith, 2004), 사례 연구로 수행된 연구업적의 수가 증가하는 것을 보고 싶다. 그러나 대부분의 IPA는 현재, 앞으로도 계속되리라 생각되지만, 초점은 개별기술적이지만 표본의 크기는 하나 이상이어야 한다. 그러한 연구들은 중요하면서도 강력한 공헌을 하게 될 것이다. 여기에서 분석의 과정은 각 사례에 대한 상세한 검토로부터 시작하고, 이어서 사례들 간의 유사성과 차이성의 검토로 이어져서, 의미의 유형을 미세하고도 낱낱이 서술할 수 있게 된다. 여기에서 이런 의미의 유형은 참여자들이 공유된 경험을 반영하게 된다. 훌륭한 IPA 연구는 공유된 주제나 그 주제에 대해 뚜렷이 구별되는 목소리와 다양성 모두에 대한 설명과 분석이 가능해야 한다.

이 개별적인 것과 미묘한 것, 또 다양성에 대한 관심은 후설의 현상학을 위한 야심찬 계획과 관련해 보면 초기 단계에서부터 작용하고 있음을 의미한다. 후설은 개별적인 사례로부터 형상적인[2] 구조, 즉 경험의 본질을 확립하는 쪽으로 움직이는 것을 중요하게 생각하였다. 이것은 물론 숭고한 목표이다. 그러나 IPA에서는 실제적인 삶과 생생한 경험에 대한 개별적 사례들을 상세히 분석하는 선행 작업이 현재로서는 우선권을 지닌다. 물론 우리는 이 작업이 이야기의 끝으로 간주하지는 않는다. 즉 시간의 흐름에 따라 더 많은 사례들이 집적될 수

2) 철학에서 '형상적(eidetic)'이라는 용어는 사전(辭典)적인 뜻인 '모습'을 의미하는 것이 아니라 '본질적'임을 지칭한다(역자 주).

있고, 이 사례들의 집합이 개별적인 현상들의 본질적 모습을 살펴볼 수 있도록 이끌지도 모른다.

그러한 과정에서 IPA가 제공하는 상세한 개별 기술적 분석은 의미 있는 공헌을 할 수 있다. 발견된 결과물을 현존하는 심리학적인 문헌들과 결합시킴으로써, 사례가 현재의 법칙정립적인 연구에 어떤 방향을 제시하는지를 독자들이 알아차리게끔 하는데 IPA 연구자들이 도움을 줄 것이다. 다시 우리는 부분과 전체의 연결고리를 알 수 있다.

독자의 입장에서 보면, 독자는 자신의 경험적 지식에 근거한 관점에서 사례를 검토하기 때문에 이론적 이전가능성(부분과 전체의 연결고리)이라는 이러한 과정을 지속할 수 있으며, 또 자기 자신의 작업을 통해 함축성을 내포하기 시작한다. 워녹이 제안하였듯이, 통찰력 있는 사례 연구는 가장 본질적으로 인간적인 것이 무엇인가를 다루기 때문에 우리를 보편성으로 향하게 한다. 개별적인 것은 독특하지만, 공유될 수 있고 공통적인 것이 포함되어 있다. 이것은 '각자는 자신의 내부에 다른 사람이 가지고 있는 최소한의 공통성을 가지고 있다'는 슐라이어마허가 제시한 통찰력과 어울린다.

결론

이 장에서 우리는 현상학과 해석학, 개별기술에 관한 몇몇 지도적인 연구자들의 아이디어를 소개하였다. IPA 연구자가 이 접근방법의 이론적 토대를 이해할 수 있도록 하기 위해 충분하고도 상세하게 소개하였다. 우리는 사고의 다양성과 이를 위해 철학에서 제공하는 이론적 근거를 IPA가 수용하고 있음을 강조해 왔다. 다음 여러 장에서는 IPA에 기초하여 개별적 연구를 어떻게 수행하는지에 대한 지침을 제공하기 위해, 연구자가 가진 아이디어를 실제 연구로 진행하는 방법을 다룬다.

참조할 책

철학으로서의 현상학에 대한 저서들은 읽기가 꽤나 힘들다. 그러한 의미에서 Moran (2000)은 읽을 만하고, 유용하며 충실한 입문서이며, 모란(Moran)과 무니(Mooney, 2002)는 주요 현상학적 철학자들의 주요 저작들을 골라 편집해 놓았다. 후설의 입장에 대해 아마도 가장 읽을 만하고 간략한 기본 자료는 후설이 대영백과사전(Encyclopaedia Britannica)에 영역하여 집필한 부분이다.

Dahlberg 등(2008)과 마넨(Manen, 1990)의 저서에서는 이 장에서 서술한 이론적 기반의 상당부분을 살펴볼 수 있으며, 랭그리지(Langdridge, 2007)의 저서 역시 심리학적 맥락에서 현상학의 주요 아이디어들을 소개하고 있다. 애쉬워스(Ashworth, 2008)에서는 질적 심리학의 기원에 대한 유용한 설명을 제공하고 있으며, 이 장에서 소개한 개념들의 상당부분을 포함하고 있다. 심리학과 인문과학에서의 현상학적 연구에 대한 헌신적인 소개는 버커(Becker, 1992)가 제공하였다. 본 에타츠버그(Von Eckartsberg, 1986)은 현상학적 심리학에 대한 다양한 접근을 살펴보는데 유용하며, 각각의 접근에 대한 흥미있는 사례도 제공한다.

해석학에 대한 핵심 텍스트는 파머(Palmer, 1969)의 책이며, 보다 최근의 입문서는 반데벨데(Vandevelde, 2005)의 책이다. 패커(Packer)와 에디슨(Edison, 1989)은 해석학과 연결되는 심리학 저서들을 편집해 놓은 책이다. 조엘슨(Josselson, 2004)은 공감과 비판적 해석학 두 부분의 관계에 대한 상세한 논의를 제공하고 있다. 스미스(2007)는 해석학의 기본 개념들을 소개하고 경험적인 연구들의 일부분을 검증함으로써 그 가치를 보여주고 있다. 라킨(2006) 등은 IPA와 하이데거의 관계와 분석적 연구에서 해석의 위치를 좀 더 심층적으로 드러낸 저서이다.

개별기술적 심리학을 위한 원리와 방법에 대한 유용한 설명은 알포트(1951, 1965), 디오엘(De Waele)과 헤르(Harre, 1979) 및 스미스, 헤르와 반 란겐호브(Van Langenhove, 1995)를 통해 확인할 수 있다.

감사의 글

저자들은 이 장의 초판에 대해 대단히 유용하고 통찰력 있는 비평을 해 준 데몬트 모란(Dermont Moran)과 피터 애쉬워스(Peter Ashworth)에 대해 감사드린다.

3장

IPA 연구계획 수립

서론

앞 장에서 살펴보았듯이, IPA는 개인적인 삶의 경험에 관심을 두고 있으므로 특정 상황이나 과정 즉 현상에 대한 개인의 관련 및 개입에 관심이 있다. IPA를 연구과제로 선택하게 되면 연구자는 참여자가 자신의 경험을 이해하는 방식을 탐색하고 묘사하고 해석하고 고려하는 일에 전념한다. 따라서 IPA 연구자는 무엇보다도 풍부하고 섬세한 개인적인 설명에 접근할 필요가 있다. 이런 설명은 탐구 중인 현상에 대한 견해를 기꺼이 제공할 수 있는 사람에게서 도출될 것이다. 뒤에 이어지는 섹션들에서 우리는 연구 참여자들의 관심사와 생활세계를 탐색하는 연구계획과 관련된 중요한 절차들을 살펴볼 것이다.

IPA는 연구를 수행하는 접근법이다. 이 접근법을 선택한 결과로서 자료수집과 분석을 위한 특정 방법들을 선호하게 될 것이다. 섹션 A의 이번 장과 나머지 장들에선 이런 방법들을 다룬다. 독자와 연구자는 '방법론주의' 살몬(Salmon, 2002)과 '방법의 우상화' 챔벌린(Chamberlain, 2000)을 경계해야 한다. 이 경계성 용어들이 우리에게 상기시켜 주는 사실은 대다수 질적연구자들의 관점에서 볼 때 방법은 '독립적인 온전함'을 가지지 않는다는 것이다. 방법이라는 것은 독자적으로 의미 있는 결과를 산출하지 않는다. 본질적으로 그 자체만으로는 품질보증서가 되지 않는다. 연구자로서 우리는 이 방법들을 창의적으로 운용해야 한다. 성공적인 수집 전략에는 조직력과 융통성과 세심함이 요구된다. 성공적인 분석에는 이념들의 체계적인 활용과 방법론의 엄격한 적용이 요구됨과 동시에 상상력과 즐기는 재미, 그리고 사색적이고 비판적이고 개념적인 사고의 통합이 따라야 한다. 이전 장에서 그 개요를 설명한 바처럼, IPA 연구초점의 중심은 현상학적 탐구를 하는 연구자이다.

우리 생각으로 방법들은 우리가 통과하고자 하는 영역의 한 부분을 담당한다. 활용 가능한 방법은 각각 인식론적인 특정한 입장 덕분에 적어도 우리가 다다르고자 하는 지점을 보여준다. 또한 방법들 대부분은 우리 목적지에 당도할 수 있는 몇 가지 노선을 묘사해줄 것이다. 어떤 방법은 그 노선들을 좀 더 상세하게 묘사해준다. 또 어떤 방법은 익숙한 노선에서 벗어나라고 적극적으로 격려하는데 반해서 어떤 방법은 좀 더 지시적일 수도 있다. 그러나 그 어떤 경우이건 우리의 목적지에 도달하는 방법들은 많다. 그러므로 여러분의 목적에 가장 최선인 방법을 선택하고 그 정당성을 보여주는 일은 여러분 각자의 몫이다.

본 저서 첫 섹션의 나머지 부분에서 우리 목표는 이미 행해진 내용을 서술하는 것이므로 우리 자신의 IPA 연구와 공표된 다른 연구자의 사례들을 활용하고자 한다. 이러한 서술은 초보 연구자들에게 유용한 출발점을 제공한다. 은유적으로 표현하자면, '지도상의 잘 알려진 노선들'을 밝혀야 한다. 이렇게 한다고 행해질 수 있는 것을 꼭 강요하지는 않는다. 즉 제약들은 방법론적 실천 규칙들에 의해서라기보다는 대체로 접근법의 방침들에 의해서 만들어진다. 처음부터 끝까지 우리의 목표는 IPA 내에서 변형과 복합성에 대한 제안을 하는 것이고, 이는 섹션이 진행되면서 전개된다. 이 제안들은 이른바 이용이 흔하지 않은 방법이다.

연구시작

질적연구를 처음 하는 사람은 자신이 주제에 염두를 두고 있다는 사실, 그리고 질적연구가 그 주제를 탐색하기 위한 방법이라는 사실을 알게 될 것이다. 당연히 방법에 관한 문헌들을 읽는 일은 합당하고 특히 연구 논문들을 일부 읽는 일은 도움이 될 수 있다. 한편으로 이 일은 방법론에 관한 어떤 논문보다도 여러분이 하고자 하는 일이 무엇인지 더 분명하게 볼 수 있게 한다. 다른 한편으로 그 일은 자신이 가진 관심사와 아주 강하게 맞닿아 있는 다른 사람의 접근법들이 지닌 특징, 아울러 스타일과 표현방식에 대한 자신의 선호도를 파악할 수 있게 해준다. 질적연구는 상당히 뜻을 만들어 가는 활동인 성향이라서 여기에는 일인칭 사용 및 입장을 취하여 논의를 전개하려는 자발성이 요구된다. 따라서 과제를 시작하는 초기에조차 연구자는 제3의 해석 수준, 즉 최종적인 기록을 읽는 가상의 독자에 대해 신경을 써야 한다. 독자는 미지의 X에 대해 이해하려는 참여자를 이해하려는 연구자에 대해 이해하려는 노력을 하고 있기 때문이다. 또한 질적연구는 사람들이 이런 류의 일에 있어서 주관성과 관련 있는 사안들을 곰곰이 생각할 수 있어야 한다는 점을 요구한다. 그 연구는 과제 전개의 초기 단계에 이러한 사안들의 징후를 드러내는 데 도움이 되고, 논문을 어떻게(어떤 스타일과 어떤 표현으로) 작성해 나갈 것인지, 논문의 형태(분석 구조와 제시)가 어떻게 될 것인지를 생각하기 시작하는 데에도 도움이 된다. 물론, 과제가 진척되면서 여러분의 생각은 마땅히 변화하겠지만 적어도 출발점을 가지고 있는 셈이다.

어떤 연구자들은 처음부터 질적연구, 특히 IPA에 전념하여 그것을 구체적 상황에 적용하고 싶어 할 지도 모른다. 이 경우에 주제를 좁혀 들어가고 연구질문을 조심스럽게 생각하는 일이 중요하다. 그렇게 해야 여러분이 선호하는 작업방식의 목적과 범위와 일관성을 유지하게 된다. 이 과정 동안 이것이 왜 여러분이 선호하는 방식인지 심사숙고해 볼 필요가 있다.

주제 선정

여러분에게 흥미를 주는 주제를 선택해야 한다. 질적연구는 시간 소모적이고 노동집약적이면서 상상적이고 정서적인 면에서 부담이 크다. 이 모든 노력을 쏟고자 한다면 그 결과에 대해 신경을 쓰는 것이 좋다. 사실, 결과에 대해 신경 쓰는 일은 다른 이유에서도 중요하다. 질적 전통에서의 연구는 변화를 용이하게 만들기 위한 저자의 몰입(Kidder & Fine, 1997), 그리고 이러한 몰입의 결과들에 대해 고찰하려는 자발성(Finlay, 2002)으로 흔히 특징지어져 왔고 동기부여가 되어 왔기 때문이다. 주제 선택과 동시에, 무엇보다도 접근 가능한 잠재적인 참여자 집단을 찾아내도록 노력해야 한다(이 장 후반부 참고). 참여자 집단에서 예상되는 경험과 관심사와 주장에 대해 여러분이 언급할 수 있는 범위, 혹은 상상할 수 있는 범위를 가늠해 볼 필요가 있다. IPA는 여러분이 '내부자' 입장이 되어야 한다고 요구하지 않는다(Styles, 1979). 그렇긴 해도 그 입장에서 수행된 질적연구의 풍부한 전통이 분명 있기는 하다(Lieblich, 1996 참조). IPA는 여러분에게 적절한 참여자를 통한 내부자적 설명에의 접근을 협상하라고 요구한다. 그때 여러분이 제시한 참여자들에 대한 사전 지식과 경험을 고찰하는 일이 의미가 있다. 2장에서 이미 제시했듯이, 사전 지식이라고 할 만한 것에는 '과다'나 '과소'라는 측면은 있을 수 없고, 여러분의 선입견, 즉 여러분 지식의 '사전 구조'에서 예상되는 결과들에 대해 스스로에게, 또 적절하다면 연구팀에게 솔직해질 필요가 있을 뿐이다. 게다가, 이전 장에서 기술했듯이, 과제 초기에 여러분의 모든 선입견에 접근할 수 없다. 그럼에도 불구하고 접근 가능한 것을 고찰하는 일은 유용하다.

여러분의 지식 확장은 문헌 연구로 가능할 수 있다. IPA에서 일차 연구 질문들과 여기에서 발전될 추후 인터뷰 질문들은 대개는 이론에 근거하지 않는다(더 많은 논의는 이번 장 후반부 참고). 하지만 문헌 연구는 연구 질문이 풀어나가야 할 간극을 밝히는 데, 또한 참여자에 대한 뭔가를 알게 되는 데 도움이 된다. IPA 접근법에서 자료수집은 어느 정도 편견 없는 상태로 진행되어야 하므로 여러분이 인터뷰나 자료수집의 다른 방식들을 설계하고 수행할 때 선입견을 보류하도록('떨쳐버리도록') 노력해야만 한다. 가능한 한, 우리의 목표는 참여자들이 관심사를 표출할 수 있게 하고 그들의 용어로 주장을 할 수 있게 하는 것이다. 이 주장들이 어떤 형태를 취하게 될 것이라는 예상은 해롭지 않다. 윤리적 승인 신청을 고려할 때 이런 예상은 정말 중요할 수 있지만 말이다. 어쨌든 주장의 형태가 당연히 이렇게 될 것이라고 추정해서는 안 된다. 이런 종류의 문헌 연구는 상당히 짧은 편이고, 대개의 문헌연구보다 더 가치평가적일 수 있다. 흔히 그렇듯, 여러분의 목적은 독자에게 그 분야를 소개하는 것이긴 해도, 그 분야에서의 주요한 공헌들의 강점과 약점에 대한 정보를 독자에게 알리면서 여러분의 연구가 왜 유용한 공헌이 될 수 있는지 드러내는 논의를 제공할 필요도 있다. 이렇게 함으로써 여러분은 주제의 어떤 구체적인 측면에 관심이 있는지, 그리고 주제 탐색을 어떤 식으로 착수해 나갈 것인지를 명확히 밝힐 수 있다.

IPA 선정

연구 질문을 만들거나 자료수집방법을 고안하거나 참여자와의 접근을 협상하거나 자료를 수집하기에 앞서 자료분석을 위한 접근법을 선정하는 것이 타당하다. 여러분의 접근법은 연구 절차 내 이러한 초기 단계마다 여러분이 세운 전략에 영향을 미친다. 수많은 입문서에는 좀더 확고한 질적 방법들을 비교하는 근거들이 제공되어 있다(Smith 2008; Willig 2008). 이는 '과업을 위한 도구'를 선택하는 문제라기보다는 '과업의 속성'을 규명하는 문제이기 때문이다. 전자의 경우는 양적분석방법을 선별할 때도 마찬가지일 것이다. 중요한 각 접근법(이야기 방법, 현상학적 방법, 담론적 방법, 근거이론 방법의 다양한 버전들)은 '자료'를 구성하는 요소, 거기에서 추론 가능한 내용, 분석으로 성취할 수 있는 내용에 대해 상이한 관점을 제공한다.

여기서 우리는 IPA 접근법에서 전제 가능한 내용을(자세한 사항은 2장의 내용을 되짚어 보면서) 간략하게 살펴볼 것이다. 이에 앞서 IPA를 다른 방법들과 관련 지어(이를 자세하게 논의한 12장의 내용을 미리 언급하면서) 고려함이 합당하다고 보여 진다. 질적 자료분석 방법으로 '규명된' 것들은 무수히 많다. 우리는 네 가지 주요한 접근법(현상학, 근거이론, 담론 분석, 내러티브 분석) 내에서 규명된 방법들의 특징적인 버전 몇 가지를 선별해낸다. 현상학은 이전 장에서 이미 폭넓게 논의하였다.

이해를 돕기 위해, 나머지 접근법의 간략한 요약 제시가 유용할 것 같다. 근거이론부터 시작함이 합당한데 이는 질적연구자들에게 공식적으로 규명된 최초 방법들 중의 하나이기 때문이다. 처음 등장한 근거이론(Glaser & Strauss, 1967)은 사회 연구자들에게 질적 현장연구와 분석에 대한 분명하면서 체계적이고 순차적인 지침을 제공하기 위해서 개발되었다. 이 이론은 일반적으로 특정 현상을 이론적으로 설명하기 시작한다. 여기에는 흔히 다른 질적 접근법에 비해서 상당한 규모의 과업과 표본을 위한 아주 특별한 접근이 수반된다. 근거이론에 입각한 연구 주제는 심리적인 것이 아니어도 되고 형식상으로도 심리적인 주안점이 없어도 되지만, 심리적인 현상을 다룰 수 있고 실제로 다루는 경우가 흔하다.

이 접근법에는 여러 가지 버전들(좀 더 이상주의적인 초점을 가진 버전들과 좀더 현실적인 초점을 가진 버전들)이 있지만 아마도 구성주의 근거이론(Charmaz, 2006)이 현재 심리학에서 가장 광범위하게 이용되고 있는 것 같다. 근거이론의 다른 분파들과 비교할 때, 구성주의 버전은 절차 면에서 더 많은 융통성과 좀 더 분명한 인식론적 입장을 제공하는 것으로 보인다. 근거이론은 많은 자료를 다룰 수 있는 시간과 공간이 있는 연구자에게, 연구 초점이 반드시 혹은 일차적으로 심리적인 것이 아닌 연구자에게, 비교적 구조화된 실험계획서를 열망하는 연구자에게, 상당히 높은 수준의 개념적 설명을 전개하고 싶어 하는 연구자에게 매력적인 접근법이 될 수 있다.

추론 접근법들 역시 아주 다양하지만 일반적인 분류는 일차적 관심이 권력(Foucault 추종) 혹은 상호작용(Garfinkel & Sacks 추종)에 따라 또 사회구성주의적인 공유 토대 여부에 따라 이루어진다. 푸코 식의 담론 분석일 때, '담론'은 하나의 지식 체계(이해 방식)로 인식되고 이러한 지식 체계들은 구성적으로 유지된다(다시 말해, 그 체계들이 주제를 이해하는 방식과 경험하는 방식을 형성하고 제한한다). 따라서 푸코 식의 담론 분석은 언어와 관습의 규제적이고 구성적인 기능을 탐색한다(Parker, 1992). 이것은 연구주제가 해체론적 비평에 적합하다면 매력적인 접근법이 될 수 있다. 담론 분석의 다른 주된 분파는 민족 감각적 전통 내에서 폭넓게 발전되어 왔고 흔히 담론 심리학으로 불린다. 여기서 '담론'은 의사소통적 상호작용을 가리키는 것으로 인식되고 있어서 담론 심리학은 상호작용의 목적을 성취하기 위해 활용 가능한 문화 자원들을 이용하는 데 관심이 있다(Potter & Wetherell, 1987). 이것은 사람들이 이러한 자원들을 어떻게 이용하는지, 언어가 특정 맥락에서 어떻게 작용하는지(즉 수행적인 초점)에 흥미를 가진 연구자에게 매력적인 접근법이 될 수 있다.

내러티브 분석 접근법들은 훨씬 더 광범위하다. 담론 심리학 분야 역시 사회적 구성이론에서 발전해 왔다(Bruner, 1990). 하지만 이 분야가 발전해 오는 동안 현상학적 심리학과 담론 심리학의 여러 가지 측면과 중첩되면서 통합되었다(내러티브 분석과 IPA의 관계에 대한 세부 논의는 12장 참조). 어떤 연구자는 사람들이 다양한 사건을 이야기하는 내용에 관심을 가지고 있다(Crossley, 2000). 따라서 일부 근거이론학자와 현상학자의 관심사들과 명백히 맞닿아 있다. 또 어떤 연구자는 이야기의 구조에 관심을 가지고 있다(Gergen & Gergen, 1998). 그래서 연구자의 목적은 이러한 구조들이 인간 경험에 가하는 제약과 기회를 탐구하는 것이고, 우리가 파악하기에는, 담론 분석의 과제와 어느 정도 유사성을 가지고 있다. 반면 어떤 연구자는 문화 영역에서 '벗어난' 이야기(어떤 것을 이해하기 '도구'로서 일말의 담론)와 우리 자신의 경험에 관한 이야기(Andrews, Sclater, Squire, & Treacher, 2000) 간의 관계에 관심이 있다. 이는 IPA와 담론 심리학 사이에 위치하는 것 같다.

이렇듯, 각 접근법의 분야는 혼란스럽다! 이런 '방법들'에서 한 걸음 물러나 그들 간 공통점이 무엇인지, 전통적 접근법과 차이점이 무엇인지 고려해보는 일이 도움이 될 수 있다. 양적연구는 사건들의 연관성을 설명하려는 경향이 있다. 다시 말해, 무엇이 일어났는지를 강조한다. 생각과 감정과 의미가 당면 주제의 부분이 되는 심리학에서, 일어나는 일을 직접 관찰하기가 쉽지만은 않다. 그래서 통상적으로 심리학자들은 '일어난 사건'에 한걸음 떨어져서 관찰할 수밖에 없었고 그런 식으로 행동 관찰에서 정신적 사건을 추론해 왔다. 질적연구는 다른 주제를 가지고 있고, 의미, 이해 형성, 의사소통 행위에 중점을 두는 경향이 있다. 다시 말해, 일어나는 일을 사람들이 어떤 식으로 이해하는지, 그 사건의 의미가 무엇인지를 살펴본다. 이렇게 광범위한 영역에서 다양한 대안들이 활용 가능하다. 이러한 것을 대충 구별하기 위해 〈도표 3.1〉에 제시한 내용을 고려하였고 분노 경험에 관한 일련의 질문을 삽입하였다. 특정 질문의 형성 방식은 어떤 대안이 활용하기에 적절한 질적 접근법인지를 시사해준다. 이 질문 목록은 확정적이라기보다 제안에 불과하다. 접근법마다 호환 가능한 질문 형성의 다른 방식들 및 모든 접근법에 해당될 법한 질문을 충분히 생각해 볼 수 있다. 〈도표 3.1〉을 고안한 목적은 독자가 하고 싶은 질문에 합당한 연구 방법을 생각해보는 데 도움을 주기 위함이다.

〈도표 3.1〉 다양한 질문, 다양한 질적 접근법

연구질문	주요 특징	적절한 접근법
분노한다는 경험의 주된 특징은 무엇인가?	체험으로서 '분노'의 공통된 구조에 초점	현상학
의학적 치료에 불평을 하는 사람들은 분노한다는 것을 어떻게 이해하는가?	특정 경험을 공유한 사람들인 경우, 특정 상황에서의 개인적인 의미와 이해 형성에 초점	해석 현상학적 분석
분노하게 만드는 사건을 묘사하기 위해 어떤 종류의 이야기 구조를 사용하는가?	이야기가 이해 형성에 어떻게 관련되는지에 초점 (예: 장르 혹은 구조를 통해)	이야기심리학
분노를 통제하는 방식에 어떤 요소들이 영향을 주는가?	설명 수준의 서술을 전개하려는 자발성(요인, 충격, 영향 등)	근거이론
'분노한다'는 것에 대해 친한 사람들에게는 어떻게 이야기하는가?	내용에 덧붙여 상호작용에 초점 분노 자체에 관한 무언가를 유추하는 것에 조심	담론 심리학
양로원 출처의 사건 보고서에서 '분노'는 어떻게 구성되는가?	다양한 자료 출처를 활용하는 자발성 특정 환경의 관례에 따라 상황을 '이해해야만 한다'는 방식에 초점	푸코 식 담론 분석

여러 다른 질적 접근법에서 IPA를 선택한 기본적인 이유는 연구 질문의 인식론적 주장과 일치하기 때문일 것이다. 어떤 연구질문을 형성하건 자료가 드러내줄 수 있는 내용에 대한 가정이 내포되어 있다. 그러므로 인식론은 수행 연구에 실제적인 영향을 미치는 개념적 쟁점이다. 이는 자료의 필사본을 눈앞에 가진 순간 명백해진다. 행동, 의미, 목적 등에 대해 추론할 수 있는 사항들은 무한정이다. 어떤 방식으로 우리 시선을 이끌어야 할까? 무엇을 위해 문서 작성을 해야 하는 것일까?

IPA에서는 자료들을 통해(풍부하고 사색적인 수준의 개인적인 설명에 접근 가능하다면) 사람들의 세계 개입과 세계를 대하는 방향, 그리고/혹은 이것을 이해하는 방식을 알 수 있다고 가정한다. 이 때문에 연구자는 보통 참여자의 설명에 관련된 두 가지 측면(참여자의 세계에서 핵심적인 '관심 대상'과 현상적인 설명을 위해 참여자가 펼친 '경험적인 주장')을 규명하고 묘사하고 이해해야 한다. IPA에서 분석방법들은 서로 다른 '풍미'를 지니고 있는데, 한 가지 이유는 연구자들이 참여자들 세계의 각기 다른 특징에 관심을 가지기 때문이고, 다른 이유는 그 세계의 상이한 특징이 참여자에 의해 두드러져 보이기 때문이다. 그럴 듯하면서 설득력 있는 분석적 설명을 만들려면 처음부터 이런 선택들을 기록하는 일이 도움이 된다. 이 사안은 11장에서, IPA와 다른 질적 접근법의 관계는 12장에서 다시 언급할 것이다.

목적과 연구 질문

IPA 연구자가 설정한 목적은 사람의 경험, 그리고/혹은 특정 현상의 이해에 초점을 맞추는 경향이다. 예를 들면, 연구의 주제 개요가 '거식증에 걸린 젊은 사람들을 치료하는 의료 전문가의 이해와 경험'이라는 식으로 서술된다(Jarman, Smith, & Walsh, 1997). IPA 연구자들에게서 흔히 보이는 다른 주안점은 참여자의 '인지'와 '관점'('이해'라는 표현의 대안)이다. 이런 동향은 IPA의 현상학적이고 해석학적인 측면을 동시에 반영한다.

관심 대상(경험, 이해)에 대한 연구자의 방향이 대개는 열려 있고 흔히는 명백한 과정중심이다. 예를 들자면, IPA 연구자의 행동과 의도를 관심 대상과 관련지은 서술 표현에서 가장 많이 사용된 동사가 '탐색(exploring)'이다. 그 다음으로 많이 사용된 동사들이 '조사(investigating)' '검토(examining)' '도출(eliciting)'이다. 이런 표현들 역시 IPA의 귀납적인 절차 및 의미 해석에의 강조점과 일관된다.

일차 연구질문

연구질문은 인식론적 주장에 기초를 둔다. 질문 형성에 내포된 것은 자료가 무언가를 알려준다는 가능성에 대한 가정이다. 이미 살펴보았듯 IPA 연구자는 사람들의 세계 개입과 세계를 대하는 방향, 그리고/혹은 이것을 이해하는 방식을 자료가 알려준다고 가정하고 있다. IPA의 일차 연구질문은 현상학적 소재로 방향이 설정된다. 즉 사람들의 경험 이해에 주안점을 둔다. 그런 질문은 '폐쇄적'이 아니라 '개방적'이어야 하며, 설명식이 아니라 탐색적이어야 한다. 당연히 결과보다는 과정을 반영해야 하고 사건의 구체적 원인이나 결과보다는 사건의 의미에 초점을 맞추어야 한다.

질적연구가 생소한 연구자는 인과적이거나 폐쇄적인 질문 아니면 폐쇄적인 인과관계 질문을 제시하는 경우가 종종 있다. 연구질문은(가설에서 처럼 '차이'나 '인과관계'보다는) '의미'로 설정될 필요가 있다. 따라서 연구자는 사람들의 이해와 경험과 이해 형성 활동에 관한 질문을 하고, 이 질문을 특수한 맥락들의 관계에서보다는 특수한 맥락들 내에서 고찰한다. 또한 일차 연구질문은 선험적인 이론 구상을 현상에 너무 많이 부과해서는 안 된다. 이를테면, 'y 유형 사람들의 x에 대한 태도는 어떠한가?'라는 질문 보다는 '상황 y에 처한 사람은 과정 x를 어떻게 이해하는가?'라는 질문이 훨씬 낫다. 〈도표 3.2〉는 IPA 연구에 동기부여를 제공했다고 추정되는 연구질문을 보여준다.

에 있어서 연구는 소규모 표본으로 수행된다. 개별 필사본을 한 건 한 건 세부적으로 분석하는 데 시간이 많이 소요되고, 연구는 참여자의 인식과 이해를 상세하게 작성하는 데 목적을 둔다. 이는 법칙정립적 심리학이 보험적 수준 혹은 집단 수준의 주장을 인정할 뿐이라는 비판(2장 참조)과 연구에 필요한 자료를 처음 제공해준 특정 개인에 대한 실질적이고 구체적인 어떤 것을 말해주지 않는다는 비판에서 파생되었다.

통상적으로 IPA 연구자는 연구질문이 의의를 가지게 될 표본, 즉 상당히 동질적인 표본을 찾으려고 노력한다. '동질성'의 정도는 연구에 따라 차이가 난다. 이런 결정을 내리는 데는 부분적으로 실제적인 문제가 따른다(어떤 사람들이 이런 상황에 있는가? 얼마나 쉽게 그들과의 접촉이 가능할 수 있는가?). 또 부분적으로 해석의 문제가 따른다(이런 사람들은 어떤 면에서 차이가 나는가? 이런 현상의 분석에는 어느 정도의 변용이 수용될 수 있는가?). 경우에 따라서는, 검토 주제 자체가 희귀해서 적정 표본의 경계를 한정해야 할지도 모른다. 가끔은 표본을 나누는 것이 필수적인 경우(예: 관계 결렬)도 있고, 유익할 수 있는 경우(예: 심리치료)도 있다. 그렇게 해야, 하나 이상의 시각(예: 관계 결렬의 경우 당사자 쌍방, 심리 치료의 경우 치료사와 환자)으로 현상을 이해할 수 있다. 그런데 이런 유형의 분석은 부담이 더 크다.

목적적 동질적인 표본이 실제로 어떤 의미인지 살펴보기로 한다. 여러분이 새로운 대통령이나 수상에게 거는 개인적인 기대를 조사하는 연구를 하면서 IPA 접근법으로 6명을 인터뷰할 경우, 그 참여자들을 영국이나 미국 전체를 대표하는 것으로 만들고자 한다면 타당성이 없다. 그렇게 할 정도로 충분한 규모의 참여자가 아니기 때문이다. 대신 다음 예시처럼 하면 된다. '영국 북동부 지역의 도심에 사는 여성 노동자계층 중 첫 유권자들의 기대를 살펴보기로 한다.' 그런 다음, 뉴캐슬에 거주하는 18세에서 21세의 여성노동자 6명을 선정한다. 그리고 이 특정 집단의 기대를 상세하게 조사하고 분석한다. 예시에서는 이 집단을 유일한 관심 집단으로 특별 취급하지 않는다. 후속 연구를 위한 시간과 의향이 있다면, 뉴캐슬의 젊은 남성 노동자계층, 혹은 영국 북동부 농촌 지역의 여성

노동자계층을 조사할 수 있다. 사실 더 많은 IPA가 진행되면서, 선행연구와 연계하여 표본추출이 규정되는 연구를 진행하는 일이 연구자에게 타당하게 느껴진다. 그렇게 서서히 더 많은 인구집단에 대한 이해를 작성할 수 있게 된다.

또 이러한 동질 표본의 유의적 추출이 표본 구성원들을 몽타주식 합성체로 다루는 것으로 보여지지 않는다는 점이 중요하다. 그와는 정반대로, 연구와 관련된 분명한 사회적 요소나 다른 이론적 요소에 따라 집단을 최대한 균일하게 만들어야만, 집단 내 심리적 변이성을 상세하게 조사하고 수렴과 발산의 형태를 분석할 수 있다.

동질성의 규정 방법은 연구에 따라 다르다. 위의 예시로 본다면, 잠정적인 인원 규모가 아주 클 경우 사회 인구학적으로 분명한 수많은 요소들을 반드시 감안해야 한다. 가끔은 전체 규모가 더 작아서 어떤 요소들을 동질성으로 고려해야 할지 또 어떤 요소가 가장 중요해질 수 있는지에 대해 더 선별적일 때도 있다. 또한 연구 자체가 선별 요소들과 관계가 있다. 예를 들자면, 우울증 치료의 최초 경험에 대한 연구인 경우, 우울증을 앓은 기간, 우울증의 정도, 치료 기간, 사전 치료 여부의 관점에서 상당히 동질적인 집단을 선정하고 싶을 것이다.

IPA 초보 연구자에게 하고 싶은 충고는 위에 상술된 순서대로 상당히 동질적인 집단을 확보할 수 있도록 노력하라는 것이다. 그러나 자신의 연구 내에서 비교를 하면서 그 비교에 특별한 주의를 기울이고 싶어 하는 연구자도 가끔은 있다. 이를테면, 단일 IPA 연구에서 3개월이 채 되지 않는 단기 우울증 환자의 치료 경험과 18개월 정도의 장기 우울증 환자의 치료 경험을 비교해 볼 수 있을 것이다. 이 경우, 두 집단이 다른 어떤 면에서 동질적이고 다른 어떤 기준에서 비슷한지 확실히 해두는 것이 더 중요하다. 예를 들어, 성별 구성에서, 단기 우울증 집단의 참여자는 주로 여성이고 장기 우울증 집단의 참여자는 주로 남자라면 그 연구에는 결함이 있다. 마찬가지로, 우울증의 정도에서, 두 집단 참여자 간에 현저하게 차이가 난다면 그 연구는 문제가 있다. 이런 식의 비교 연구를 정말로 하고 싶다면 다음 두 가지를 기억할 필요가 있다. 첫째, 단일 집단 연구에서보다 더 많은 참여자를 포함해야 한다(예: 각 집단에 5명씩). 둘째, IPA 연구 설계 내에서는 보통 하나의 차원에서 비교할 수 있을 뿐이다. 만일 그 이상의 차원이라면 참여자 수가 더 커지게 된다.

표본 추출의 실질적인 측면에 대한 최종적인 말: 처음부터 연구 설계를 잘하는 것, 그리고 동질성의 관점에서 이상적인 표본에 대해 신중하게 생각하는 것이 좋다. 그 다음에 당연히 실용적으로 되어야 한다.

표본 특수성 논리는 IPA의 귀납적 논리와 관련이 있고 결과의 적용가능성에 영향을 미친다. 사례와 설명은 국지적으로 진행되고 분석은 신중하고 누적적으로 이루어지므로 상세하게 또 전후 사정을 고려하여 다루어야 한다. 그 논리는 특정 지역사회에서 문화 기술적 연구를 진행하는 인류학자들이 채택한 논리와 유사하다. 인류학자는 특정 문화체계 내에서 적용되는 관점을 상세하게 보고하지만 모든 문화를 아우르는 식의 내용을 주장하지 않는다. 후속 연구들이 선행 연구에 추가되고 그 결과 아주 서서히 좀 더 일반화된 주장들이 나온다. 각 주장은 일련의 사례 연구를 상세하게 조사한 내용에 근거를 두고 있다.

경험에 입각한 일반화보다 이론에 입각한 전이성(transferability) 관점에서 생각해보는 것도 가능하다. 이 경우, 독자는 IPA 연구의 분석, 자신의 전문적인 개인 경험, 기존 문헌상의 주장을 서로 연결한다. 연구자는 참여자의 설명을 풍부하고 투명하게 상황에 맞추어 분석해야 한다. 이렇게 해야 어느 정도 유사한 상황에 놓인 사람에게 그 분석을 적용할 수 있는 가능성을 독자가 평가할 수 있다. 기존 문헌과 관련 지어 표본을 고려한 추가 사항들은 독자들이 평가할 수 있도록 도움을 준다. IPA 연구의 효과는 더 넓은 상황에서의 조망으로 판단된다.

표본 크기

표본 크기에 관한 질문의 정확한 답은 없다. 분석과 보고를 사례 연구 수준으로 몰입하는 정도, 개별 사례들의 풍부함, 작동 중인 조직 제약에 따라 다소 달라진다. 여기에는 또 역사적 과정이 작용하는 것 같다. 초기 질적연구자들은 연구 설계에 신중했고, 양적연구자인 동료들의 비판을 예상하여 상당히 큰 규모의 표본을 선택했다. 질적연구방법이 성장하고 더 많은 연구가 발표되고 연구자들의 경험이 늘어나면서 표본 크기가 확연히 줄어들고 있다. 이는 IPA 연구의 주요 관심이 개인 경험을 상세하게 설명하는 데 있기 때문이다. 쟁점은 양이 아니고 질이며, 인간 현상 대부분의 복합성을 감안할 때 IPA 연구는 소수의 사례에 관심을 집중하는 것이 이롭다.

단일사례 연구에서 특별히 효과적일 수 있지만, 질적 자료분석에 대한 사전 경험을 요한다는 데 주의해야 한다. 상세 사례 연구의 가치는 두 배가 될 수 있다. 분명히 연구자는 특정 개인에 대해서, 또 특정 상황에 대한 그들의 반응을 많이 알게 된다. 또 참여자의 설명 안에서 연관성을 탐색할 여지가 존재한다. 이 부분은 4장을 참조하면 된다.

개략적 지침으로 우리가 제안하는 바는, 학생 수준의 IPA 연구일 경우 3명에서 6명 사이의 참여자가 적정 표본 크기이다. 사실, 경험 있는 IPA 연구자 경우에도 이 정도 규모로 진행한 연구들이 많다. 이 규모라면 참여자들 간의 유사점과 차이점에 대해 의미 있는 주장을 전개할 만큼 충분한 사례들이기는 해도, 산출된 자료의 양에 압도될 위험이 있을 정도로 많지는 않다. 사실 '지나치게 많은' 표본으로 IPA 연구에의 충실 정도를 드러내려고 하는 것이 '지나치게 적은' 표본보다 더 위험하다.

실제 우리 저자들은 대학원 석사 수준 연구의 기본 규모를 n=3으로 잡고 있다. 3은 대단히 유용한 숫자이다. 각 사례의 상세한 분석이 가능하고, 사실상 3가지 사례 연구로 진행 가능하다. 그 다음에 사례 간 유사점과 차이점에 대한 미시 분석이 가능하다. 예컨대, 사례 A는 사례 B와 어떻게 다른가? 사례 A와 B는 사례 C와 어떻게 다른가? 세 가지 사례 모두는 어떻게 비슷한가? 이런 식으로 분석 가능하다.

현저히 다른 규모로 진행되는 박사과정 연구의 수치 예시는 더 힘들다. 더 많은 사례를 분석할 시간이 있기는 해도, 박사 수준에 맞추어 가중된 요구를 주로 숫자를 늘림으로써 충족하고자 한다면 도움이 되지 않는다. 논문의 외형적 측면에서도 융통성이 아주 많다. 우리 저자들이 생각하기에, 물론 규정도 아니

거니와 특별히 권장하는 바도 아니지만, 박사 논문은 독립적이면서 관련성 있는 3개의 연구로 구성된다. 이 경우, 첫 번째는 단일사례 연구로, 두 번째는 3가지 사례의 상세 연구로, 세 번째는 다양한 지역에서 온 8명의 참여자를 조사하는 좀 더 큰 규모의 연구로, 아니면 아래 제시된 광범위한 설계 중 하나를 이용하는 연구로 진행할 수 있을 것이다. 많은 것들이 연구질문과 수집한 자료의 질에 의존한다.

전문적인 박사학위 논문에는 다른 요구들이 따른다. 인터뷰 횟수를 4회에서 10회 사이에서 채택하라는 요구가 일반적이고 이 범위가 적당한 것 같다. 참여자 수가 아니라 인터뷰 횟수라는 사실에 주목해야 한다. 우리 저자들이 염두에 두고 있는 수치는 4명의 참여자를 두 번 인터뷰하는 것이다. 하지만, 더 많은 횟수가 '더 좋은' 연구를 나타낸다고 생각해서는 안 된다. 성공적인 분석에는 시간과 생각과 대화가 필요하다. 큰 규모의 자료는 이 모든 요소들을 방해하는 경향이 있고 경험이 부족한 질적연구자들에게는 특히 그렇다.

광범위한 설계

대부분의 연구는 소규모의 동질적인 참여자 모집 그리고 그들에게서 한번만 자료수집하는 것과 같은 간단한 설계를 채택한다. 좀 더 모험적으로 설계할 수 있지만 분석자에게 더 많은 부담을 주기 마련이다. 한 가지 선택은 참여자를 한 번 이상 인터뷰하는 것이다. 이 방법은 종단적 현상과 '전과 후' 현상에 도움이 된다(Smith 1994a, 1999a). 다른 선택은 첫 인터뷰를 후속 인터뷰에서 참여자와 진전된 논의를 하기 위한 지표로 이용하는 것이다(Smith, 1994b 참조). 플라워즈(Flowers, 2008)는 동일 참여자를 여러 번 인터뷰하는 동안 나타난 사안들 중에서 몇 개를 참작했다.

다면적 관점 연구(Clare, 2002)인 경우, 한 현상을 다양한 관점에서 탐색하기 때문에 IPA 분석가가 그 현상에 대한 설명을 좀 더 상세하게 다면적으로 전개하는 데 도움이 된다. 일례로, 라킨과 그리피스(2004)는 위험이라는 경험을 엑

스터시 마약 사용자와 번지 점프하는 사람 양자의 관점에서 연구했다. 이것은 '트라이앵귤래이션'의 한 유형이다(Elliot, Fischer, & Rennie 1999). 한편, 하나의 '단위'에 초점을 두는 사례 연구 접근법 역시 풍부하면서 특정한 설명을 만들어 내는 데 사용되었고 그 목적은 '기존 개념을 문제화하기 혹은 새로운 연구 분야를 고찰하는 방법 개발하기'에 있었다(Smith, Flowers, & Osborn, 1997: 87).

윤리적 실천

윤리 연구 실천은 자료수집과 분석 전반에 걸쳐 주시해야 할 역동적인 과정이다. BPS와 같은 전문 단체의 윤리적인 '활동개시 기준'을 지키는 것과 병원윤리위원회의 검열을 통과하는 것이 중요한 반면, 질적연구에서도 지속적인 반성과 검토를 요구한다.

어떤 연구에서건 중요한 출발점은 피해 방지이다. 질적연구의 이 원칙을 고의적으로 위배하려는 사례는 거의 없었다. 그렇다 해도, 민감한 사안에 대해 무심코 꺼낸 이야기가 어느 특정 참여자 집단에게 '피해'로 작용할 수 있다는 사실을 늘 고려해야 한다.

일반적인 질적연구와 특정한 IPA 연구에서, 자료수집을 할 때 인터뷰 참여 동의를 받아야 하고, 인터뷰나 표적집단에게 기대하는 바를 참여자에게 어떻게 설명하는 것이 최선인지 생각해야 한다. 또한 자료분석의 예상된 결과, 특히 구술 내용을 발췌하여 간행물에 수록하기 위해서도 고지에 입각한 동의를 받아야 한다. 자료수집과 관련해서, 앞으로 다루게 될 주제 유형을 참여자에게 알려주는 것은 정상적 관행이다. 어떤 상황에서는 심지어 동의를 받기 전에 잠정적 참여자에게 인터뷰의 예상질문을 보여주는 결정까지 하게 될지도 모른다. 생각하건대 인터뷰 자체와 관련된 동의 사항을 다시 논의하고 예상치 않게 생겨난 민감한 사안에 대비해 명확한 구두 동의를 받아두는 것은 좋은 관행이다. 편집되지 않은 원자료의 필사본은 연구팀만 봐야 한다. 즉 자료를 광범위하게 사용하려면 익명으로 처리해야 한다. 익명성은 전적으로 질적연구자가 제공해야 하는 것임을 명심해야 한다. 어떤 것에 대해 '기밀'이라 함은 어느 누구도 그것을 보지 않음을 의미하는데 사실은 그렇지 않다. 이것과 대조되는 것이 '대표성'이다. 많은 참여자들이 전문적인 포럼과 학술적인 포럼에서 자신의 경험이 대표화되고 자신의 의견이 전달되는 것을 좋아한다. 그렇다고 익명성을 희생하여 이런 일을 해서는 안 된다. 분석자료의 발행과 제출과 관련하여, 자료나 상황이 특히 민감하다면, 공개 문서에 게재될 인터뷰 내용의 발췌자료를 참여자 스스로 검토할 수 있는 선택권을 부여해야 할 것이다.

질적연구자건 양적연구자건 참여자에게 '즉각 철회할 권리'를 부여하는 것은 관행이다. 의도된 메시지로 전달되는 경우는 거의 없다. 일반적으로 '자료수집 중 언제라도' 철회할 권리를 참여자에게 실질적으로 제공하고 있다. 질적연구자는 철회 권리를 확대할 수 있고 그렇게 해야만 하는 경우가 가끔 있다. 그리하여 자료분석이 시작되거나 출판이 이루어지는 순간까지 철회할 권리를 제공한다. 일단 출판이 되면 철회는 사실상 불가능하다. 따라서 그런 제안은 정확하게 해줘야 한다. 필사본의 정확성을 검토할 수 있는 기회 제공, 가끔은 공개되기를 원하지 않는 특정한 의견을 철회할 수 있는 기회 제공과 더불어, 인터뷰 후 1개월이라는 식으로 기간 제한이 있는 철회 권리는 정직하게 제공해야 한다.

인터뷰 혹은 표적집단과 같은 자료수집의 상황을 관리하는 데는 민감성과 배려(주의)가 필요하다(상세 내용은 다음 장 참조). 연구자와 참여자의 안전 문제를 예상하고 대책을 세우려면 연구자 및 동료와 함께 작업하는 것이 중요하다. 어떻게 하면 참여자가 합당한 지원에 접근할 수 있을지 생각해보는 것 역시 중요하다. 혹시라도 그런 인터뷰가 몇몇 참여자의 마음을 상하게 할 수 있다면, 참여자 모두가 그런 지원에 접근할 수 있도록 해야 할 것이다.

질적연구로 드러난 문제들의 윤리적 해결책을 망라한 목록은 없다. 그러나 좀더 상세한 설명서는 활용 가능하다(Cieurzo & Keitel 1999; Hopf 2004). 우리의 경험으로는, 새로운 프로젝트마다 고려해야 할 새로운 사안이 나타난다. 다면적 관점 설계처럼 연구의 관점이 광범위할수록 그 사안의 복잡성도 증가하는 경우는 흔히 있는 일이다. 익명성 보호의 원칙은 여러 가지 복잡한 문제를 야기할 수 있다. 그러나 사전에 충분히 생각하고 계획한다면, 참여자에게 정보를 알려주고 그들을 보호하고 그들의 동의를 얻는 실질적인 행동을 취함으로써 그 원칙은 지켜질 수 있다.

IPA 연구에서는 가끔씩 참여자가 좀 더 능동적으로 연구과정에 개입하도록 요청된다. 공동 분석가의 역할을 맡은 경우이거나 참여자 입증을 거치는 경우에 그렇다. 훈련을 받고 인터뷰를 진행한다거나 예상 질문을 검토하거나 만들도록 요청되기도 한다.

시간 계획

연구제안서 작성하기, 윤리적 허가 받기, 자료 개발과 검토하기, 접촉하기, 자료수집 조직하기 등과 같은 작업은 그렇다손 치더라도, 명백한 시간 제약을 고려해야 할 몇 가지 작업이 있다. IPA에 합당한 수준의 필사본(4장 참조)을 만들려면 보통 1시간 분량의 녹음에 7시간 정도가 소요된다. 질적 분석 자체가 대단히 시간 소모적이다. 따라서 체계적이고 종합적인 분석을 수행할 수 있을 정도는 물론이고, 깊이 생각하고 다른 사람을 상담하고 추가적 진행을 위한 여유가 될 정도로 충분한 시간을 연구과제에 투입해야만 한다. 이 과정은 개인적인데다 사람마다 작업 방식이 달라서 대략적인 소요 시간을 알려주는 것도 쉽지가 않다. 그래도 우리의 경험으로 볼 때, IPA가 생소한 정규 학생의 경우 최초의 필사본 작성을 위한 분석에 일주일에서 수 주 걸리고, 이후 필사본부터 분석이 점점 빨라지긴 해도, 계속 이어지는 필사 작업은 필사본마다 몇 시간이 아니라 며칠씩 걸린다. 그 다음으로, 사례 비교 과정은 사례 당 일주일 단위로 이루어진다. 그리고 분석 초안을 작성하는 데 통상 적어도 2주일 걸린다. 가령, 정규 학생이 세 가지 사례로 IPA 연구를 하는 경우 분석 단계에서 최소한 2개월이 필요하다. 시간제 학생의 경우 '시간제'를 어떻게 규정하느냐에 따라 필요시간은 더 길어진다. 어림잡은 것이긴 해도 이런 수치를 말하는 의도는 좋은 질적연구를 수행하는 일이 얼마나 시간소모적인지 시사하기 위함이고 또한 연구계획을 세울 때 충분한 시간 설계의 중요성을 강조하기 위함이다.

최종 고찰

IPA 연구자에게 요구되는 기본적 자질은 열린 마음, 융통성, 인내심, 감정이입, 참여자의 세계로 들어가서 반응을 보여주려는 자발성이다. IPA의 관점에서 시작하는 탐색은 할 수만 있다면 어디에서건 이 원리들을 따라야만 한다. 동시에, 연구자에게는 결단력과 끈기와 호기심이 필요하다. 이것은 부담이 되는 일련의 자질이라서 IPA 연구의 신참자가 기술을 익히고 효과적으로 활용하기까지 시간이 걸림을 의미한다. 따라서 훌륭한 지도가 도움이 될 수 있다. 또한 기억해야 할 중요한 사항은 '완벽한' 자료수집을 위한 사건이라거나 사건의 '진실'에 해당하는 버전이라거나 그런 것은 존재하지 않는다는 사실이다. 우리는 최선을 다해 참여자의 관점을 이해하는 일을 목표로 삼을 뿐이다.

질적연구는 우리에게 자발적으로 복잡성에 관여하기를 요구한다. 복잡성은 공손하고 성숙하고 상당히 과학적으로 들리는 단어이다. 경험이 풍부한 질적연구자, 그리고 직관적인 독자라면 이 단어가 어느 정도 예측불가능, 혼돈, 혼란을 대신한다는 점을 깨달았을 것이다. 앞에서 말했고 또 앞으로 제시하는 모든 충고는 IPA 연구자가 인생경험의 엉망진창인 혼란에 대한 목록을 세우고 관여하게 될 IPA 연구자에게 도움을 주기 위해서이다. 애석하게도 이러한 충고는 연구자가 혼란을 억제한다거나 통제할 수 있도록 돕지는 못한다. 질적연구 과제를 시작하기 전에, 여러분이 추후 과정을 전적으로 통제하지 못하리라는 것, 그리고 가끔은 여러분이 감당하기에 너무 벅차다고 느끼게 되리라는 것을 고려해봄이 현명하다. 바로 이 부분에서, 준비를 하면 성과가 따르고 지도가 중요해지게 된다. 준비와 지도 중 어느 것도 여러분에게 통제력을 제공하지는 못하지만, 이 두 가지는 여러분이 자신의 부족한 통제력에 대처할 수 있게 해준다.

4장

자료수집

적절한 자료수집방법 선정

앞 장에서는, 질적연구의 여러 가지 기존 접근법들이 자료수집 방법의 필요요건, 제한과 선호도에서 조금씩 다르다는 점을 살펴보았다. IPA 역시 예외가 아니다. 자료수집 방법을 고안하는 측면에서 볼 때, IPA는 참여자가 자신의 경험을 일인칭으로 상세하게 풍부하게 설명할 수 있도록 유도하는 방법으로 가장 적합하다. 이러한 설명을 이추끌어내기에 심층 인터뷰와 메모일지가 가장 좋은 방식일 것이다. 이 방식들은 표적 현상에 대한 이야기, 생각, 감정 도출을 용이하게 하며, 넌지시 개인 경험에 초점 맞추는 것에도 일치하고 있어 대부분의 IPA 연구에 잘 맞는다. 물론 이들이 자료수집의 유일한 방식은 아니므로, 어떤 상황에서는 포커스 그룹이나(관찰되는 행동이 경험 토론인 상황에서) 참여자 관찰과 같은 접근법이 효과가 있을 수 있다.

IPA 역시 '풍부한' 자료를 요구한다. 이는 분명히 주관적인 판단이기는 해도, 우리 주장의 의미는 참여자에게 자기 이야기를 할 기회, 자유롭게 생각해가면서 말할 기회, 상당히 길게 생각을 발전시켜나가고 관심사를 표현할 기회를 제공했다는 것이다. 이런 기회들은 위에서 말한 자료수집의 방식들에서 가장 많이 발생한다. 그에 반해, 고도로 구조화된 인터뷰나 설문지 마지막에 수록되는 인적 사항 질문 류에서는 거의 발생하지 않는다. 사실, 시장 조사와 대중적인 잡지 설문조사에 많이 노출되면서, 대부분의 사람들은 개인 정보를 간단하게 체크하는 형식으로 제공하는 것을 배웠다. 그래서 개인 정보를 충분히 깊이 있게 드러내게 하려면 격려와 안내가 필요하다.

이런 제약을 넘어서, IPA의 자료수집에는 창조적인 작업의 여지가 많다. 이는 소규모 표본을 상세하게 다루는 것, 한 가지 이상의 관점에서 혹은 여러 시점에서 현상을 접근하는 것, 그리고 참여자의 창조적이고 사색적인 노력을 사용하는 데 도움이 된다. 이 특징들을 활용한 전반적 설계나 특정 자료수집 전략이 효과적일 것 같다.

이미 살펴보았듯이, IPA에서 우리의 목적은 자료수집을 위해 참여자로부터 세부적인 이야기, 생각, 감정을 도출하는 상황을 설계하는 것이다. 그런 자료를 수집하는 방법으로 반구조화된 일대일 인터뷰가 선호되는 편이다(Reid, Flowers, & Larkin, 2005 참조). 일대일 인터뷰는 다루기가 쉽고 친밀감을 형성하게 하고 참여자에게 생각하고 말하고 의견을 낼 수 있는 여지를 제공한다. 따라서 심층 토론 및 개인적인 토론에 적합하다. 또한 2장에서 기술한 연구자와 참여자의 관계 모델에 가장 잘 어울린다.

그 외 여러 가지 방법들이 IPA 자료수집을 위해 사용되었다. 이 중 우편 설문지(Coyle & Rafalin, 2000)와 이메일 대화(Turner, Barlow, & Ilbery, 2002)와 같은 방법들이 인터뷰의 장점들을 일부 공유하는 것으로 보인다. 포커스 그룹(Flowers, Knussen, & Duncan, 2001; Roose & John, 2003)과 관찰 방법들(Larkin & Griffiths, 2002)도 IPA 연구에 사용되었지만, 이 방법들은 경험적 분석을 복잡한 사회활동에 적용할 때 연루된 문제점에 대한 어느 정도의 인식을 요한다. 놀라운 사실은 메모일지를 이용한 IPA 연구들이 지금까지 발표된 적이 거의 없다는 것이다(예외적인 연구로 Smith, 1999a, 1999b가 있으니 10장 참조). 최근에는 컴퓨터를 매개로 하는 자료수집과 동시 발생적, 비동시 발생적 인터뷰 활용 측면에 있어서 IPA 연구에서의 발전이 있어 왔다(Flowers, 2008 참조).

인터뷰는 연구자와 참여자가 대화를 할 수 있게 해준다. 그렇게 함으로써 참여자의 반응에 비추어 처음 질문들이 수정되고, 거기에서 나타나는 흥미로운 다른 영역들을 탐색자가 질문할 수 있다. 이 장에서 우리는 인터뷰를 집중적으로 살피고 포커스 그룹에 대해서 간략하게 논할 것이다. IPA에서 사용되었거나 IP와 일치하는 자료수집의 다른 방법들에 대한 논의는 위에서 언급한 출처들, 그 외 스미스(1993)와 플러머(Plummer, 2001)를 살펴보기 바란다. 주목할 사항은 우리는 인터뷰를 통해서 어느 정도 직접적이면서 문제성이 없는 '진정한' 설명을 접하게 된다는 전제를 하고 있지 않다는 것이다. 그렇긴 해도 참여자의 시각을 이해하고 그들의 주장과 관심사를 진지하게 수용하려는 헌신으로 시작한다. 또한 인터뷰 참여자가 이야기하는 내용에 영향을 미칠 수 있는 상황적 요소들을 처리해야 하는 것은 분명하다.

심층 인터뷰

질적연구의 인터뷰는 종종 '목적이 있는 대화'라고 묘사된다. 이 목적은 최소한 암시적으로라도 연구 질문을 통해 보고된다. 여기서 '대화'라고 하는 것 역시 상당히 인위적이다. 인터뷰의 주된 목표는 참여자가 자신의 일화를 자신의 표현으로 이야기하는 것을 허용하는 그런 상호작용을 용이하게 하는 데 있다. 따라서 대부분 참여자는 이야기하고 인터뷰를 진행하는 자는 경청한다.

IPA 인터뷰 스케줄은 연구질문을 '측면에서' 접근하기 위한 시도이다. 종종 연구질문들은 추상적 수준으로 제시된다. 따라서 참여자에게 그런 질문을 직접적으로 하는 것은 대개 도움이 되지 않거나 효과가 없다. 대신 우리의 목표는 인터뷰를 적절한 화제에 대한 토론을 용이하게 만들어 주는 상황, 그리고 나중에 분석을 통해 연구질문이 해결될 수 있게 해주는 상황으로 구성하는 것이다.

IPA 연구자는 보통 인터뷰 수행에 도움이 되는 인터뷰 스케줄을 사용한다. 스케줄이란 인터뷰에서 있을법한 내용을 준비하는 방법이다. 일반적으로 연구자는(이상적인 세계에서) 물어보고 싶은 질문들을 참여자에게 가장 적절하다 여겨지는 순서대로 목록을 작성한다. 일단 인터뷰가 진행되면 질문과 순서는 변경될 수 있고 변경되기는 해도, 인터뷰 스케줄 준비를 통해 연구자는 안건(참여자와 논의하고 싶은 화제들)을 대충 구성할 수 있고, 민감해 질 수 있는 사안들을 예측할 수 있고(또한 참여자에게 미리 알려줄 수 있고), 질문들을 적절히 개방적인 형태로 고안할 수 있다. 그러나 인터뷰 스케줄은 반드시 필요하지는 않은데, 질적연구의 일부 인터뷰 형식들은 이보다 덜 구조화되어 있고 더 참여자 주도적이기 때문이다. 인터뷰 스케줄을 준비했다 하더라도 이는 인터뷰 설계를 했을 뿐 인터뷰의 내용과 질을 보장하지는 않는다는 사실을 명심해야 한다. 좋은 인터뷰는 IPA 분석에 필수적이다. 연구자가 참여자들과 그들의 관심사에 깊이 관계하지 않거나 그들의 생활세계에 많은 것을 알아내기 위해 주의 깊게 경청하고 탐색하지 않는다면, 분석에 필요한 자료를 충분하게 얻어내지 못할 것이다.

상호작용으로 말하자면, 인터뷰를 하는 사람과 받는 사람 둘 다 연구 과정에서 능동적인 참여자이다. 참여자와의 이야기에서 초기의 초점은 당연히 연구자의 질문으로 결정된다. 그러나 인터뷰는 부분적으로 참여자의 관심사에 좌우되고, 거기에서 비롯된 사안들이 인터뷰 스케줄에 없더라도 연구질문에 합당하다는 판단이 서면 그 사안들을 인터뷰 진행자가 덧붙여 나간다는 것이 일반적인 전제이다. 우리의 경험으로 볼 때, 그러한 판단을 내릴 때 관대해지는 것이 현명하다. 예상치 못한 이런 돌변 사안들은 종종 인터뷰의 가장 소중한 측면이 된다. 어떤 면에서는, 연구자가 알아야 할 필요가 있다고 예상조차 하지 못한 중요한 것을 알려주기 때문이다. 또 다른 면에서는, 유도하지 않았는데 나왔으니 당연히 참여자에게 특별히 중요한 의미를 가지는 것이기 때문이다. 참여자는 당면 화제에 대해서는 경험으로 익힌 달인이므로 인터뷰를 '사안의 본질'로 이끌 재량을 그에게 충분히 제공해야 한다.

인터뷰의 목표가 참여자의 생활세계로 들어가는 것이거나 참여자에게 삶의 경험을 이야기하게 하는 것이라면, 그렇게 질문하면 되는데 왜 인터뷰 스케줄이 필요하겠는가? 심층 인터뷰를 수행하는 연구자가 그것 자체를 협의에 의한 상호작용으로 간주한다 해도, 이런 식으로 연구할 때는 인터뷰 스케줄을 미리 만들어 놓는 일이 대개는 중요하다. 이는 인터뷰 스케줄 개발의 과정이 연구자로 하여금 인터뷰에서 다루고자 하는 바를 명쾌하게 생각하기를 요하기 때문이다. 좀 더 구체적으로 이야기하면, 그것은 연구자가 직면하게 될지도 모르는 제반 어려움에 대비할 계획을 세우도록 하기 때문이다.

이런 어려움에는 복합적인 질문의 표현, 잠정적으로 민감한 화제의 도입, 치료 지원을 위탁할 기구들, 이를테면 구체적인 기관이나 상담 혹은 전화상담서비스 등에 대한 충분한 고려가 포함된다. 게다가 인터뷰 스케줄 개발의 과정은 잘 나서려고 하지 않는 과묵한 참여자에 대비할 수 있게 해주는데 이런 경우에는 약간 구조화된 방식의 인터뷰 스케줄 개발이 선호된다. 이런 인터뷰에서 가능한 질문들을 사전에 고려하지 않은 경우 인터뷰 대상자를 쉽게 불안에 빠뜨려서 결국 효과 없는 인터뷰가 진행될 가능성이 높다. 빈약한 인터뷰에는 흔히 빠른 속도, 폐쇄형 질문이 특징적으로 나타나고, 그보다 더 빈번하게 인터뷰 진행자의 유도적이고 가치판단적 개입이 일어나는 특징이 있다. 이런 개입은 상호작용이 잘못된 경우 사람들이 자주 사용하는 의사소통 수단이다. 게다가 인터뷰 대상자자의 불안은 참여자들에게 쉽게 전이되어 그들을 더욱 더 불편하게 만든다.

연구자는 인터뷰 스케줄을 만듦으로써 인터뷰의 가상적 지도를 그리고 있는 경우이므로, 실제 인터뷰를 수행하는 동안 상황이 어려워지거나 꽉 막히게 된 경우 그 지도를 따라 갈 수가 있다. 이런 준비의 결과로서, 연구자는 대체로 좀 더 적극적으로 관여하고 주의 깊게 들어주는 사람, 좀 더 유연하고 민감하게 반응하는 인터뷰 진행자가 될 수 있다.

이는 특히 초보 IPA 연구자에게 해당되는 상황이다. IPA가 생소한 사람들은 대부분 질적연구의 훈련이나 경험이 거의 없는 편이다. 하지만 그들이 심리학자라면 양적분석방법의 훈련은 많이 받았을 터이다. 이는 신속하게 배워야 할 새로운 기술이 많다는 것을 의미한다. 많은 학생들이 기대감으로 들떠 있으면서도 불안해하는 것은 당연하다. 인터뷰 스케줄 작성은 실제 인터뷰의 스트레스에서 벗어나 있고, 특히 지도교수와 동료와 함께 다듬어 가면서 연습할 수 있기 때문에, 질적 관점으로 사고를 시작하는 방법으로 대단히 유용하다.

뒤에 이어지는 내용의 대부분은 초보 인터뷰 대상자를 염두에 두고 서술되었다. 따라서 우리는 인터뷰 스케줄 작성과 관련된 상세한 지침을, 그 다음에 인터뷰 수행에 관한 지침을 별도로, 아주 많이 제공한다. 여러분이 이미 IPA 경험자라면 덜 구조화된 접근법을 기대하고 있을지 모르므로 이 장의 후반에서 그것을 좀 더 많이 논의하고자 한다.

반구조화 인터뷰 스케줄 설계

인터뷰 스케줄 개발의 목표는 참여자가 자신의 경험에 대한 상세한 설명을 가능하도록 편안한 상호작용을 용이하게 하는 데 있다. 질문은 개방형과 포괄형으로 준비해야 하고, 참여자가 자세하게 이야기할 수 있도록 격려해야 한다. 인터뷰 진행자의 언어적 개입은 최소한이어야 한다. 인터뷰는 주로 이야기나 설명을 필요로 하는 질문과 참여자가 좀 더 분석적 혹은 평가적인 질문들을 연결해서 진행하는 것이 일반적이다. 인터뷰는 참여자가 일화나 경험을 이야기할 수 있는 질문으로 시작하는 것이 좋다. 이런 식으로 질문하면 참여자가 금방 편안하게 이야기한다. 참여자가 인터뷰에 친숙해질 때 좀 더 분석적인 질문을 꺼내는 것이 좋다.

구체적인 질문을 작성할 때, (폐쇄형보다는) 개방형, 참여자의 경험이나 관심사에 대한 전제를 너무 많이 요구하지 않은 유형, 특정한 응답으로 유도하지 않는 유형을 선택하는 것이 중요하다. 〈도표 4.1〉은 연구용 인터뷰에 필요한 질문 유형들을 예시하고 있고, 〈도표 4.2〉는 삼가야 할 질문 유형들을 보여준다.

〈도표 4.1〉 심층 인터뷰의 질문유형

- 묘사형: 어떤 일을 하고 있는지 말씀해 주시겠어요?
- 이야기형: 어떻게 그 직업을 가지게 되었는지요?
- 구조형: 그러면 지시 전달하는 과정에 포함된 모든 단계에는 어떤 것이 있나요?
- 대조형: 직장에서 즐거운 날과 궂은 날의 주된 차이점은 무엇인가요?
- 평가형: 직장에서 궂은 날 다음에는 기분이 어떤가요?
- 순환형: 당신의 업무 방식에 대해 사장님이 어떻게 생각하고 있는 것 같나요?
- 비교형: 만약 다른 장소에서 일하고 있다면 당신의 삶이 어떨 것 같다고 생각하나요?
- 촉진형: 그것에 관해 좀 더 말해 주시겠어요?
- 탐색형: '불공평하다'는 말이 당신에게 어떤 것을 의미하나요?

〈도표 4.2〉 삼가야 할 질문유형

- 과도한 감정이입형: 당신의 직업은 굉장히 따분하다는 생각이 들어요. 그렇죠?
- 조종형: 당신의 직업이 굉장히 반복적이라고 말했었죠. 그보다 더 나쁜가요?
- 유도형: 그런데 당신의 직업이 보람있다고 말한 것 같지는 않은데요.
- 폐쇄형: 그러면 5년 동안 여기서 일을 했다는 거죠?

질문 개수는 어느 정도가 적당한가? 표현을 잘하는 성인 참여자일 경우, 대체 가능한 표현을 곁들인 개방형 질문 6~10개의 인터뷰 스케줄로 화제에 따라 45분에서 90분 정도의 대화 진행이 가능하다. 어떤 인터뷰 스케줄이건 초안을 작성할 때는 통상적으로 이보다 훨씬 많은 질문을 만들고 수정 과정에서 질문 개수를 줄이기 마련이다.

다음으로, 인터뷰 스케줄을 작성하기 위한 순서를 제안하고자 한다. 이 과정은 반복적인 것이다. 인터뷰 스케줄 작성 중에도, 예비 인터뷰나 최초 인터뷰를 끝낸 후에도, 여러분은 생각이 발전하고 변화한다는 사실을 깨닫게 될 것이다.

1. 참여자에게 연구질문을 바로 물어보지 않는다. 인터뷰 스케줄을 설계하려면 연구질문들을 살펴볼 필요가 있다. 그런 다음 참여자의 반응에서 연구질문을 물어볼 수 있는 기회를 만들어내는 일련의 질문을 작성한다. 먼저 참여자에게서 듣고 싶은 영역을 광범위하게 설정한다. 이것은 연구자가 맨 처음 참여자들을 선정한 이유이다.
2. 인터뷰에서 논의하게 될 전반적 영역을 결정하고 난 후, 인터뷰에서 다루고 싶은 주제영역의 범위를 생각한다. 일례로, 공포증 치료에 대한 개인적 경험 연구라면 치료사 찾기, 치료 경험, 치료와 참여자의 생활이 조화되는 방식과 같은 세가지 주제영역이 가능하다.
3. 주제들을 가장 적절한 순서로 배열한다. 이때 결정할 사항이 많다. 도움이 되는 것은 주제들의 '논리적' 순서 찾기(예: 시간적 순서의 관점), 민감한 사안 혹은 아주 구체적인 주제들 찾기, 서서히 그 사안들로 접근하도록 인터뷰 구성하기('깔때기 모양 접근')이다. 연구자가 다루게 될 주제로 들어가기 전에, 몇 가지 괜찮은 '최초 주제들'을 만들어 보는 것도 도움이 된다. 일반적으로 이 주제들은 분위기 조성(상황

조성) 사안들로서 참여자에게 '[사건이 발생했을 때] 어떤 일이 일어났는지' 이야기 하도록 요청할 때 제기되는 것이다. 가끔은 인터뷰의 시작 방법에 대해 좀 더 창의적으로 생각해 볼 필요가 있다. 이를테면, 참여자에게 그림 그리기 요청하기, 그림이나 삽화에 대한 반응 요청하기 등이 유용할 수 있다. 위에서 예시한 연구계획이라면, 치료 자체의 경험을 질문하기에 앞서 참여자가 긴장을 풀고 인터뷰에 응하도록 해줄 치료사 찾기 과정부터 시작하는 것이 괜찮을 수 있다.

4. 각 주제와 관련해서 개방형의 적절한 질문들을 어떻게 표현할지 생각한다. 가끔은 연구자의 질문이 아주 추상적으로 들릴 수 있다. 유도형이거나 전제형 질문을 다 제거하고 나면 추상적 개념만 남는 경우가 종종 있다. 일례로, '뇌졸중을 겪은 후에 어떻게 지냈는지 말해 주겠습니까?'라는 질문은 참여자의 경험을 사건/생각/느낌/행동의 범위 중 단 한 가지에 국한시키는 배려라기 보단 그들의 경험들을 물어보는 시도이다. 이런 일에 대비하기 위해서 대체표현(답변을 자극/촉진하는 표현 or 질문?)을 작성하면 된다. 일반적으로, 대체표현 역시 개방형이어야 한다. 그러나 연구자가 어떤 종류의 질문을 하고 있는지 참여자가 알 수 있도록 가끔은 그들에게 좀더 구체적인 다양한 선택사항을 제공할 필요가 있다. 연구자는 복잡한 질문이나 추상적인 질문에 대비한 대체표현만 준비하면 된다. 그런 질문들에는 당연히 필요하기 마련이다.
5. 질문 계획에 대해 다른 사람, 이를테면 잠정적인 참여자, 공동 연구자, 지도교수와 논의해야 한다. 그리고 다시 작성하여 적합하게 구성한다. 계획 초안의 질문 개수가 너무 많을 수도 있고 질문이 지나치게 직접적일 수도 있다. 보통은 가볍게 질문하는 것이 더 낫다. 게다가 앞서 해준 충고에도 불구하고 단답형 대답이 돌아오는 질문을 하던 습관에서 벗어나기 어렵거니와 대답의 내용에 대한 연구자의 전제들을 '고려대상 밖에 두기'는 더 어렵다. 인터뷰 스케줄에 유도형 질문이나 폐쇄형 질문이 여전히 남아 있다 해도 무리가 아니다. 이런 것들 역시 당연히 재고해야 한다. 참여자가 자신의 개인적 세계에서의 삶이 어떤 것인지 이야기 할 수 있도록 연구자는 최대한 노력하고 있다는 사실을 기억해야 한다. 참여자의 개인적 세계에 대한 연구자의 견해를 그들이 어떻게 생각하는지 알아내려는 노력이 아니다.

〈도표 4.3〉은 중독문제 재활치료 중인 여성들의 경험에 관한 연구(Shinebourne and Smith, 발간 중)에서 프니나 쉬네본(Pnina Shinebourne)이 개발한 인터뷰 스케줄을 보여준다. 이 스케줄은 현재에 대한 질문으로 시작한다. 이것

은 시작하기에 간단한 방법으로 보이고 참여자가 상당히 자세하게 이야기할 수 있는 화제이다. 정체성에 대한 질문들은 추상적이지 않은 화제들을 먼저 끝낸 후에야 대부분의 사람들이 더 수월하다는 가정 하에서 목록 후반부에 배치되어 있다. 문제라는 단어는 목록 마지막에 가서야 나타나는데, 초반에는 가능한 한 중립적인 어조를 보여주기 위해서이다. 그런데 이 연구는 마약이나 음주 '문제'가 있음을 스스로 인정하고 재활치료를 위해 선정된 참여자들을 대상으로 하고 있으므로 이런 단어를 사용하는 것은 적절하다.

〈도표 4.3〉 중독문제 재활치료 중인 여성들의 경험을 탐색하는 연구의 인터뷰 스케줄

1. 현재 알코올/마약이 당신의 생활에서 어느 정도의 위치를 차지합니까?
   대체 가능한 표현: 어떤 일이 일어납니까? 어떻게 느낍니까? 어떻게 대처합니까?
2. 최근에 언제 알코올/마약을 사용했습니까?
   대체 가능한 표현: 어떤 일이 일어났습니까? 어떻게 느낍니까? 어떻게 대처했습니까?
3. 알코올/음주/마약사용은 다른 사람과의 관계에 어떤 영향을 미치는지 설명해 줄 수 있습니까?
   대체 가능한 표현: 배우자, 가족, 친구, 직장동료?
4. 음주/마약사용을 어떻게 시작하게 되었습니까?
   대체 가능한 표현: 얼마나 오래 전에? 당신 생각으론 무엇이 이런 일을 야기했나요?
   그 당시 알코올/마약에 대해 어떻게 느꼈는지 설명해 줄 수 있습니까?
5. 시간이 지나면서 알코올/마약 복용 방법을 바꾼 적이 있습니까?
   대체 가능한 표현: 어떤 방식으로? 더 좋게 만드는 것이 있습니까? 악화시키는 어떤 것이 있습니까?
   이런 변화에 대해 어떻게 느끼나요?
6. 당신에겐 무엇이 긍정적인 발전입니까?
   대체 가능한 표현: 당신의 상황은 어떻게 개선될 수 있을까요? 그것이 어떤 느낌일지 상상할 수 있습니까?
7. 자신을 인간으로서 어떻게 묘사하고 싶습니까?
   대체 가능한 표현: 자신에 대해 어떻게 느낍니까?
8. 알코올/마약으로 인한 문제들이 자신에 대한 생각이나 느낌을 변하게 했습니까?
   대체 가능한 표현: 문제가 있기 전과 비교하여 지금 자신이 달라졌다고 생각합니까? 어떤 식으로?
9. 다른 사람들이 당신을 어떻게 본다고 생각합니까?
   대체 가능한 표현: 배우자, 가족, 친구, 직장동료?
10. 미래의 자신에 대해 어떻게 생각합니까?

반구조화된 심층 인터뷰 수행

인터뷰 준비

일반적으로 심층인터뷰는 상당히 긴 시간 동안(대개는 1시간 이상) 지속된다. 참여자에게 인터뷰 시간과 관련하여 기대하는 바를 알려주고 인터뷰가 어떤 것인지 분명히 이해시키는 것이 좋다. 인터뷰/면접이라는 단어가 사용되는 좀더 통상적인 사례(취업 면접, 사정 인터뷰, 의료자문 인터뷰, 경찰 심문 인터뷰)를 생각해 보면 당연히 그 의미를 명료하게 해야 한다. 따라서 인터뷰에서 기대되는 내용이 무엇인지를 참여자에게 안내하고 사회화할 필요가 있다. 인터뷰 방식에 대한 정보를 참여자 모집과 정보제공 동의절차로 제공할 수 있고, 인터뷰를 하기 전에 인터뷰 스케줄 사본을 참여자에게 나누어 줄 수도 있다. 인터뷰를 시작할 때 주요한 원칙들을 다시 한번 간략하게 요약해 줄 수도 있다.

인터뷰를 어디에서 하면 좋을지 참여자에게 물어보는 것도 좋은 생각이다. 인터뷰 장소는 중요하다. 참여자에게 안락하고 친숙한 공간이 바람직하지만, 인터뷰 진행자와 참여자 모두에게 안전해야 하고, 조용하고 방해를 받지 않는 장소이어야 한다. 일반적으로 연구자는 참여자와 인터뷰하고 싶어 한다. 물론 이런 요구가 현실적이거나 타당하지 않은 상황이 있다(예: 참여자가 어린 아동이라면 그들의 이익을 옹호해줄 권한을 부여 받은 성인을 동석시켜야 한다).

인터뷰 스케줄을 사전에 숙지해 두는 것은 중요하다. 참여자는 연구자가 스케줄을 참고하는 모습을 지켜보게 되면 주의가 산만해진다. 연구자 역시 주의가 산만해진다. 연구자가 인터뷰 중에 사전에 숙지하지 못하고 어느 부분을 하고 있는지, 그 다음 질문이 무엇인지 확인한다면 참여자에게 완전히 집중을 하지 못하게 된다. 친구나 동료와 여러 번 인터뷰 예행연습을 한다면 충분히 스케줄을 익히게 될 것이다.

인터뷰 원리

자료수집에서 인터뷰는 스케줄 작성과는 상당히 다른 단계이므로 다른 기술들이 요구된다. 위에서 말한 바와 같이, 스케줄 작성은 앞으로 있을 인터뷰를 준비하는 데 도움이 되고, 인터뷰가 어떻게 진행될지, 참여자의 응답에 어떻게 반응해야 할지를 생각해보는 데 대단히 유용하다. 지금부터는 특정 참여자와 특정 인터뷰를 수행하는 실제 상황을 다루어야 한다.

좋은 인터뷰 기법은 연구질문과 분석방법에 따라 달라진다. 이를테면, '자연스런 상호작용'을 도출하려는 유형의 인터뷰기법은 경험적인 세부사항, 흥미로운 이야기, 이해의 틀을 끌어내려는 유형의 인터뷰기법과 같을 수 없다. 이전 섹션에서 함축했듯이, IPA 연구자가 선호하는 유형의 기법은 다른 방법들에서 선호하지 않는 경향이 있다. 따라서 이번 장에서 제공하는 조언 중 일부는 상당히 일반적이라 해도 다른 것들은 IPA에서만 적절할지도 모른다.

조언의 대부분은 인터뷰 실행에서의 학습에 관한 것이다. 연구자가 인터뷰 방식에 확실한 자신감을 보인다면, 연구자는 정해진 스케줄을 가지고 있지 않다는 것, 또 참여자가 들려주고 싶은 만큼 상세하게 이야기하는 내용에 연구자가 관심을 가지고 있다는 것을 알게 된다. 인터뷰 시작할 때 연구자는 참여자와 그들의 경험에 관심이 있다는 사실을 말해주는 것이 좋다. 그리고 옳고 그른 대답은 없다는 점을 분명히 해야 한다. 인터뷰는 상당히 일방적인 대화로 진행된다는 점을 말해두면 유용하다. 연구자는 거의 말을 하지 않을 것이라는 식으로 설명해도 된다. 또한, 질문 중 어떤 것은 자명하게 보이겠지만 이는 참여자가 상황을 어떻게 이해하는지 파악하기 위한 것이라고 말해줘도 된다. 연구자는 앞에 앉아 있는 사람을 알고 싶어 하는 순진하지만 호기심 많은 청자와 마찬가지라는 것을 기억해야 한다. 뿐만 아니라 참여자가 생각하고 천천히 이야기해도 된다는 점을 말해주는 것(또한 인터뷰 중에 그들을 안심시키는 것)도 중요하다. 연구자가 천천히 분명하게 말하고 질문을 잘 표현하기 위해 시간을 넉넉히 잡는다면, 참여자에게 마찬가지의 분위기를 만들어 줄 수 있다.

연구계획의 인터뷰 단계에서 연구자는 자신의 연구세계에서 벗어나 지속적인 해석과정을 거쳐 참여자의 세계로 들어가는 것이다. 이 과정은 제2장에 어느 정도 상세하게 설명되어 있다. 여기서 참여자는 경험적인 전문지식을 가지고 있고 연구자가 집중해야 할 유일한 초점이다. 참여자의 사용어휘들에 세심한 주의를 집중함으로써 연구자는 자신의 기존 관심사, 예감, 이론적으로 끌리는 화제들을 내려놓거나 차단하게 될 것이다. 이는 연구자가 호기심을 가지고 질문하면 안 된다는 것이 아니고, 이 단계에서 모든 질문은 참여자가 말하기로 되어 있는 내용을 주의 깊게 들으면서 이루어져야 한다는 것이다. 인터뷰를 끝낸 후 연구자는 지속적인 해석과정을 거쳐 자신의 본거지로 돌아가면 자신의 해석과 관념을 들여올 시간과 공간은 얼마든지 있다.

인터뷰 수행

인터뷰 초기에 참여자와 친밀감을 형성하는 것은 가장 중요하다. 참여자는 연구자를 편안하게 느껴야 하고 연구자가 원하는 바를 알아야 하고 연구자를 신뢰해야 한다. 이 친밀감 형성에 성공하지 못하면 참여자로부터 좋은 자료를 얻어낼 수 없을 것이다. 두 사람이 서로 편안함을 느낄 때 인터뷰 스케줄에 있는 첫 번째 질문을 시작한다. 가능한 한 대답을 충분히할 수 있는 시간을 주고, 머뭇거리거나 자제하는 것처럼 보인다면 도움이 될 만한 대체 표현을 사용해야 한다. 이 시작 단계에서 가장 중요한 점은 참여자가 이야기 하는 데 익숙해지도록 도와주는 것이다. 참여자가 도움을 필요로 한다는 생각이 들지 않는 한에는 너무 조급하게 끼어들지 않도록 노력하면서 대화가 계속 진행될 수 있는 정도로만 개입한다. 일단 참여자가 이야기하는 것에 익숙해지고 연구자가 바라는 것이 바로 그것이라는 사실을 깨닫게 된다면, 연구자는 대화의 화제를 집중적으로 다루기 시작하면 된다.

인터뷰를 수행할 때 스케줄을 융통성 있게 활용하는 것은 중요하다. 스케줄은 길잡이로서 질문을 어떻게 표현하는 것이 최선의 방법인지, 일반적 사안에서 구체적 사안으로 어떻게 이동하는 것이 최선의 방법인지에 대한 여러 생각들을 담을 수 있는 것이다. 그렇다고 경직된 구조는 아니다. 인터뷰 진행자의 능동적인 청자 역할(정확히는 경청을 통한 능동적인 공동 참여자 역할)은 언제 그 구조를 포기하는 것이 나은지, 언제 참여자의 관심사를 따라가는 것이 나은

지, 그 시기를 종종 제시해준다. 사실 어떤 의미에서 참여자는 그 화제에 관해서는 경험적인 전문가이기 때문에 인터뷰가 스케줄에서 완전히 벗어나 참여자가 정한 방향대로 진행되는 경우도 있다는 사실을 기억해야 한다.

마찬가지로, 참여자가 언급하는 흥미롭거나 중요한 사항들에 대해 더 많이 알아내려면 그들을 면밀히 탐색하는 것이 중요하다. 여기에는 주의 깊은 경청과 특정 부분에서의 자연스런 추가 질문이 요구된다. 후자의 예로는 '그것 때문에 당신은 어떤 느낌을 가지게 되었습니까?' '그것에 대해 좀 더 이야기해 줄 수 있습니까?' 등이 있다. 참여자가 이야기를 길게 늘어놓을 경우 대안은 추적해보고 싶은 핵심어/화제들을 간단하게 기록하는 것이다. 참여자가 자연스럽게 이야기를 마무리한다면, 방금 이야기한 내용에 대해 질문을 더 하고 싶다고 말하면 된다. 인터뷰 초반에 이런 종류의 기법을 사용한다면 이는 연구자가 관심을 가지고 있는 깊이와 상세함의 수준을 참여자에게 알려주는 것이고 그들에게 그 수준에 맞춰 이야기를 하도록 격려하는 것이다. 따라서 인터뷰가 진행될수록 추가로 질문할 사항이 줄어들게 된다.

우리의 경험상, 인터뷰 스케줄과 인터뷰의 관계를 올바르게 이해하는 것은 학생들이 가장 어렵게 습득하는 것들 중의 하나이다. 연구참여자를 처음으로 대면하는 초보 인터뷰 진행자는 사전에 면밀하게 작성한 질문들, 그래서 올바른 질문이라고 생각하는 그 질문대로 따라가는 것이 안전하다고 느낄 수 있다. 이와 유사하게, 설문조사나 실험작업의 고유한 속성인 통제, 구조, 예측가능성에 익숙한 심리학 전공자가 심층인터뷰의 예측불가능한 특성과 친숙해지는 것은 힘들 수 있다. 그러나 이런 방식의 인터뷰가 현상학 연구의 귀납적 원리에 필수적인 부분이라는 사실을 깨닫는 것이 중요하다. 우리는 스스로 미지의 세계로 뛰어들어야 하는데 그 이유는 바로 우리의 생활세계를 더 많이 알고자 하는 것이 아니라 참여자의 생활세계에 대해 알아내기를 원하기 때문이다.

이미 언급했듯이, 인터뷰는 스케줄 순서대로 따르지 않아도 되고, 준비한 질문을 다 묻지 않아도 되고, 모든 참여자에게 똑같은 방식으로 질문하지 않아도 된다. 따라서 인터뷰 진행자는 어떤 질문을 스케줄 순서보다 좀 더 일찍 물어보는 것이 적절한지 아닌지 결정해야 하는데, 이는 참여자가 방금 말한 내용에 맞춰 질문을 하기 때문이다. 마찬가지로, 질문의 표현도 참여자의 반응 방식에 대한 연구자의 판단에 따라 어느 정도 달라진다.

인터뷰를 천천히 진행하는 것과 참여자가 들려주는 내용을 경청하는 것이 중요하다. 새로운 질문으로 넘어 가기 전에 참여자가 대답을 끝낼 수 있도록 충분한 시간을 제공해야 한다. 가장 흥미로운 질문은 종종 심사숙고를 위한 시간이 필요하다. 그런데 인터뷰 진행자가 섣불리 개입한다면 풍부한 대답을 가로막게 될 것이다. 이와 비슷하게, 한 번에 한 가지 질문을 하는 것이 중요하다. 다중 질문은 참여자가 풀어내기 어렵다. 또한 분석에도 어려움을 야기한다. 어느 질문에 대답을 하고 있는지 필사본을 보면서 헤아려야 하는 상황에 처하게 될 것이다.

인터뷰가 여전히 진행되고 있는데 들은 내용을 해석하려는 충동을 억제해야 한다. 특히 자료수집의 과정이 상당히 진척되어 있다면, 인터뷰 수행 중에 해석, 관련성, 자신만의 직관을 시험해보고 싶은 생각에 솔깃해지는 경우가 종종 있다. 참여자를 제대로 이해했는지 점검해보는 것은 분명히 타당하다(그래서 그들에게 확인해주기를 요청할 수 있다). 그러나 그 이상이 되면 분석이 되므로 추후 단계로 넘기는 것이 일반적으로 최선이라는 사실을 기억해야 한다. 다중 인터뷰와 분석 시기에 대한 세부 사항은 플라워즈(2008)를 참조하면 도움이 된다.

인터뷰가 참여자에게 미치는 효과를 주시한다. 그들은 질문의 특정 구절에 불편해 할 수 있고 이것은 비언어적 행동이나 반응하는 방식으로 표출된다. 인터뷰 진행자는 즉각 대응해야 할 필요가 있는데 그런 부분을 물리거나, 질문의 표현을 좀더 신중하게 수정하거나, 때로는 계속 밀어붙이면 적절하지 않은 결정을 내릴 수 있다. 참여자에 대한 윤리적 책임감을 가지고 있다는 사실을 기억하는 것은 중요하다.

다른 인터뷰들을 수행하기 전에 초기 인터뷰 순서를 새롭게 구성하여 글로 옮겨보는 것은 아주 좋은 생각이다. 인터뷰 스케줄과 인터뷰기법들을 검토할 때는 필사본을 이용하고 이왕이면 지도교수나 공동 연구자와 같이 검토한다.

참여자가 이야기를 마친 후 이상적으로 물어봐야 했던 질문들에 초점을 맞추어 실제로 물어봤던 질문들과 비교한다.

고려할 사항

연구 인터뷰는 상호작용하는 것으로, 그 범위는 부분적인 것으로 고찰되어야 한다. 그것은 경험을 이해하려는 시도에 대한 짤막한 정보를 제공한다. 연구자는 이런 정보에 주의 깊게 대비하고 그 상황에 민감하게 대처함으로써 정보의 질을 향상시킬 수 있다. 참여자의 주장과 관심사를 진지하게 받아들이기 위해 조심스럽게 대비하고 민감하게 대처하는 것이다. 인터뷰에서 접하게 된 이해들은 '진실'이라고 여겨지지는 않지만 '의미가 충분한' 것으로 간주된다. IPA 연구자들은 그것을 참여자가 가진 확고한 관심사에서 비롯된 것으로 인식한다. 반구조적 인터뷰를 효과적으로 그리고 세심하게 활용한다면, 그것은 친밀감과 감정이입을 용이하게 하고 포괄 범위에서 많은 융통성을 허용한다. 그 결과 풍부하고 흥미로운 자료를 산출한다.

인터뷰 진행자의 자기노출은 조심스럽게 이루어질 필요가 있다. 여러 가지 이유로(특히 윤리적인 이유로) 자신의 경험과 시각들에 대해 참여자에게 터놓고 이야기 할 수 있다. 그러나 참여자의 생활세계로 들어가는 것이 목적인 이런 인터뷰에서 연구자의 자기노출은 아마 인터뷰 그 자체에서 벗어난 것이다. 한편으로, 이런 역동성은 친밀감을 촉진할 수 있고 비교 역학에 의해 더 세세한 자기노출을 조장할 수도 있다. 다른 한편으로, 공유된 경험(예: 당뇨병)의 개인적 노출은 경쟁 역학 혹은 비교 역학을 조성하여 일종의 반응편중(예: '좋은 당뇨병 환자'의 자기 형상화)까지 초래할 수 있다. 어쨌건, 자기노출은 편안한 질문조사의 부분으로 유용한 면이 있기도 하고, 참여자가 자유롭게 자기 관점에서 의견을 말하게 된 이후, 인터뷰가 끝날 때쯤 일어나는 편이다. 그러나 질적연구에서의 담론접근법과 페미니스트 접근법은 대화적(즉 '능동적') 인터뷰 방식을 지지한다(Burman 1994, Gubrium & Holstein, 2002 참조).

이런 유형의 인터뷰를 수행하는 것은 부담이 크다. 초보 연구자들은 거의 예외 없이 예상보다 더 힘들다고 말한다. 그런즉 믿기 어려울 정도로 쉬워 보이는데 잘해내기가 힘들다는 말은 반구조화된 인터뷰를 두고 늘 나오는 소리이다. 이것은 IPA의 모든 측면에서도 거의 마찬가지이다. 인터뷰 진행자의 잠재적인 어려움에는 화제에서 벗어나지 않게 하는 시도, 초점과 주의력을 유지하는 노력, 과도한 개입이라는 느낌, 사안에 대해 지나치게 흥분해서 뜻하지 않게 참여자를 유도한다는 느낌이 포함된다. 완벽한 인터뷰 기술을 성취하는 것은 결코 가능하지 않다, 항상 놓치는 것이 있기 마련이다, 기술은 연습을 하면 향상된다는 점들을 기억하는 것이 중요하다.

연구자는 연구자로서 적합한 인격을 갖출 필요가 있을 것이다. 이것은 들리는 만큼 언제나 수월하지는 않다. 전문적인 상황에서 사람들을 대하는 일이 아무리 익숙한 사람이라 하더라도 쉽지 않다. 연구인터뷰를 수행할 때 연구자는 평상시의 상호작용 습관을 버려야 한다는 것이 일반적이다. 이를테면 자신의 경험과 지식을 공유하기, 치료 능력과 학문적 권위와 임상적 판단을 발휘하기, 감정이입을 최대한 드러내기, 참여자가 자신의 문제를 좀더 긍정적으로 새롭게 평가하도록 안내하기와 같은 습관을 제쳐놓아야 한다. 참여자의 입장에서 주의 깊게 경청하고 시기적절하게 세심하게 질문해야 한다.

이런 상호작용의 두드러진 측면은 침묵이다. '보통의' 대화에서 침묵은 우리의 경험이나 신념을 이야기해도 되는 신호로 받아들여진다. 연구인터뷰에서는 침묵을 조금 더 길게 참고 기다려야 하는데 그 사이 종종 참여자가 화제를 다시 꺼내기 때문이다. 연구자의 침묵은 더 자세하게 이야기해도 된다는 암묵적인 신호로 작용한다. 설사 참여자가 그렇게 하지 않는다 해도, 연구자들이 흔히 하는 것처럼 논의 중인 문제들에 대한 자신의 시각을 말하기 보다는, 침묵을 새로운 질문의 기회로 해석하는 편이 더 낫다. 인터뷰가 생소한 연구자라면, 이 장 마지막에 제시해 놓은 연습문제로 수행해보는 것이 유용할 수 있다. 그러면 이 복잡한 과정에서 흔히 일어나는 역동성과 국면에 대한 '감'을 잡을 수 있을 것이다.

리듬

인터뷰는 복잡한 현상이다. 연구자가 다루고 있는 것은 바로 참여자 자신의 경험에 대한 설명이라는 이유에서 우리는 인터뷰 스케줄에서 벗어난 화제들이 어떤 전환 과정을 거치는지 이미 논의하였다. 인터뷰 중에 등장한 화제들을 알아보기 위해 나중에 인터뷰를 분석해볼 수 있을 것이다.

그러나 인터뷰 과정에 영향을 미치는 또 다른 주요한 특징인 상호작용의 리듬 혹은 역동성을 생각해보는 것도 중요하다. 인터뷰 초기에는 응축된 의미와 이야기들이 나타난다. 인터뷰가 진행되고 참여자가 흥미를 가지고 긴장을 풀게 되면 이야기는 묘사하는 것에서 정서적인 것으로, 일반적인 것에서 구체적인 것으로, 피상적인 것에서 자기노출적인 것으로 바뀌게 된다. 이것은 화제의 전개 순서와 병행에서 일어나기는 해도 적어도 부분적으로는 서로 관련이 없다. 이것이 의미하는 바는 인터뷰 진행자는 인터뷰의 역동성에 촉각을 곤두세우고 참여자가 깊이 연루된 상태가 된 것 같다고 파악되는 순간 나중에라도 초반의 화제로 즉각 돌아가야 한다는 것이다.

이런 특성은 좀 더 민감한 화제들을 순서 후반에 배치함으로써 예견할 수 있다. 그러나 예측할 수 없는 것은 어느 특정 참여자에게나 수월하거나 민감한 것이다. 게다가, 인터뷰 내용은 그 자체가 참여자에게 영향을 미칠 수 있어서 이전에 다루어진 화제에 대해 더 말할 거리가 있다는 사실을 인터뷰 도중에 깨닫는다.

인터뷰의 초기 단계에서 인터뷰 진행자는 방금 이야기할 내용과 관련하여 세부 사항과 추가적인 정보를 반복해서 물어보는 것이 특징적이다. 인터뷰가 진척되면서, 이 역동성이 대화를 형성해 나간다는 것을 참여자가 알게 되고 인터뷰 진행자는 '그것에 대해 좀 더 이야기해주시겠습니까?'라는 질문을 더 이상 반복할 필요가 없다. 인터뷰 전반에 걸쳐 반복적으로 사용할 수 있는 일단의 주요한 질문들이 있다. 이것은 〈도표 4.4〉에 제시되어 있다. 질문 형태는 참여자가 사용하는 핵심 단어나 표현을 이해하는 것과 세부 사항을 더 요청하는 것이다. 그러나 인터뷰가 진행되고 참여자가 요구하는 내용에 흥미를 가지게 되면 인터뷰 진행자는 이런 최소한의 질문들을 물어볼 필요가 점점 없어진다.

> **〈도표 4.4〉** 깊이 들어가기
>
> • 왜?
> • 어떻게?
> • 그것에 대해 좀 더 이야기해 주시겠습니까?
> • 무슨 생각을 했는지 말해주겠습니까?
> • 어떤 느낌이었습니까?

인터뷰가 진척되면 보편적으로 인터뷰 기술은 포괄적인 것에 대한 이야기에서 구체적인 수준으로의 전환을 가능하게 해야 한다. 다시 말하자면, 요약하는 수준으로 화제를 논의하는 것에서 특정 경험 및 그와 관련한 생각과 감정에 대한 구체적 설명으로 넘어가야만 한다. 바로 후자가 IPA에 필요한 가장 좋은 인터뷰자료를 제공하기 때문이다. 인터뷰를 하는 동안, 어떠한 질문이 자연스러운지 생각해보는 것은 중요하다. 뿐만 아니라 인터뷰 진행자가 액면 그대로 이미 이해했다고 생각한 문제들을 다루기 위한 노력을 의식적으로 하는 것은 중요하다. 이런 식으로 우리 연구자는 '분명한 것'을 노출시키고(도표 4.5 참조), 익숙한 것에서 '낯선 것'을 들추어내는 시도를 한다.

가끔씩 참여자는 개인적이면서 세부적인 것보다는 포괄적이면서 개인적이지 않은 이야기를 선호하는 것처럼 보인다. 그렇지 않으면 자기 자신보다는 다른 사람(배우자, 친구)에 관한 사안들을 이야기한다. 이 두 가지는 현상학적 초점으로 분석하기 힘들 수 있다. 이런 일이 일어나면 참여자에게 다른 사람이 아니라 그들과 그들의 경험 및 이해에 관심이 있다는 사실을 상기시켜 주어야 한다. 그들이 원하지 않는데 이야기하도록 몰아붙이지 않는 것은 당연히 중요하다. 그러나 그들 자신에 대해 이야기해도 된다고 허락을 하는 것은 도움이 될 수 있다(그들은 그렇게 하는 것이 합당하다는 사실을 깨닫지 못할 수도 있고, 가족이나 집단이나 공동체를 '대변해서' 이야기 하고 있다고 느낄 수도 있다). 참여자에게 일어났던 일을 이야기하도록 격려하는 것은, 이는 위에서 인터뷰 초반부에 제시하였던 사건에 대한 개인적인 의미로 그들을 인도하는 좋은 방법이다.

〈도표 4.5〉 인터뷰 중 분명하게 밝혀내기

참여자: 진짜 단 한번도 HIV 진단에 대해 생각해 본 적이 없다면 받아들이기에 너무나 큰 일이에요.

연구자: 이런 질문을 하면 바보같이 보일 것 같아 죄송하지만, 그게 왜 큰 일인가요?

참여자: 큰 일이 아닐 수도 있겠죠. 그냥…그냥…그것에 대한 제 인식이고 HIV에 대한 제 사고방식에요. 있잖아요 그런 거. 그런 일은 내게 절대로 일어나지 않을거야 라든가, 음…. 아니면 HIV에 걸릴 정도로 난 어리석지 않다거나, 콘돔을 사용하지 않고 성관계를 한 적은 없다거나, 뭐 이런 것들요. 그런데 그 사람하고 내가 그렇게 했다는 사실을 깨달았어요.

비구조화된 인터뷰

앞서 논의했듯이, 인터뷰 진행자의 경험이 늘어날수록 어떤 연구에서는 구조화가 덜 된 인터뷰를 선택할 수 있다. 이런 형식의 인터뷰에서는 개개 인터뷰 초기에 물어보게 될 한 가지 핵심 질문만 있다(도표 4.6 참조). 인터뷰를 전개하는 방법은 참여자가 그 첫 질문에 어떻게 대답하느냐에 따라 달라진다.

〈도표 4.6〉 비구조화된 인터뷰에서 사용하는 '핵심' 질문 사례

- 당뇨병 연구: 당신에게 당뇨병은 어떤 의미인지 말해 주세요.
- 성건강 연구: 당신에게 성관계는 어떤 의미인지 말해 주세요.
- 행복과 복지 연구: 당신에게 행복은 어떤 의미인지 말해 주세요.

이런 접근방법은 IPA의 귀납적 인식론을 최대한 활용하는 시도이다. 이것에 대한 결과적 상호작용은 참여자에 의해 훨씬 더 많이 결정되고, 미리 정해놓은 사안들이나 연구자 주도의 가정 및 주제들로 구조화되지 않는다. 또한 이런 접근방법은 참여자의 우선 사항들에 대한 이해, 참여자가 화제로 삼고 인터뷰의

초점으로 가지고 오는 내용의 상대적 중요성에 대한 인식을 수월하게 해준다. 참여자의 초점 사항과 관련한 일반적인 것에서부터 구체적인 것까지 광범위하게 탐색할 때를 제외하고 인터뷰 진행자는 어떤 식으로든 인터뷰를 유도하는 일을 피하고자 한다. 그리고 비구조화된 접근방법의 채택은 인터뷰 스케줄에 설정된 주요 화제들만을 적용하는 분석의 잠정적인 위험을 제한한다. 그것은 예상하지 못한 결과들과 예상 밖의 결과들을 탐색하는 IPA의 능력을 활용한다.

첫 질문에 대한 참여자의 반응은 그들이 말하고 싶어 하는 것의 전반적인 요약이거나 우선사항의 나열일 가능성이 많다. 이 단계에서 가끔 인터뷰 진행자가 중요한 사항들을 들었다고 말해주고 그것을 하나씩 되짚어보고 싶다는 반응을 보여주는 것이 도움이 될 수 있다. 이런 반응은 참여자에게 자기 이야기가 경청되고 있다는 느낌을 가지게 해줄 뿐 아니라 되짚어 볼 주제들을 기억해야 하는 부담을 공유하게 해준다. 참여자의 반응을 핵심 질문으로 반복해서 되돌려 놓는 일은 참여자 주도의 안건 혹은 구조를 설정하는 것으로 간주될 수 있다.

이런 인터뷰 유형에서의 리듬을 생각해 보면, 핵심 질문에 대한 참여자 반응은 대개는 가장 중요한 것들을 순서대로 제시해 놓은 일련의 평행적인, '수평적' 화제들을 요약 수준으로 만들어 내는 경향이 있다. 이런 이유로 인터뷰 진행자와 참여자가 공유하는 작업은 수직으로 밀고 나갈 하나의 화제 즉 일반적인 것에서 구체적인 것으로 나아갈 화제를 선택하는 것이다. 그 다음에 원래 설정된 화제들로 돌아가기, 다른 주제를 수직적으로 논의하기 등등으로 이어진다. 이는 인터뷰의 역동성을 정말로 단순하게 표현한 것이다. 인터뷰의 실제 흐름은 좀 더 산만하다. 그렇기는 해도 일반적인 리듬 양상이 빈번하게 나타난다.

HIV 양성반응으로 진단받은 동성애 남성들의 관계를 탐색했던 연구에서, 선택된 핵심질문은 '당신에게 관계는 어떤 의미입니까?'이었다. 참여자가 중요 사안들에 대한 일반 순서을 만들었는데 이것들이 요약 사안으로 치우치는 경향이 있었다. 〈도표 4.7〉의 발췌문에서 볼 수 있듯이, 인터뷰 진행자는 참여자에게 수긍하는 시도를 꾀하면서도 요약하고 반영한다. 그 다음에 각 사안으로 돌아가는 작업을 그들과 공유한다.

〈도표 4.7〉 '관계란 당신에게 어떤 의미입니까?'라는 핵심 질문에 대한 참여자의 초기 응답에 인터뷰 진행자가 반응하는 방식

저, 우리가 사안을 간추려보면 어떨까 싶은데요? 당신이 여러 가지 관계들에 대해 이야기했을 때 그게 제겐 굉장히 흥미로웠어요. 친구의 지지에 대해 이야기했고 그 다음에 가족에 대해 이야기했고, 무언가 색다른 것도 있었고, 그리고 그게 당신이 이야기한 순서였죠... 하지만 가장 중요한 것은 당신 자신과의 관계이겠지요. 당신 말로는 이 기간이란 게... 지난 일년 반 이상이었다고, 그때 다른 사람들 비위 맞추는 일을 그만 두었다고. 제가 굉장히 관심이 가는 게 그걸, 그 과정을 좀 더 듣고 싶은 거예요, 정말로... 당신이 그 이야기를 하는 게 괜찮다면 말이죠.

이런 유형의 비구조화된 인터뷰는 대단히 효과적일 수 있다. 그러나 이미 언급했던 것처럼, 우리는 IPA 초보자에게는 권장하지 않는다. 그들에게는 순서에 따라 진행하는 반 구조화된 방식이 더 낫다고 생각한다. 훗날 비구조화된 인터뷰를 시도해 볼 기회가 있다.

포커스 그룹에서의 메모

이번 장에서는 주로 인터뷰를 집중적으로 다루었다. 질적연구의 자료수집에서 인기 있는 또 하나의 선택이 포커스 그룹이다. IPA 연구자에게는 확실히 적합성이 낮아 보일 수 있으나, 분명히 이것을 사용한 IPA 연구 간행물들이 있다(Flowers, Duncan, & Fankis 2000, Flowers et al. 2001). 때때로 이런 연구에는 다소 포커스 그룹과 인터뷰의 혼합형이 포함되어 있다. 일례로, 맥레오드(MacLeod), 크라우퍼드(Craufurd)와 부쓰(Booth, 2002)는 상담에 참석한 '가족 단위'를 인터뷰했다.

포커스 그룹은 한 장소에서 다양한 목소리가 나오는 것을 가능하게 하고, 대규모 표본을 소수의 자료수집 상황들로 끌어들인다. 그러나 다양한 목소리의 존재, 그런 상황 내 상호작용의 복잡성은 IPA의 현상학적 양상을 유추하고 발전시키는 일을 더 어렵게 만들고, 확실히 담론적인 접근법에 더 잘 어울리는 연구 질문을 흔히 야기하는 경향이 많다. 따라서 우리는 IPA 예비 연구자에게 포커스

그룹을 선택하라는 조언보다는 신중해야 한다는 주의를 주고 싶다. 연구질문이 무엇인지, 또 포커스 그룹에서 무엇을 관찰하려고 하는지를 주의 깊게 고려해야 한다. 경험적인 이야기를 도출하기 위해 그런 상황을 이용하는 것은 상당히 어려울 수 있다. 사실상 집단 토론이 직접적인 평가나 주장('태도'와 '의견'), 3인칭 시점의 이야기를 끌어내는 데 더 적합할 수 있다. 이것들에 대해 집단토론은 약간 다르게 취급될 필요가 있다.

> IPA 관점으로 포커스 그룹을 이끄는 연구자에게 해줄 조언은 필사본들을 최소한 두 번 '분석하라는 것'이다. 한 번은 집단의 패턴과 역동성을 파악하기 위해서, 또 한 번은 개인별 설명을 파악하기 위해서이다. 집단 구성원임에도 불구하고 참여자가 자신의 개인적 경험을 충분히 상세하고 친밀하게 토론할 능력이 있다고 연구자가 확신한다면, 그 자료는 IPA 연구에 적합할 수 있다.(Smith 2004: 50-51)

물론, 좀더 상호작용하는 특징을 파악하려면 다른 수준의 필사본이 필요할 수 있을 것이다. 실제로, 경험에 입각한 개인적인 설명을 가능하게 하는 일은 인터뷰 촉진자의 기술, 논의 중인 주제, 자료수집 자료, 참여자들의 상호작용 및 특성에 따라 달라진다.

보통 당신이 수행하는 연구 질문은 의사결정에서부터 출발한다. 만약 연구질문이 직접적이면서 적용 가능한 관점을 가지고 있고 다수의 참여자의 의견을 들어야 하는 조건이라면 포커스 그룹이 도움이 될 것이다. 예를 들면 당신이 '그룹 X에게 제공하는 서비스를 향상시키기 위해 수행할 수 있는 것은 무엇인가?'를 묻는다고 하자. 당신은 이 때 집단 X의 경험 및 관심에 대해 더 알기를 원할 것이다. 그 다음 당신은 이러한 질문에 응답할 수 있는 대상자들을 접근해야 할 필요성을 인식할 것이며, 단지 그룹 X만이 아니고 관련 이해 관계자들도 포함해야 할 것이다. 또한 당신은 포커스 그룹을 어떻게 구성해야 할지에 대해 고민해야 한다. 어떤 경우 동질그룹이지만 서로 분리되어 있는 포커스 그룹을 운영하는 것에 더 민감할 수 있다(예를 들면, 각각의 그룹이 가족, 서비스 이용자, 서비스 제공자일 때). 다른 사례에서 동질적이지 않은 그룹이 더 생산적일 수 있다.

인터뷰를 진행하면서 잠정적인 대상자들이 어떠한 내용을 동의했는지를 알려주는 최선의 방법을 생각해 보는 것은 중요하다. 다음은 당신이 스스로 물어야 하는 중요한 질문들이 다: 참여자들은 포커스 그룹이 무엇인지 알고 있는가? 그들은 어떤 대상자들이 참여하는지, 논의할 내용이 무엇인지 알고 있는가? 그들은 자신의 경험을 노출하는 것에 명확히 동의하는가?(참여자 간의 개인 정보 비밀 보장 여부) 그들은 자신이 이야기한 내용에 무슨 일이 일어났는지 알고 있는가? 만약 당신의 인터뷰에 대한 최종보고서를 누가 읽을지에 대해 고려해 보았는가? 이러한 각각의 쟁점을 미리 명확하게 제시하고 그러한 쟁점이 갖는 함축성을 확신하지 못하는 경우에 당신은 동료에게 조언을 요청해야 한다.

포커스 그룹을 계획할 때 다음의 세 가지 질문을 고려해야 한다: 참여자들이 하기를 원하는 것은 무엇인가? 당신은 어떻게 그 상황을 다룰 것인가? 또한 당신은 자료들을 어떻게 포착할 것인가? 첫 번째 해야 할 것은 다음의 사항들을 선택하는 것이다.

- 당신 자신이나 다른 팀원들이 제기하는 질문에 대답해야 한다.
- 미리 준비된 시나리오에 대해 논의한다(예: 사례 연구).
- 출처 자료들을 평가한다(예: 당신이 계획하고 있는 정보들에 대한 초안).
- 실질적이고 윤리적인 딜레마들을 해결하기 위한 그룹으로 작업한다(예: 자료 관리 의사결정).

여기서 다시, 연구를 위한 자료와 프롬프트의 단어, 질문의 표현을 주의 깊게 살펴보자. 이들은 개방형 질문이어야 하고 그룹 내 모든 참여자들이 논의의 쟁점에 참여하도록 상대적으로 중립적인 기회를 제공해야 한다. 일단 참여자가 무엇을 하기를 원하는지에 대해 결정하였다면 그룹을 어떻게 운영할 의도가 있는지를 이해하는 것은 현명하다. 포커스 그룹을 운영하는데 있어 관련된 세 가지 작업이 있다. 이러한 역할들을 합치는 것은 가능지만 당신이 스스로 불안을 줄이면서 이들 모두를 관리하는 한 가지 방법은 동료들에게 도움을 요청하거나 역할을 분담하는 것이다. 이러한 역할들은 다음을 포함한다:

- 논의를 촉진한다: 세션의 구조를 미리 준비하여 다룬다(질문: 도입 시나리오, 인터뷰 장소의 지도 작성, 좌석 및 마이크 폰의 위치 등)
- 논의를 모니터링한다: 참여자들의 발언을 경청하고 누가 그러한 발언을 하는지 관찰한다(더 많은 정보를 유도하기, 흥미있는 포인트를 따라가기, 상대적으로 조용한 참여자들을 끌여들이기 등).
- 합리적이고 윤리적인 환경을 유지한다: 논의가 대치적 상황이 되지 않도록 한다.

각 그룹 당 참여자의 숫자에 있어 4~5명이 포커스 그룹 운영에 이상적이다. 당신은 논의를 이끌어가기 위해 충분한 사람들을 확보할 필요가 있으나 관리가 어려울 정도로 많은 수는 곤란하다. 당신이 연구자로서의 역할만 한다면 4~5명의 참여자 정도도 당신을 매우 바쁘게 할 것이다. 당신을 돕는 동료가 있다면 2~3명 정도를 추가해도 그룹을 운영하는데 도움이 된다. 인터뷰를 진행하면서 포커스 그룹에 도움이 되는 추후 자료들이 있다(예: Bohnsack, 2000; Wilkinson, 2003). 인터뷰와 포커스 그룹 원칙에 매우 유용한 자료로 윌킨슨(Wilkinson), 조프(Joffe)와 야들리(Yardley, 2004) 자료를 참조하면 도움이 될 것이다.

인터뷰의 전후관계 설정: 추가 자료

인터뷰 자료를 맥락화하는데 도움이 되는 추가 자료들을 수집하는 것은 종종 유익하기도 하다. 예를 들면 참여 관찰은 특정 부분의 맥락과 활동을 이해하는데 도움이 되며 미디어를 대표하는 샘플은 주제를 명확하게 하기 위해 문화적 자료들을 탐구하는 방법이 될 수 있다. 일부 환경에서 당신은 인터뷰를 맥락화하기 위한 수단으로 사례 노트나 파일(접근을 허락받은 것)을 이용할 수 있다. 최소한 인터뷰 이후에 참여자들과의 상호작용을 통해 당신이 느낌이나 인상을 반영하기 위한 수단으로 몇 가지 노트들을 만드는 것이 가능하다(Hollway & Jefferson, 2005). 모든 추가적 자료들은 이후의 맥락화와 분석의 발전을 위해 유용할 것이다.

인터뷰 필사본

IPA는 자료수집 과정에서 글자 그대로(verbatim)의 보고서를 요구한다. 만약 사건이 일기와 같은 서술 활동이라면 아마 행번호가 적혀있는 필사본에 서술된 자료를 옮겨 적어야 할 필요가 있다. 만약 사건이 상호작용이라면 이것 역시 오디오나 비디오 매체를 통해 보고되어야 한다. 개인적 인터뷰의 경우 기준은 오디오로 저장하는 형식이다. 분명한 것은 우리의 경험 상 참여자들이 반대하는 일은 거의 드물었지만 이러한 기록의 이용과 작성에 반드시 동의를 해야 한다는 것이다. 기록은 개인정보보호 법안의 필요조건에 따라 저장되어야 한다.

IPA의 분석이 일차적으로 참여자의 진술 내용의 의미를 해석하는 것이기 때문에 기록 자료의 운율법적인 측면의 상세한 필사를 특별히 요구하지는 않는다. 즉, 진술하는 중의 정확한 중단 길이를 저장하는 것이나 대화 분석에 의해 선호되는 비언어적인 발언까지 모두 기록할 필요는 없다.

경험에 근거해 보면 분석되지 않을 정보들을 필사하는 것은 의미가 없다(O'Connell & Kowal, 1995). 또한 필사물로 선정될 수 있는 사회적 상호작용의 특성들이 풍부하다는 것과 그 필사 자체는 해석적인 활동이라는 것을 인식하는 것은 중요하다. 따라서 당신의 필요조건을 고려하는 것이 중요하다. IPA는 인터뷰의 의미론적 기록을 요구한다. 즉 이는 인터뷰에 참여한 모든 사람에 의해 발언한 모든 언어들을 보여주는 필사본을 의미한다. 보통 이러한 언어는 그 자체로 비 관습적이지 않는 한 이들은 관습적으로 서술될 것이다. 일반적으로 필사본은 코드화된 '대표성'을 띄기보다는 주목할 만한 비언어적 발언(예: 웃음)을 나타내는 노트, 의미 있는 중단, 주저함(아래의 예시에 [ ] 괄호 안에서 묘사된 내용)들을 포함한다. 필사본은 코딩의 용이함을 위한 여백을 충분하게 갖고 있어야 하며 공간은 각 대화의 사이에 남겨져야 한다. 아래 〈도표 4.8〉은 필사본의 짧은 예시를 보여준다.

〈도표 4.8〉 Larkin (2001)의 필사본 실례

참여자: 서류를 작성했죠, 그게 돌아왔는데 점수가 49점이었어요. [잠시 침묵] 생각했죠, 꽤 괜찮은 점수네, 49점, 통과점수는 아니지만 아시다시피 그리 나쁜 점수는 아니잖아요, 알코올중독자일 수가 없죠.

인터뷰 진행자: 그렇죠.

참여자: 그런데 그들이 제게 하는 말이 50점에서 벗어났다 는 군요 [둘 다 웃음] 어쨌건, 무슨 이유인지 모르겠는데, 이곳의 모든 설문조사는 50에서 벗어났다고 표시하죠, 그래서 저는 50점에서 벗어난 49점이었어요. 그래서 생각 했죠 '빌어먹을, 그 점수라니.' 있잖아요, 그들이 저를 알코올중독자라고 진단했어요, 그런데 제게 확 감이 왔어요. 대체 [잠시 침묵] 그들을 믿을 수가 없었어요, 약간의, 몇 퍼센트의 의혹이 아직도 마음에 남아 있어요.

질적 자료의 조직화와 부호화를 보조하도록 제작되어 현재 사용되고 있는 컴퓨터 프로그램 중 일부는 분석가가 텍스트, 이미지, 디지털 녹음을 직접 부호화할 수 있도록 해준다. 이 프로그램에 익숙한 사람은 자료분석의 초기 단계에 이것을 활용하여 시간을 절약할 수 있다. 후기 단계에서 분석을 검토하고 최종 분석을 어떻게 제시하고 작성할 것인지 결정할 때, 이런 프로그램의 선택은 벅찬 도전이 된다. 또한 자료에 익숙해지면 연구자는 녹음을 들어 보고 싶어한다는 사실을 명심해야 한다. 즉 분석이 완료될 때까지 자료들을 파기해서는 안 된다.

연습문제

마지막으로, IPA 초보 연구자라면 테스트하고 싶어하는 질문 만들기와 인터뷰수행에 대한 연습 문제를 제공한다. 이 문제들은 여러분이 자신의 연구를 심사숙고하고 평가하는 데 도움을 줄 것이다.

이 인터뷰 스케줄의 문제점은 무엇인가?

아래 목록의 각 질문에서 문제점이 무엇인지 여러분의 생각을 적으시오. 여러분이 스스로 끝내기 전까지 뒤에 나오는 문제점 순서를 보지 않아야 한다.

예상 질문

1. 학군단이었기 때문에 군대에 갔습니까?
2. 군대 생활이 집안 내력입니까?
3. 왜 입대를 결정했는지, 특정한 사회적 배경에서 벗어나는 길이라고 생각했는지, 군대에서 무엇을 얻고 싶어 했는지 말해 주겠습니까?
4. 군대 생활이 굉장히 힘든 것은 분명합니다. 군대생활이 당신의 신체에 충격을 주었습니까?
5. 군 복무에서 가장 두려운 것은 무엇입니까?
6. 직업의 목적에 대해 말해 주겠습니까?
7. 이런 점들을 염두에 둔다면, 군 입대 결정을 후회한다고 말할 수 있겠습니까?

이제 우리가 아래에 제시한 문제점의 목록을 살펴보자.

질문의 문제점

1. 폐쇄적이고 유도적임; 첫 질문에서 합리화를 끌어들임, 마지막까지 미루는 게 최선임.
2. 폐쇄적이고 유도적임.
3. 한번에 너무 많은 질문을 했음; 가르치려는 듯한 전제가 들어 있음.
4. 지나친 감정이입, 폐쇄적임, 주제넘음, 유도적임.
5. 균형을 잃음, 주제넘음, 유도적임.
6. 전후 관련 맥락이 없고 이전 질문들에서 벗어남; '직업'을 전제함.
7. 균형을 잃음, 주제넘음, 유도적임.

여러분은 이러한 문제점을 어떻게 개선할 것인가? 각자 질문을 작성해보고 다른 학생이 수정한 대안들과 비교하기 바란다. 어떤 대안도 '완벽하지' 않으나 개선되었다는 것을 알 수 있을 것이다. 두 가지 대안은 스타일은 다르지만 당면 주제에 대한 이해는 유사하다.

수정 질문 A

1. 군에 입대하기 전에 어떤 일을 했습니까?
2. 군 입대는 어떻게 하게 되었습니까?
3. 군 생활이 어떨 것이라고 기대했습니까?
4. 군대의 전형적인 일과 중 하나를 설명해 주겠습니까?
5. 당신에게 군생활의 어떤 점이 가장 좋습니까?
6. 당신에게 군생활의 어떤 점이 가장 나쁩니까?
7. 군대가 당신의 원래 기대치를 어느 정도 충족시켜 주었습니까?
8. 앞으로의 계획은 무엇입니까?
9. 결정을 제대로 한 것 같습니까?

수정질문 B

1. 어떻게 입대하게 되었는지 이야기해 주겠습니까?
   (대체표현: 전에는 어떤 일을 했습니까? 어떻게 결정하게 되었습니까?)
2. 군생활이 어떨 것이라 기대했습니까?
   (대체표현: 이런 기대를 하게 된 이유는 무엇입니까? 이를테면, 다른 기관에서의 이전 경험? 가족 관련? 영화나 텔레비전?)
3. 군대에서 현재 하고 있는 일이 무엇인지 말해 주겠습니까?
   (대체표현: 계급, 부대? 어떤 종류의 일에 종사? 전형적인 일과 설명하기)
4. 입대 이후 근무 외 활동에 대해 이야기해 주겠습니까?
   (대체표현: 누구와 어울리는지? 어떤 종류의 일을 하는지?
5. 당신의 군 생활에 대해 가족들은 어떻게 생각합니까?
6. 군생활에서 가장 좋았던 경험에 대해 이야기해 주겠습니까?

7. 군생활에서 가장 좋지 않았던 경험에 대해 이야기해 주겠습니까?
8. 군생활은 당신이 기대했던 것과 어느 정도로 유사합니까?
9. 앞으로의 계획은 무엇입니까?

인터뷰 기술 평가하기

이 연습은 서너 명으로 구성된 그룹으로 진행하는 것이 가장 좋다. 아래 예상질문 중에서 하나를 골라 서로서로 연습을 한다. 교대로 인터뷰 진행자, 참여자, 평가자/시간기록자 역할을 한다. 마지막 역할은 구성원이 4명이라면 따로따로 나누어 연습한다.

시간기록자는 매 번 시간을 측정해야 한다(제한 시간 10분). 평가자 역시 인터뷰 진행자의 수행능력을 기록해야 한다(아래 점검 목록 이용). 10분 안에 예상 질문을 모두 끝내야 할 필요는 없다. 시간이 되면 그냥 질문을 멈추고 별도로 주어진 5분 동안 피드백 연습을 완료하고 서로 역할을 바꾼다.

인터뷰 스케줄 실례 A: 최고의 선물

1. 지금까지 받은 가장 좋은 선물에 대해 이야기해 주겠습니까?
   (대체표현: 어떤 선물을, 누구에게서, 언제, 왜 받았는지?)
2. 그 선물에 대해 어떻게 느꼈는지 조금만 더 이야기해 주겠습니까?
   (대체표현: 당신에게 어떤 의미였나요? 특별한 이유는 무엇인가요?)
3. 선물을 준 사람과의 관계에 대해 이야기해 주겠습니까?
   (대체표현: 당신을 향한 그 사람의 감정이 선물에 실려 있다고 생각합니까? 선물 때문에 그 사람에 대한 당신의 감정이 변했습니까? 지금 그 사람과의 관계는 어떻습니까?)

인터뷰 스케줄 실례 B: 최고의 휴일

1. 가장 좋았던 휴일에 대해 이야기해 주겠습니까?
   (대체표현: 어디서? 누구와? 언제? 무엇을 했습니까?)
2. 왜 최고의 휴일이라고 생각합니까?

(대체표현: 어떤 점 때문에 그렇게 특별한가요?)

3. 이 휴일이 당신을 아니면 당신 삶의 양상을 어떤 식으로든 변화시켰다고 생각합니까?
(대체표현: 그것을 통해 뭔가를 얻었습니까? 돌아오는 일정을 당신이 바꾸자 했습니까? 이 여행을 가지 않았다면 당신 삶이 달라졌을까요?)

평가자를 위한 메모

- 인터뷰 진행자는 참여자에게 충분히 대답할 수 있는 시간을 주었는가?
- 인터뷰 진행자는 예정 질문을 융통성 있게 활용하였는가?
- 인터뷰 진행자는 참여자의 이야기를 잘 듣고 제대로 반응을 하였는가?
- 이야기에 대한 인터뷰 진행자의 반응이 개방적인가 아니면 유도적인가?
- 인터뷰 진행자는 적정한 선에서 참여자에게 공감하였는가?
- 인터뷰 진행자는 연구자로서 적정한 태도로 참여자에게 자신을 드러냈는가?

인터뷰가 끝나면, 평가자는 인터뷰 진행자의 기술에 대한 참여자의 반응을 확인해야 한다.

인터뷰 진행자를 위한 메모

평가자와 참여자의 피드백을 받고 난 후, 인터뷰 진행자는 다음과 같은 질문을 시도한다.

- 인터뷰 기술에서 가장 효과적인 부분은 무엇이었습니까? 왜 그런가요?
- 인터뷰 진행자로서의 수행 능력은 어떻게 향상될 수 있습니까?
- 인터뷰를 마무리하는 데 가장 힘들었던 부분은 무엇이었습니까?
- 연구를 할 때 효율적인 인터뷰 진행자가 되려면 어떤 점에 노력할 필요가 있습니까?

마지막으로, 세 사람이 교대하여 모든 역할을 끝냈을 때, 인터뷰 내용과 관련하여 다음을 토론한다.

• 각 참여자의 응답을 통해 연구질문에 대해 어떤 점을 알게 되었습니까?

• 어떤 종류의 지식을 활용했습니까?

다음에 무엇을 할 것인가?

인터뷰 기술을 향상시키는 방법은 첫 인터뷰를 필사하는 것이다. 인터뷰 참여자의 이야기는 한 번에 하나의 문장에 관심을 기울이도록 한다. 이를테면, 인터뷰 진행자 자신의 반응과 뒤에 이어지는 대화를 종이로 가린다거나 컴퓨터 화면의 스크롤바를 이용하여 텍스트를 분리시킨다. 참여자가 없는 상태에서 넉넉한 시간을 두고 이상적인 질문에 대해 생각할 기회를 가진다. 그 다음 이 질문과 실제로 했던 질문과 비교한다. 인터뷰 기술이 향상될수록 이상적인 질문은 점점 더 실제적인 질문으로 자리 잡을 것이다.

전면적인 비구조화

앞서 제시했듯이, 학생들이 배워야 할 가장 어려운 것 중의 하나는 예상 질문에서 벗어나도 편안한 마음으로 인터뷰를 이끌어 나가는 것이다. 따라서 이것이 얼마나 중요한지를 파악해보려면, 예상질문이 전혀 없는 인터뷰를 연습해보는 것이 유익하다.

두 사람씩 짝을 지어보자. 아래 핵심 질문 중 하나를 선택한다. 학생 A가 이것을 인터뷰의 첫 질문으로 사용하고 10분 동안 인터뷰를 진행한다. 그 다음 역할을 바꾸어보자. 두 번째 인터뷰가 끝나면 심층 인터뷰 수행에 대해 배운 바를 10분 동안 토론한다.

주제:

1. 학생이 된다는 것은 어떤 것인지요.
2. 좋아하는 음악의 종류에 대해 이야기해 주십시오.
3. 좋아하는 휴일에 대해 이야기해 주십시오.

5장

자료분석

서론

이번 장은 IPA의 분석과정을 아주 상세하게 보여주기는 해도 최종적인 설명을 제공하지는 않으려고 한다. IPA 분석에 대한 기존의 문헌은 자료로 작업하는 '방법'을 단 한가지로 규정하지 않았다. 사실, 방법론에 관한 수많은 책과 간행물들은 분석법의 발달이라는 관점에서 양호한 유연성의 특징을 보여준다. 질적 심리학에의 여러 가지 다른 접근법에서처럼, IPA의 본질은 분석의 초점에 놓여 있다. IPA의 사례에서 그 초점은 분석의 관심을 참여자가 자신의 경험을 이해하려는 시도 쪽으로 향하게 한다.

그 결과, IPA의 특징은 분석 과업에 따라 유연하게 적용되는 일련의 공통된 과정과 원리들로 규정될 수 있다(Reid, Flowers, & Larkin, 2005). 이를테면, 일련의 과정으로는 구체적인 것에서 공유된 것으로, 그리고 묘사적인 것에서 해석적인 것으로 이동하기 등이 있고, 원리로는 참여자의 관점을 이해하는 것에 전념하기, 그리고 특정 맥락에서의 개인적인 의미 형성에 심리적 초점 맞추기 등이 있다. 전형적으로 분석은 반복적이고 귀납적인 순환(Smith, 2007)으로 설명된다. 이 순환은 다음의 전략을 통해 진행된다.

- 참여자의 경험에 근거한 주장, 관심사, 이해를 한 줄씩 면밀하게 분석하기(Larkin, Watts, & Clifton, 2006 참조).

- 이 경험적 자료 내에서 생성패턴(즉 주제)을 확인하고, 수렴과 분산 및 공통성과 미묘한 차이를 강조하여(Eatough & Smith, 2008 참조) 대개는 단일 사례에 먼저, 그 뒤에 다중 사례에 실시한다.
- 이런 상황에서 이런 관심사를 가진다는 것이 참여자에게 어떤 의미인지에 대해 연구자들 간에 '대화', 부호화된 자료, 심리학적 지식을 개발함으로써(Larkin et al., 2006; Smith, 2004 참조). 좀 더 해석적인 설명을 전개한다.
- 주제들 간의 상호작용을 보여주는 구조, 틀 혹은 형태를 개발한다.
- 분석된 자료가 만들어진 과정, 즉 녹취본에 대한 초기의 논평에서부터 초기의 주제 모음과 주제 전개를 거쳐 최종적인 주제 구조가 만들어지는 과정을 보여주는 형태로 이 자료들을 조직한다.
- 해석의 일관성과 타당성을 점검하고 발전시키는 데 도움이 되는 교수의 지도, 공동작업, 자문을 활용한다.
- 발췌 자료를 상세한 해설로 입증하면서 충분한 이야기로 전개해 나가며. 주로 주제별로 전개하고 종종 단순 구조나 도표, 표와 같은 시각적 자료를 제시한다.
- 연구자 자신의 인식과 개념, 과정에 대해서 숙고한다(Smith, 2007 참조).

이 모든 전략들에는 변경의 여지가 상당하다. 거치게 되는 경로가 직선적이지 않고, 경험에 따라 충분히 가변적이다. 초기 단계에서는, 이러한 분석의 '실행'이 어쩔 수 없이 복합적인 과정일 수 밖에 없다는 사실을 명심하는 것이 중요하다. 그것은 협력적인 경험, 개인적인 경험, 통찰적인 경험, 힘든 경험, 창조적인 경험, 강도 높은 경험, 개념적으로 부담이 되는 경험일 수 있다. 우리가 IPA에 전념하는 것은 그 과정이 종종 독특하게 흥미롭고, 통찰력 있고, 보람이 있다는 사실에서 기인한다.

이런 종류의 분석을 실시하는 방법으로 옳고 그름을 딱 잘라 말할 수 있는 것은 없기 때문에 우리는 IPA 연구자들에게 자신의 선택한 접근법에서 창의성을 발휘하라고 권장한다. 하지만 IPA를 처음으로 접하는 독자들이 일반적인 원칙 이상의 것을 필요로 한다는 점도 우리는 알고 있다. 이번 장에서는 먼저 분석의 해석학적 틀을 제공하는데, 전형적으로 IPA 연구자들이 이용하는 과정과 원리, 전략들 중 많은 것에 의지하는 분석틀이다. 이 틀이 저 많은 것을 한꺼번에 끌어들이는 방식은 융통성을 발휘하도록 계획된 구조이지만 그럼에도 불구하고 초보 IPA 연구자가 자기 방법을 충분히 찾을 수 있게 해주는 명확한 구조이다. 또한 우리는 이 틀이 경험 많은 분석가들에게 생각할 거리를 제공할 수 있기를 희망한다. 이 장의 후반에서는 해석의 수준, 분석을 더 깊게 하는 방법, 그리고 대규모 표본의 작업에 대해 논의할 것이다.

이 장에서 우리는 자료분석을 위한 과정들과 전략들, 그리고 분석을 조직하고 진행하기 위한 과정들과 전략들을 소개할 때 실천적인 초점을 유지했다. 그러나 경험 많은 연구자는 IPA의 개념적 틀 내에서 이러한 과정과 전략들을 더 개발하기 위한 길잡이로서 이 장과 2장의 내용들을 상호 참조하리라고 본다.

아래 소개한 개략적인 과정들은 참여자의 설명을 숙고할 수 있도록 설계되었다. 그러한 분석은 참여자와 분석자의 합동 산물일 수밖에 없다. IPA의 주된 관심은 참여자의 인생경험과 이것에 대해 참여자가 생성하는 의미이긴 해도 최종 결과는 항상 참여자의 사고방식에 대한 분석자의 이해를 설명해 놓은 것이다. 바로 이것이 2장에서 서술했던 이중의 해석학이다. 따라서 IPA 분석의 진실 주장은 언제나 잠정적이고 분석은 주관적이다. 동시에 그 주관성을 발휘할 때는 대화적이고 체계적이고 엄격하므로, 그 결과는 독자의 추후 확인을 통해 이용 가능하다.

분석에 대한 글을 쓸 때는 어느 정도 긴장이 있기 마련이다. 사실, 분석이란 녹취본을 유동적으로 묘사하고 다루는 반복적인 과정이다. 여기에는 유연한 사고, 축소와 확장과 창조와 혁신의 과정이 수반된다. 전반적으로, 분석의 과정은 다각적이다. 다시 말해, 여러 가지 분석적인 과정들 사이의 부단한 이동이다. 이처럼 분석은 변화에 개방적이고 보고서 작성의 활동을 통해서 '고착되는' 것일 뿐이다. 이런 활력이 좋은 질적 분석의 핵심이고, 분석을 신나는 과정일 뿐만 아니라 부담되는 과정으로 만드는 요소이다. 아울러 그것은 창의적인 통찰력으로 신선한 결과물을 산출할 가능성을 허용한다. 여기에서 중요한 한 가지 요소로 해석학적인 순환의 부분과 전체를 오가는 것이 포함되는데, 이는 2장에서 개괄하였다. 문서의 작은 부분은 전체 녹취본의 맥락에서 고찰되고, 전체 인터뷰는 고찰 대상인 표출된 발언의 시각에서 평가된다.

이 모든 것은 초보 질적연구자를 주눅 들게 할 수 있다. 따라서 그들이 분석 과정을 좀더 수월하게 다룰 수 있도록 우리는 IPA 분석 수행을 순서대로 단일 방향으로 안내한다. 이렇게 하여, 초보 분석자가 겪을 수 있는 불안과 혼란을 최소화하고, 분석 과정의 압박감에 빠져들 여지를 줄여주고자 한다. 이 순서는 조리법의 순서와 유사하지 않아서, 절차마다 관심 대상인 자료를 보는 관점, 즉 고찰 방식이 각기 다르다. 그러나 IPA 연구를 지도하는 일에서 주요한 역할 중의 하나가 분석 과정 처리가 쉽다는 느낌을 키워주는 것이고, 그것은 이러한 절차들에서 생겨나는 '순서' 의식이다. 이 일련의 절차 혹은 그런 것을 우리의 지도 학생들에게 적용해보니 그들에게 자신감과 효능감을 심어주어 '충분히 좋은' 분석 개발을 용이하게 해준다는 사실을 발견했다. 우리 입장에서 이것은 중요한데 아직 심리학 내에 질적연구의 도입은 초기단계에 있기 때문이다. 그래서 우리는 IPA 연구를 처음으로 수행하는 초보자에게는 이 일련의 순서에 근접해서 작업을 시작하고 그 다음에 그들이 편하다고 생각되는 시점과 지점에서 그리고 자료의 필요성에 맞추어 그것을 조정하라고 권유한다. 분석의 과정은 경험이 쌓이면서 점점 수월해진다는 사실을 기억하기 바란다. 처음 시도한 분석이 가장 어려운 법이다.

경험이 많은 사람들의 입장은 어떠한가? IPA 저서에서 제시해준 절차에 따라 연구를 끝내고 난 지금에서야 IPA는 일련의 절차를 따르는 것이 아니라는 사실을 깨닫게 되었다고 최근에 말해준 사람이 있었다. 그가 의미하는 바는 처음 IPA를 수행할 때는 안내지침을 따라야 할 필요가 있다는 것이다. 이 수준에서 자신감은 면밀하게 계획된 일련의 절차가 있어야 성취된다. 그러므로 이 절차를 숙달하고 완성된 결과를 보고 난 후에 IPA가 접근법이면서 감수성이라는 사실, 수행 방식이면서 사고하고 관찰하는 방식이라는 사실을 더 잘 인정할 수 있다. 그러면 다음 연구에서 IPA 원리에 충실하면서도 여기 제시된 절차에서 상당히 벗어난 작업 방식을 개발할 수 있을 것이다. 바로 여기에 '분석의 절차'를 제시하고 있는 우리의 기본 정신이 나타나 있다.

먼저 단일 사례의 분석과정을 설명할 것이다. IPA가 개별특성에 전념한다는 점을 감안하여 우리는 거의 언제나 첫 사례를 상세하게 분석하고, 두 번째 사례로 넘어가서 같은 방식으로 하고 그 다음 세 번째 사례로 넘어가는 등등 이런 식으로 작업한다. 가장 세부적이면서 복잡하고 관심이 가는 인터뷰부터 시작하면 유용할 수 있다.

1단계: 읽기와 다시 읽기

IPA 분석의 첫 단계에는 일부 원본 자료에 몰두하기가 포함된다. 대부분의 IPA 연구에서 이 일은 처음 작성된 녹취본에서 행해지고, 이 단계에서는 자료의 읽기와 다시 읽기 과정이 수반된다. 녹취본의 출처가 인터뷰인 경우 그것을 처음 읽는 동안 적어도 한번은 음성녹음을 듣는 것이 유익하다. 녹취본을 다시 읽는 동안 참여자의 목소리를 상상하는 일이 분석을 완성하는 데 도움을 준다.

이 첫 단계는 반드시 참여자가 분석의 초점이 되도록 실행된다. 사람들 대부분이 복잡한 정보를 단시간에 읽고 요약하는 데 익숙해 있어서 분석과정의 이 단계에서는 '빠르고 간편한' 압축과 개요의 습관적 성향을 둔화시키는 활동을 수행한다. 실제로 여기에는 연구자 자신이 인터뷰라는 경험 자체에서 느꼈던 강한 기억들이나 녹취본을 처음 볼 때 가장 인상적이었던 관찰들을 기록하는 활동이 포함될 수 있는데, 이는 얼마 동안 그것을 연구자의 고려 대상 밖에 두기 위해서이다. 분석 초기 과정에서는 관념들과 그럴듯한 관련성에 빠져버리는 경우가 가끔 있다. 이럴 때는 그런 생각을 기록함으로써 이 '잡음'의 정도를 줄일 수 있고 결국 자료에 초점을 유지할 수 있게 해준다. 연구자는 자신이 느꼈던 첫 인상들을 기록해 놓았다는 것에 안심하면서 나중에 이런 기록으로 언제든지 돌아갈 수 있다.

참여자의 세계로 들어가는 일을 착수하려면, 적극적으로 자료에 몰입하는 일이 중요하다. 반복적인 읽기는 인터뷰의 전체적인 구조를 전개할 수 있는 모형을 가능하게 해주고, 분석자로 하여금 이야기서술이 인터뷰의 부분 부분들을 어떤 식으로 묶을 수 있는지를 이해할 수 있게 해준다. 일례로, 시간순서에 따른 이야기는 인터뷰의 전체적인 구조를 제공해준다. 하지만 이런 '인생 이야기'에서는 일반적인 설명에서 특정 상황의 특수성으로의 전환 양상이 묻혀 버릴 가능성이 있다. 이를테면, 휠체어를 타본 경험을 설명하는 어떤 사람은 전반적인 삶의 역사 언급에서 인터뷰 며칠 전에 일어난 최근 상황들에 관한 구체적인 생각과 느낌을 얘기하는 것으로 이동해 갈 것이다. 이런 읽기는 또한 인터뷰에서 친밀감과 신뢰가 어떻게 형성될 수 있는지 쉽게 이해하게 해주고 이로써 풍부하고 상세한 부분, 혹은 상충과 모순이 드러나는 지점을 강조해준다. 이전 장에서 이미 논의된 바와 같이, 인터뷰의 일반적인 흐름, 즉 리듬은 초기에는 광범위하고 일반적인 것, 중반에는 상황의 구체적이고 아주 세세한 것, 마지막에는 통합 즉 '마감'하는 식으로 녹취본의 논지를 만들어가는 경향이 있다.

2단계: 초기 기록

이번 초기 단계에서의 분석 수준은 가장 세부적이고 시간이 많이 걸린다. 이 단계는 아주 설명적인 차원에서 의미론적 내용과 언어 사용을 조사한다. 분석가는 계속 마음을 열어두고 녹취본에서 흥미로운 어떤 것이라도 기록한다. 이렇게 하여 녹취본에 점점 친숙해지게 되고, 더욱이 사안에 대한 참여자의 이야기 방식과 이해 방식, 사고방식을 구체적으로 식별하기 시작한다. 사실 분석가가 처음 녹취본을 읽고 기록을 남기기 시작하면서 1단계와 2단계는 통합이 되어, 녹취본 읽기를 반복하면서 더 많은 탐색 메모나 논평들을 추가할 수 있다.

이것은 자유로운 원문 분석에 가깝다. 무엇을 논평해야 하는지에 관한 어떤 규칙이 없고, 원문을 의미 단위로 나누고 각 단위마다 논평해야 한다는 식의 요구조건도 없다. 분석가의 목적은 자료에 대한 포괄적이고 상세한 메모 및 논평을 생산하는 데 있다. 인터뷰의 어떤 부분은 다른 부분들보다 더 풍부하고 그래서 더 많은 해설을 보장한다. 종종 우리가 범하게 되는 피상적인 읽기, 즉 원문에서 우리가 보고 싶은 것에만 논평하게 하는 읽기를 피하려면 분석을 꼼꼼하게 하는 것이 중요하다. 분석가는 결과만큼이나 녹취본을 다루는 과정에도 관심을 가져야 한다. 즉, 논평을 알아볼 수 있게 남겨서 다음 단계의 분석에서 활용할 수 있게 해야 한다. 초기의 메모들을 이용하여 발전시키게 될 설명의 중심에 서술적 논평들의 핵심이 자리 잡을 가능성이 높다. 그 논평들은 현상학적인 초점을 분명하게 유지하고 있어서 참여자가 분명하게 드러낸 의미에 근접해 있다. 이것은 참여자에게 중요한 대상들과 그것들의 의미를 서술할 가능성이 높다. 중요한 대상으로는 관계, 과정, 장소, 상황, 가치, 원리 등을 들 수 있고, 그것들의 의미란 이러한 관계, 과정, 장소 등이 참여자에게 어떤 모습으로 자리 잡고 있는지를 말한다. 이것에서부터 또 이것과 나란히 설명을 전개하면서, 분석가는 더 많은 해석을 담은 메모 작업이 참여자가 이런 관심사를 가지고 있는 이유와 과정을 이해하는 데 도움이 된다는 사실을 깨닫게 된다. 이런 이해에는 참여자의 사용 언어를 살펴보는 것, 그들 관심사의 맥락(그들이 살아온 세계)에 대해 생각해보는 것, 더 추상적인 개념들을 식별해내는 것이 포함된다. 추상적 개념들은 참여자의 설명에 드러난 의미의 패턴을 분석가가 이해하는 데 도움을 준다.

우리는 이 과정을 〈도표 5.1〉에 예시하였다. 표에는 동성애자인 잭(가명)이 에이즈 환자로 살아가는 경험을 얘기한 인터뷰 내용에서 인용된 짧은 텍스트가 수록되어 있다. 잭은 20대 초반에 감염 진단을 받았고 인터뷰에 응한 시기는 20대 중반이었다. 이 인용문은 탐색적 논평이 만들어질 수 있는 다양한 방식을 설명하기 위해 사용된다. 설명을 위해, 이 방식들은 상이한 초점을 지닌 세 가지 별개의 과정으로 나뉘었다.

- *서술적* 논평은 참여자가 말한 내용과 녹취본 내 대화의 주제를 서술하는 데 초점이 맞추어짐(일반체)
- *언어적* 논평은 참여자의 특정 언어 사용을 탐색하는 데 초점이 맞추어짐(기울임체)
- *개념적* 논평은 개념적 수준의 질문을 제기하는 데 초점이 맞추어짐(밑줄)

이런 방식의 탐색적 논평들은 완전한 형태나 규정된 형태가 아니지만 분석가가 활용할 수 있을 정도로 쓸모 있는 분석 도구로 제시된다. 가장 세부적 수준인 이 최초의 분석을 실행할 때, 세 가지 별개의 방식으로 기록한 탐색적 논평들을 동일 녹취본에 포함시켜야 하는데, 논평들 간의 관련과 연관성은 분석가가 참여자의 생활세계로 몰입하고자 시도할 때 또 자료분석을 더 깊이 수행할 때 대단히 중요하기 때문이다. 세 종류의 작업 부분을 다른 색상의 필기구로 표시한다면 도움이 된다.

전반적으로 녹취본 분석을 진행하면서, 분석가는 참여자가 말한 내용에 나타난 유사점과 차이점, 반복 상기, 확장, 모순에 대해 논평하게 될 것이다. 녹취본의 각 줄에 맞추어 분석적 대화를 하면서, 단어와 구와 문장이 연구자에게 어떤 의미인지 질문하고 참여자에게는 어떤 의미인지 검토하는 것이 중요하다.

우리 경험으로 볼 때, 인터뷰 내용 양 옆에 여백을 넓게 잡아 인쇄한 녹취본으로 분석을 수행하는 것이 가장 좋은 방법이다. 그 중 하나의 여백에 최초의 논평들을 기록하고 나머지 여백은 빈 공간으로 남겨 다음 단계에서 생성된 주제를 기록한다(〈도표 5.2〉 pp. 138-141 참조). 관례상, 우리는 왼쪽 여백에 논평과 메모를 기록하고 오른쪽 여백에 주제를 적으면서 분석을 진행하였다. 이것은 관례일 뿐이므로 이대로 따르지 않아도 된다. 사실 이 순서로 했던 이유가 공저자인 조나단이 왼손잡이라서 자연스럽게 왼쪽에서 오른쪽으로 진행했다는 사실을 최근에 깨달았다. 사람들 대부분이 오른손잡이라는 점을 감안하여 이제는 순서를 바꾸어 오른쪽 여백에 최초 논평을 왼쪽 여백에 생성된 주제를 기록하면서 분석을 진행한다.

서술적 논평

탐색적 논평의 가장 기본적인 한 가지 요소는 내용 서술을 위한 녹취본 분석이다. 일반적으로 반응자가 사용한 주요 단어, 어구 혹은 설명들은 녹음된다. 참여자에게 중요한 대상들 즉 그의 생활세계 내 주요 대상, 상황, 경험들에 대한 이해는 종종 서술, 가정, 효과적인 어구, 머리글자, 특유의 수사법, 참여자나 분

〈도표 5.1〉 초기 논평

	녹취 원본	탐색적 논평
	I: 그것에 대해 좀더 이야기해 주시겠어요?	
	R: 그것에 대해 좀 더요 음... 그게 뭔지 모르겠는데, 어... 제가 그것을 확실히 가지고 있기 때문이겠죠, 저는 정말 저는 정말 누구인지 모르겠더라고요... 여러 모로 제가 누구인지 모르겠더라고요, 그 당시, 진단을 받고 그걸 받아들이던 초기에, 저는 생각을 멈출 수가 없었죠, 음... 제 자신을 발견하는 아니 알아가는 과정을 거쳐야만 했어요, 음, 그리고 저를 알고 있는 사람들의 주변에 있는 동안, 뭐랄까 뭐랄까, 그게 진짜 진짜 피곤하다는 걸 알았어요 뭐랄까 뭐랄까 어쩌면 그들이 말을 할 수는 없었겠지만 뭔가 잘못되었다는 걸 그들이 알고 있을 거라고 제가 확신했고	감정적이고 복잡한 뭔가('제가/저는'과 '그것'의 반복)를 말할 때 근본적인 어려움은 없는가? 아주 강하면서 혼란스러울 정도로 힘든 감정들을 말하기 위해 애쓰는 분명한 의식. '정말'의 사용은 설명하려고 애쓰는 노력을 강조한다. 자기 성찰의 중요한 사안. Jack은 누구인가? 자기 성찰이 일어나는 여러 가지 방식. 당신 자신이 아니라면 당신은 누구인가? 진단과 자기성찰은 분명히 관련 있는가? 진단의 충격 시간단위에 대한 중요한 인식(이런 경험은 시간과 결부되어 있다. 이제 그는 그것을 받아 들였는가?) 어쩌면 단계 혹은 상처받기 쉬운 시기와 같은 개념들인가? 에이즈 생각에 사로잡힘 그 뭔가가 상실된 무엇으로 드러났다면? 그것들을 찾아낼 때 누가 결론을 내는가? 진단의 충격. 진단 때문에 자기 자신을 잃어버렸다는 의미인가? 그를 알고 있는 사람들의 중요성. 이것은 사회적 상황의 중요성에 대해 무엇을 말해주는가? 자아는 사회적인 것인가? '진짜'를 반복하여 그 일의 엄청남을 강조하고 있음 그것이 피곤하다고 생각 머뭇거리는 말 반복(뭐랄까, 뭐랄까, 제가, 제가) 피해망상은 다른 사람들이 자신을 보는 관점에 대한 과잉걱정인가? '잘못되었다,', 과거의 자신은 '괜찮았다'는 것인가? 연기. 자신에 대한 다른 사람들의 인식을 관리하기 위한 처신. 의식적인 연기, 이것에 내포된 진정성의 결정적인 상실, 어떤 식으로 자기모습을 연기할 수 있는가? 누가 연기를 하고 있는가? 의료시술은 어떻게 이런 극단적인 상실감을 야기할 수 있는가?

	녹취 원본	탐색적 논평
	제가 피해망상에 빠져 있었기 때문이겠죠, 그래서 에이즈에 걸리지 않았던 제 모습처럼 보이려고 끊임없이 애쓰고 있었어요 그런데... 그건 본질적으로 그걸 훨씬 더 불가능하게 만들었어요, 뭔가를 생각하지 않으려고 노력하면 할수록 그건 점점 더 힘들어지니까요, 아시죠...	*목소리가 약해짐.* 상황이 불가능했다. 자신에 대한 내적 사고 정신내적인 과정이 함의됨. 생각에 대해 사유함. 자신의 정신의식에 일어난 주요한 변화 진단의 충격. 진단 때문에 당신은 생각에 대해 사유하게 되었나요? 자아에 대해 생각?
	I: 그러면, 그들, 그들은 당신이 생각하는 친한 친구들인가요?	
	R: 친한 친구, 가족, 모든 사람, 심지어 만난 적 있는 새로운 사람들에요. 그냥 어쩔 수 없다고 느꼈어요, 제가 너무 너무 쓸모 없다고 느낀 것 같아요, 저는 가지고 있지 않았으니까요 그, [한숨] 제가 느끼기에 제가 뭔가를 상실한 것 같다고 제가 느꼈어요, 어쩔 수가 없었어요 음... 그냥 모든 게 너	그가 알고 있는 모든 사람 '과거의' 잭을 알고 있는 사람들을 먼저 의식하기 시작. 그러다가 '새로운' 사람들을 포함시킴. 타인이 중심이 됨. 그에 대한 그들의 생각(그의 상황을 알지 못하는 사람들까지 모두). 그가 밝히지 않았는데도 온통 마음을 차지하고 있다. 그는 쓸모 없다고 느꼈다. '제가/저는'과 '너무'를 반복사용, 의미를 강조. *한숨을 쉬다(비탄 공유?)* 그는 뭔가를 상실했다. 그는 모든 것이 피곤하다고 느꼈다. 진단의 충격. 거의 파국이나 다름없는 뭔가가 일어나고 있다. 진단의 영향은 아주 광범위하고 의학적인 것 이상이다. 모든 것이 가치가 없다.

	녹취 원본	탐색적 논평
	무 피곤하다고 생각했어요, 어쩔 수 없이, 아무 것도 줄 게 없었고, 뭐라도 기여할만 한 가치 있는 게 없구나 느껴졌어요, 아님 저 그거, 모르겠어요, 그냥 마치 전쟁신경증(shell shock)에라도 걸린 것 같았어요 [미안해 하는] 음... 이게 대답이 되나 모르겠네요...	그 자신을 사회적 관계 속에서 생각한다는 것은 이상하게 들린다. 이것은 건강에 관련이 없지만 다른 사람이 그를 어떻게 생각하느냐와 관련이 있는가? 깊은 상실의 충격, 비탄, 가치, 과거에 그는 많은 것을 주었나? 그는 어떤 기여를 말하고 있는가? '전쟁신경증' 1차 세계대전(전쟁 신경증이 나온 시기), 공포, 충격, 어려움에 대한 엄청난 의식. 진단의 충격 *목소리가 약해짐.* *그가 괜찮은지 확인함. 아주 감정적인 순간.*
	I: 더 할까요? 그런 질문이 그거라고 생각하세요? [네, 네] 그리고 거듭해서 상실감, 쓸모 없다는 느낌이나 무가치하다는 느낌에 대해 굉장한 것들을 방금 얘기하셨어요. 그런데... 계속 얘기하시겠어요? [네 네] [불분명] 그런데 뭘 잃어버렸다고 얘기하고 싶은 거였나요?	

	녹취 원본	탐색적 논평
	R: 그 그게 어... 내가 뭘 잃어버렸지? 음... 세상 속에서 항상 가지고 있던 느낌을 잃어 버렸어요 뭐 그런 거 음... 어느 순간 내가 죽게 될 거라는 걸 깨달았죠, 그게 15년 뒤, 20년 뒤 그 이상이던 간에, 그게 일어난다는 것을 깨달았죠 그리고 어... 그게 제가 잃어버린 거라고 생각해요. 음... 또한 자존감과 자존심도 잃어버렸어요, 왠지는 모르겠지만 음, 제가 가졌던 관계 때문에 또 확실히 그 진단 때문에 음... 그게 제일 큰 부분이죠.	*스스로에게 질문, 마치 자기 감정의 심각성에서 벗어나서 현실로 들어가려는 듯? 나의 질문에 대해 생각에 빠진 것인가 감정에 빠진 것인가?* *무엇을 잃어버렸는지에 대한 명료한 인식이 드러남. 언어사용이 더 분명해지고 쉬워지고 안전해짐.* 진단의 충격. 미래의 상실. 도덕심. 수명, 갑자기 감소. 중년과 노년에 대한 개념이 제거되었나? 도덕성의 관점에서 불확실성에 대한 확신이라는 새로운 인식? 자신에 대한 자기 사유 속에서 많은 상실이 일어났다는 것을 분명하게 인식. 스스로에게 질문하기의 깊은 영향 상실된 자존감. 상실된 자존심 그가 겪은 일과 그것의 원인을 혼돈하고 있나? 원인은 부분적으로 그의 관계에 있었다(그가 감염된 곳). 원인은 역시 진단이었다. 진단이 주된 충격 이것에 대한 복합적인 원인을 깨달음, 관계와 진단. 총체적이고 주된 충격인 진단.

석가의 감정적 반응을 표시하여 강조된다. 이런 초기 메모의 상당수는 사물을 액면 그대로 받아들이고, 참여자의 생각과 경험을 구성하고 있는 대상들을 강조하는 수준이다. 2장에서 살펴본 바처럼, 여기에는 참여자의 세계를 형성하는 중요 사물들과의 관계 하에서 그런 경험을 고찰하는 것이 포함된다. 이러한 서술식 탐색적 논평은 '부정적인 경험에 관한 이야기'라거나 '휠체어' 같은 식으로 단순할 수 있다. 다시 말해, 그저 중요한 사물을 식별해내는 정도이다. 분석이 진전되면서 연구자는 이런 대상들의 의미에 대한 풍부한 설명을 발전시켜나간다. 예를 들어, '휠체어'는 '지속적 독립을 의미하는 대상'과 '시각적으로 거북한 대상'으로 대립한다. 잭과의 인터뷰를 보면, '질문하는 자아의 주요한 사안'이라는 논평이 '여러 모로 제가 누구인지 몰랐어요, 그 당시'라는 말의 전후 텍스트에 전개된 논평들에서 파생되어 나오는 과정을 확인할 수 있다.

언어적 논평

탐색적 논평의 다른 중요한 요소는 언어 사용과 관계가 있다. 분석가는 내용과 의미가 제시된 방식들을 녹취본은 어떻게 반영하는지에 중점을 둔다. 언어 사용과 내용이 가끔 서로 밀접하게 관련되어 있음은 분명하므로 초기 논평을 기록할 때 이 점을 강조할 가치가 있다. 분석가가 관심을 기울이는 것에는 대명사 사용, 잠깐의 침묵, 웃음, 언어의 기능적 측면, 반복, 어조, 유창성의 정도(분명한 표현 혹은 머뭇거림) 등이 있다. 분석의 이 지점에서 은유법은 특별히 강력한 구성요소인데 '휠체어'라는 식의 서술적 메모를 '독립성 대 질환'이라는 식의 개념적 메모로 연결시켜주는 언어적 장치이기 때문이다. 에이즈 진단의 충격을 묘사하기 위해 '전쟁신경증(shell shock)'을 사용한 잭의 은유법은 좋은 예이다. 이것은 그가 표출한 명시적인 주장이지만 다양한 개념적 의미들(공포, 정신적 외상, 엄청난 충격)을 논의할 수 있는 가능성을 열어준다.

개념적 논평

〈도표 5.1〉에 예시된 세 번째 수준의 주석은 더 해석적이다. 그것은 녹취본

자료를 개념적 수준에서 다룬다. 개념적 메모는 종종 의문문 형태를 취한다. 이것은 분석의 초기 단계들에서 특히 더 그렇다. 그 단계에서는 아직 자료를 세세하게 개괄하지 않았기 때문이고 참여자의 설명에서 흥미로운 특징들 마다 질문을 계속 추가하도록 만들 수 있기 때문이다. 이 점을 걱정하지 않도록 한다. 최종적으로 가면, 어떤 질문들은 아무런 결론에 도달하지 못하기도 한다. 어떤 질문들은 자료로 다시 돌아가게 만들어 거기서 분석가는 자료의 재분석과 개념적 메모의 의미 고찰을 거치면서 잠정적 대답을 끌어내기도 한다. 또 어떤 질문들은 여전히 분석가를 더 추상적 수준에서 작업하도록 이끌기도 한다.

〈도표 5.1〉에서 밑줄 친 논평들이 시사 하는 바와 같이, 이것은 종종 참여자의 명시적인 주장에서 벗어나는 것이다. 보통 개념적 주석은 분석가의 초점이 참여자의 토론 사안에 대한 아주 중요한 이해로 전환되는 것을 포함한다. 이 단계에서 분석가는 많은 질문을 한다. 이 단계에서는 토론, 숙고, 시행착오, 연구자의 생각을 개선하기 위한 시간이 필요하다. 이런 종류의 개념적 발전은 관계의 어려움이라는 구체적 상황이 지니는 특정한 의미에 집중하는 설명에서 벗어나는 경향이 있다. 잭의 경우, 친구나 배우자나 고용주와의 관계에서 느끼는 어려움이 에이즈 환자라는 그의 처지에서 비롯되었음에도 불구하고, 주변인 모두에게 공통적일 수 있는 고립감의 증가를 설명하는 쪽으로 전환되었다.

또한 개념적 해석에는 종종 개인적인 생각의 여지가 있다. 이 단계에서 분석자가 전개하는 해석은 자신의 경험적 지식과 전문 지식 둘 다, 혹은 이 중 하나에 의존하기 마련이다. 이것을 자신의 선이해, 그리고 참여자의 세계에 대한 신생 이해, 이 양자 간의 가다머식(Gadamerian) 대화(이에 대한 내용은 2장 참조)라고 생각한다면 유용할 수 있다. 참여자에게 중요한 상황과 과정들을 탐지해 내는 데 자신의 인식과 이해를 활용하는 것은 때때로 도움이 될 수 있다.

예를 들어, 〈도표 5.1〉의 '자기 성찰의 중요한 사안'이라는 주석이 달린 텍스트 부분에서, 우리는 자신이 누구인지 자문해 보았던 그런 시간을 생각해 볼 수 있다. 자신에게 의문을 품은 것, '여러 모로 내가 누구인지 모르겠다'와 같은 식으로 말을 한 것, 이것은 우리 자신의 경험 범주 내에 있는가? 만약 우리가 이와 같은 어떤 것을 경험했다면, 그것을 잠시 숙고해보고 자신을 그렇게 이끈 삶의 상황에 대해 생각해본다면 유용하다. 만약 우리 경험을 넘어서는 것이라면, 참여자에게 그런 경험의 규모에 대해 말하고자 하는 바가 무엇인지 물어볼 수 있다. 이런 식으로, 개념적 주석은 종종 대답을 찾는다던가 정확한 이해를 밝힌다거나 하는 작업이 아니라 잠정적인 의미의 범위를 열어놓는 작업이다.

또 다른 차원에서, 분석가는 그런 경험의 구성에 대해 논리적으로 생각해 볼 수 있다. 이때 타당한 질문은 '참여자가 '자기 자신'이 아니라면 그는 누구인가?'이다. 이런 질문으로 분석가는 매개적 수단과 정체성의 역할, 즉 사소하지만 강력한 저런 표현이 함축하고 있는 '자아'의 다양성을 생각해 볼 수 있다. 이와 유사하게, 좀 더 폭넓은 질문으로 병의 진단과 자아 분열의 잠재 의식 사이의 관계를 헤아려볼 수 있다.

예를 들자면, 다른 메모들은 중요한 시간 의식을 거론한다. 일례로, '그 당시, 진단을 받고 그걸 받아들이던 초기에'라는 표현에는 '(이런 경험은 시간과 결부되어 있다. 이제 그는 그것을 받아 들였는가?) 어쩌면 단계 혹은 상처받기 쉬운 시기와 같은 개념들?'이라는 주석이 달려 있다.

이와 같이, 분석가는 먼저 참여자의 어휘들을 곧이곧대로 받아들임으로써, 참여자에게는 '초기'와 현재, 어쩌면 상상해본 미래까지도 분명한 차이가 있다는 사실을 파악할 수 있다. 이제 '그것을 받아들였다'라는 참여자의 말에 실린 함의를 헤아려 볼 수 있고 저 일이 어떻게 가능했을지도 생각해 볼 수 있다. 때때로 이런 종류의 탐색적 논평은 다소 확대 해석이라는 느낌이 들 수 있다. 그러나 이런 임시적인 개념 질문들이 분석의 과정에 깊이와 정교함을 더해준다는 것은 사실이다. 그 해석이 텍스트에서 촉진되고 텍스트와 관련되어 있다면 그것은 타당하다. 또 모두 기록되어 있다면 다소 강력한 해석적 주장들은 나중에 분석 절차의 다양한 지점에서 검토할 수 있다. 이렇게 따져보는 추상적인 사고 유형은 피상적이고 그저 서술적인 분석 수준을 넘어서게 하는 데 대단히 중요하다. 2장에서 얘기했던 것처럼, IPA는 공공연한 해석적인 접근법이라서 해석이 참여자의 원래 텍스트에서 벗어나는 것은 당연하다. 중요한 점은 참여자의 어휘들을 경청하고 그 어휘에 고무되고 생성되었다는 것, 즉 외부에서 들여오지 않았다는 것이다.

이런 반성적 작업의 가능성은 분석가와 연구에 따라 달라진다. 우리는 분석가가 자신과 자신의 생각과 감정과 경험들을 판단 기준으로 활용한다는 의견을 제시하고 있기는 하지만 이는 복합적이다. 분석의 대상은 근본적으로 참여자이지 연구자가 아니라는 사실을 기억할 필요가 있다. 연구자는 참여자를 이해하는 데 도움을 얻고자 자신을 이용하는 것이지 그 반대는 아니다. 참여자보다 자신에게 점점 더 빠져들기 시작한다면 당장 그만두고 휴식을 취한 후 다시 시작해야 한다.

해체

참여자가 사용한 단어와 의미에 세부적 초점을 맞추기 위해 탈 맥락화의 전략을 활용하는 것은 때때로 도움이 될 수 있다. 예를 들어, 활용 가능한 한 가지 방법은 문단을 하나 선택하여 한 번에 한 문장씩 거꾸로 읽어나감으로써 인터뷰의 이야기 흐름을 끊어버리는 것이다. 이것은 특별한 단어 사용에 대한 느낌을 얻기 위해 활용된다. 이런 시도는 참여자가 말한 내용을 연구자의 생각에 초점을 맞추는 단순한 읽기에서 벗어나게 하고 혹은 전통적인 설명식 대본 따라가기에서 벗어나게 함으로써 참여자가 실제로 말하고 있는 내용에 보다 근접할 수 있게 해준다. 역설적으로 저런 탈 맥락화는 참여자의 많은 설명들에 중첩된 본질을 이해하고 발전시켜 나가는 데 도움을 주고 또한 전체적인 인터뷰 내 맥락의 중요성을 강조해준다. 그리하여 연구자가 하나의 경험과 다른 경험과의 상호관련성을 이해할 수 있도록 도와준다.

초기 메모 작성

예시한 책의 인터뷰는 탐색적 논평의 복잡성과 개방적 특성, 이 두 가지를 이해할 수 있게 해준다. 여기에 제시된 접근방법은 이대로 따라야 하는 것으로나 철저하게 완성된 것으로 의도되지 않았다. 초기 메모를 기록하는 일은 수많은 다른 방법들로 가능하다. 엄밀히 말해서, 자료를 다루는 과정은 녹취본 자체에 대한 글을 작성하는 물리적인 실제 작업 못지않게 중요하다. 우리가 제시했던 방법은 초기 메모 작성의 여러 요소들이 병행해서 일어난다는 것이다. 또 다른 방법으로는, 먼저 녹취본의 한 부분에 서술적 논평을 적고, 그 다음에 그 부분으로 다시 돌아가 언어에 초점을 두고 검토할 수 있다. 마지막으로 그 부분에 개념적 논평을 주석으로 달 수 있다.

탐색적 논평을 수행하기 위한 두 가지 다른 방법을 아래에 제시하였다. 이 방법들은 이미 살펴본 전략과 병행하여 사용 가능하다.

- 녹취본을 통독하면서 중요해 보이는 텍스트에 밑줄을 긋는다. 그런 다음 밑줄 친 텍스트마다 왜 밑줄을 쳤는지 즉 왜 중요하다고 생각했는지 여백에 기록한다.
- 참여자의 텍스트를 통해 자유 연상을 한다. 어떤 문장과 단어를 읽을 때 떠오르는 생각은 모두 다 기록한다.

상이한 이 방법들은 텍스트를 세세하게 다루고, 생성되는 여러 가지 의미 수단을 탐색하고, 분석을 좀 더 해석적인 수준으로 끌고 가는 유동적인 과정이라는 점에서 공통점이 있다.

3단계: 생성된 주제 전개

인터뷰의 녹취본이 자료 차원에서 중요한 위치를 차지한다고는 해도, 종합적인 탐색 논평들을 거치면서 그 자료가 상당히 증가하게 된다. 이때쯤이면 분석가는 인터뷰 자체의 유형에 익숙해져 있을 뿐 아니라 아직 임시적이기는 해도 잠정적으로 중요한 메모들도 추가되어 있다. 다음 단계의 분석, 즉 생성된 주제 전개에서 초점이 되는 것은 바로 규모가 커진 이 자료 세트이다.

생성된 주제들을 살펴볼 때 자료 처리 작업은 변하게 된다. 분석가는 탐색 논평들 간의 상관성과 연관성과 양상 조사라는 측면에서 복합성을 유지하면서 동시에 녹취본과 초기 메모들 자료의 양을 줄여나가고자 한다. 이 지점에서 분석적 초점 전환이 일어나 녹취본 자체보다는 초기 메모들을 주로 다루게 된다. 그러나 탐색적 논평이 종합적으로 이루어졌다면 원본 녹취본과 아주 밀접하게 관련되어 있기 마련이다.

생성된 주제를 식별하기 위한 탐색적 논평의 분석에는 녹취본의 독립된 덩어리에 부분별 초점 맞추기가 포함된다. 그러나 이 분석에는 초기 기록의 전체 과정을 통해 알게 된 사항을 기억하기도 포함된다. 생성된 주제 식별 과정에는 인터뷰의 이야기 흐름 끊어놓기가 포함되므로 처음에는 자료 재구성으로 참여자의 경험을 해체하는 듯한 작업이 불편할 수 있다. 이 과정은 지속적 해석 과정의 한 가지 징후를 대표한다. 분석이 진행되면서 본래의 전체 인터뷰는 일련의 부분이 되어버리지만 보고서의 분석 말미에서 새로운 또 하나의 전체로 통합이 된다. 이와 관련해서, 자료수집과 탐색적 논평에서는 상당히 참여자 주도이거나 참여자 중점이었기 때문에 분석의 조직과 해석 단계에서 중심적인 역할을 분석가 자신에게 돌리는 일이 힘들다고 생각할 수 있다. 그러나 IPA에서 I(해석적)와 P(현상학적), 이 두 가지의 중요성을 기억해야 한다. 각 단계에서 분석은 여러분을 참여자에게서 한층 벗어난 곳으로 이끌고 가며 여러분을 좀 더 많이 포함시킨다. 하지만 '바로 여러분'은 참여자의 인생 경험과 밀접하게 연관되어 있다. 따라서 분석의 결과는 여러분의 두 가지 공동 노력의 산물이다.

메모를 주제로 바꾸는 주된 작업에는 녹취본 부분 부분에 첨가된 다양한 논평들의 중요한 사항을 간결하고 함축적으로 설명하는 시도가 포함된다. 주제들은 보통 구로 표현되는데, 거기에는 심리적인 본질이 언급되고 근거가 충분한 특수성과 개념적으로 충분한 추상적 관념이 실린다. 초점은 녹취본의 각 부분에서 중요한 사항을 포착하는 데 있지만 전체 녹취본의 영향을 받기도 한다. 부분은 전체와 관련하여 해석되고 전체는 부분과 관련하여 해석된다는 지속적 해석 과정을 다시 한 번 기억하기 바란다. 〈도표 5.2〉에는 일부 녹취본인〈도표 5.1〉의 생성된 주제들이 제시되어 있다.

보는 바와 같이, 주제에는 참여자의 원래 단어와 생각뿐만 아니라 분석가의 해석도 반영되어 있다. 주제는 서술과 해석의 상승 과정을 반영한다. 초기 메모는 대단히 허술하고 개방적이고 임시적으로 보이는 반면에 생성된 주제에는 초기 포착이 들어 있고 그 이후의 이해가 반영되어 있다.

예를 들어, 첫 번째 생성된 주제인 성찰적 자아라는 표현은 초기의 탐색적 메모들을 담고 있다. 그것들은 언어사용에 관한 메모이고 또 에이즈 진단을 받아들이려는 자신의 노력을 제대로 얘기하지 못하는 잭의 능력에 관한 메모이다. 그러나 잭이 삶의 특정 시기에 일어나고 있는 일을 얘기하려고 시도했을 때 그런 노력은 인터뷰에 분명히 드러나 있다. 마찬가지로, 이 주제어는 잭이 말한 내용과 직접적으로 관련되어 있다. 즉 진단 이후 자기내면의 변화들과 자기 정체성을 이해하려는 잭의 노력과 관계가 있다. 더욱이, 표제 내 '자아'라는 단어의 사용은 이른바 자아의 '심리학적' 구성에 대한 분석가의 관심을 반영한다. 그것은 잭이 명백하게 언급한 것은 아니지만 그가 말한 내용과 단단히 연결되어 있다. 이처럼, 주제는 참여자와 분석가 두 사람과 직접적으로 관련된 이해의 범주를 망라한다.

같은 방식으로, 상실된 자아라는 주제는 잭의 이야기에 함의된 자아의 분열을 시사한다. 시간 주기라는 주제는 잭의 이야기를 좀 더 추상적으로, 즉 개념적으로 이해하는 방식을 보여주고 '단계'에 기반을 두고 있는 이론적 모델을 상기시켜준다. 이 단계에서 저 주제는 잭의 시간 의미에 대해 확실한 의견을 말하지 않는다는 점에 주목해야 한다. 그것은 그저 시간이 중요하다는 점을 나타내고 있을 뿐이어서 분석의 후기 단계를 거치면서 추후 전개될 여지가 있는 주제를 보여주는 좋은 예가 된다. 마찬가지로, 과정으로 대처 그리고 과도한 생각(반추)이라는 표현은 심리학 문헌에서 눈에 띄는 개념들과 관련된 주제어라는 점에 주목하기 바란다.

4단계: 생성된 주제들 간의 관련성 탐색

지금까지 녹취본 내에서 일련의 주제들을 규명하였고 그 주제들은 시간순서대로, 즉 나타난 순서대로이다.

〈도표 5.2〉 생성된 주제 전개하기

생성된 주제	녹취 원본	탐색적 논평
	I: 그것에 대해 좀더 얘기해 주겠어요?	
성찰적 자아 상실된 자아 시간 주기 과정으로 대처 과도한 생각 자아 찾기(과정) 문제가 되는 관계 자아관리의 일	R: 그것에 대해 좀 더요 음... 그게 뭔지 모르겠는데, 어... 제가 그것을 확실히 가지고 있기 때문이겠죠, 저는 정말 저는 정말 누구인지 모르겠더라고요... 여러 모로 제가 누구인지 모르겠더라고요, 그 당시, 진단을 받고 그걸 받아들이던 초기에, 저는 생각을 멈출 수가 없었죠, 음... 제 자신을 발견하는 아니 알아가는 과정을 거쳐야만 했어요, 음, 그리고 저를 알고 있는 사람들의 주변에 있는 동안, 뭐랄까 뭐랄까, 그게 진짜 진짜 피곤하다는 걸 알았어요 뭐랄까 뭐랄까 어쩌면 그들이 말을 할 수는 없었겠지만 뭔가 잘못되었다는 걸 그	감정적이고 복잡한 뭔가('제가/저는'과 '그것'의 반복)를 말할 때 근본적인 어려움은 없는가? 아주 강하면서 혼란스러울 정도로 힘든 감정들을 말하기 위해 애쓰는 분명한 의식. '정말'의 사용은 설명하려고 애쓰는 노력을 강조한다. 자기 성찰의 중요한 사안. Jack은 누구인가? 자기 성찰이 일어나는 여러 가지 방식. 당신 자신이 아니라면 당신은 누구인가? 진단과 자기성찰은 분명히 관련 있는가? 진단의 충격 시간단위에 대한 중요한 인식(이런 경험은 시간과 결부되어 있다. 이제 그는 그것을 받아 들였는가?) 어쩌면 단계 혹은 상처받기 쉬운 시기와 같은 개념들? 에이즈 생각에 사로잡힘 그 뭔가가 상실된 무엇으로 드러났다면? 그것들을 찾아낼 때 누가 결론을 내는가? 진단의 충격. 진단 때문에 자기자신을 잃어버렸다는 의미인가? 그를 알고 있는 사람들의 중요성. 이것은 사회적 상황의 중요성에 대해 무엇을 말해 주는가? 자아는 사회적인 것인가? '진짜'를 반복하여 그 일의 엄청남을 강조하고 있음 그것이 피곤하다고 생각 머뭇거리는 말 반복(뭐랄까, 뭐랄까, 제가, 제가) '잘못되었다.', 과거의 자신은 '괜찮았다'는 것인가? 피해망상은 다른 사람들이 자신을 보는 관점에 대한 과잉걱정인가?

생성된 주제	녹취 원본	탐색적 논평
연기하는 자아 자아를 변형시킨 진단 과거의 자아를 보호하기 위한 부정 진단과 새로운 자아를 인정하기 위한 노출? 과도한 생각 (반추)	확신했고 제가 피해망상에 빠져 있었기 때문이겠죠, 그래서 에이즈에 걸리지 않았던 제 모습처럼 보이려고 끊임없이 애쓰고 있었어요 그런데... 그건 본질적으로 그걸 훨씬 더 불가능하게 만들었어요, 뭔가를 생각하지 않으려고 노력하면 할수록 그건 점점 더 힘들어지니까요, 아시죠...	연기. 자신에 대한 다른 사람들의 인식을 관리하기 위한 처신. 의식적인 연기, 이것에 내포된 진정성의 결정적인 상실, 어떤 식으로 자기모습을 연기할 수 있는가? 누가 연기를 하고 있는가? 의료시술은 어떻게 이런 극단적인 상실감을 야기할 수 있는가? *목소리가 약해짐.* 상황이 불가능했다. 자신에 대한 내적 사고 정신내적인 과정이 함의됨. 생각에 대해 사유함. 자신의 정신의식에 일어난 주요한 변화 진단의 충격. 진단 때문에 당신은 생각에 대해 사유하게 되었나요? 자아에 대해 생각?
	I: 그러면, 그들, 그들은 당신이 생각하는 친한 친구들인가요?	그가 알고 있는 모든 사람 '과거의' 잭을 알고 있는 사람들을 먼저 의식하기 시작. 그러다가 '새로운' 사람들을 포함시킴. 타인이 중심이 됨. 그에 대한 그들의 생각(그의 상황을 알지 못하는 사람들까지 모두). 그가 밝히지 않았는데도 온통 마음을 차지하고 있다. 그는 쓸모 없다고 느꼈다. '제가/저는'과 '너무'를 반복사용, 의미를 강조.

생성된 주제	녹취 원본	탐색적 논평
문제가 되는 사회적 관계 애도와 비탄 (자신에 대한?) 상실–자아? 문제가 되는 사회적 관계 우울? 충격, 우울	R: 친한 친구, 가족, 모든 사람, 심지어 만난 적 있는 새로운 사람들에요. 그냥 어쩔 수 없다고 느꼈어요, 제가 너무 너무 쓸모 없다고 느낀 것 같아요, 저는 가지고 있지 않았으니까요 그, [한숨] 제가 느끼기에 제가 뭔가를 상실한 것 같다고 제가 느꼈어요, 어쩔 수가 없었어요 음... 그냥 모든 게 너무 피곤하다고 생각했어요, 어쩔 수 없이, 아무 것도 줄 게 없었고, 뭐라도 기여할만한 가치 있는 게 없구나 느껴졌어요, 아님 저 그거, 모르겠어요, 그냥 마치 전쟁신경증(shell shock)에라도 걸린 것 같았어요 [미안해하는] 음... 이게 대답이 되나 모르겠네요...	*한숨을 쉬다(비탄 공유?)* 그는 뭔가를 상실했다. 그는 모든 것이 피곤하다고 느꼈다. 진단의 충격. 거의 파국이나 다름없는 뭔가가 일어나고 있다. 진단의 영향은 아주 광범위하고 의학적인 것 이상이다. 모든 것이 가치가 없다. 그 자신을 사회적 관계 속에서 생각한다는 것은 이상하게 들린다. 이것은 건강에 관련이 없지만 다른 사람이 그를 어떻게 생각하느냐와 관련이 있나? 깊은 상실의 충격, 비탄, 가치, 과거에 그는 많은 것을 주었나? 그는 어떤 기여를 말하고 있는가? '전쟁신경증' 1차 세계대전(shell shock이 나온 시기), 공포, 충격, 어려움에 대한 엄청난 의식. 진단의 충격 *목소리가 약해짐.* *그가 괜찮은지 확인함. 아주 감정적인 순간.*

생성된 주제	녹취 원본	탐색적 논평
	I: 더 할까요? 그런 질문이 그거라고 생각하세요? [네, 네] 그리고 거듭해서 상실감, 쓸모 없다는 느낌이나 무가치하다는 느낌에 대해 굉장한 것들을 방금 얘기하셨어요. 그런데... 계속 얘기하시겠어요? [네 네] [불분명] 그런데 뭘 잃어버렸다고 얘기하고 싶은 거였나요?	*스스로에게 질문, 마치 자기 감정의 심각성에서 벗어나서 현실로 들어가려는 듯? 나의 질문에 대해 생각에 빠진 것인가 감정에 빠진 것인가?* *무엇을 잃어버렸는지에 대한 명료한 인식이 드러남. 언어사용이 더 분명해지고 쉬워지고 안전해짐.* 진단의 충격. 미래의 상실. 도덕심. 수명, 갑자기 감소.
기대된 자아에 대한 비탄과 애도 미래의/기대된 자아의 상실 반추적인 생각 자존감의 상실 자아를 변형시킨 진단	R: 그 그게 어... 내가 뭘 잃어버렸지? 음... 세상 속에서 항상 가지고 있던 느낌을 잃어버렸어요 뭐 그런 거 음... 어느 순간 내가 죽게 될 거라는 걸 깨달았죠, 그게 15년 뒤, 20년 뒤 그 이상이던 간에, 그게 일어난다는 것을 깨달았죠 그리고 어... 그게 제가 잃어버린 거라고 생각해요. 음... 또한 자존감과 자존심도 잃어버렸어요, 왠지는 모르겠지만 음, 제가 가졌던 관계 때문에 또 확실히 그 진단 때문에 음... 그게 제일 큰 부분이죠.	중년과 노년에 대한 개념이 제거되었나? 도덕성의 관점에서 불확실성에 대한 확신이라는 새로운 인식? 자신에 대한 자기 사유 속에서 많은 상실이 일어났다는 것을 분명하게 인식. 스스로에게 질문하기의 깊은 영향 상실된 자존감. 상실된 자존심 그가 겪은 일과 그것의 원인을 혼돈하고 있나? 원인은 부분적으로 그의 관계에 있었다(그가 감염된 곳). 원인은 역시 진단이었다. 진단이 주된 충격 이것에 대한 복합적인 원인을 깨달음, 관계와 진단. 총체적이고 주된 충격인 진단.

배열되어 있다. 다음 단계에서는 도표 작성 혹은 도표화, 그리고 분석가가 주제들의 관련성을 판단하는 과정이 전개된다.

다시 한 번 말하건대, 이 수준의 분석은 규범적이지 않기 때문에 분석을 조직하는 면에서 탐구와 독창성이 권장된다. 생성된 주제들이 이 분석 단계에 모두 통합될 필요는 없으므로 어떤 주제들은 무시될 수 있다. 이는 전반적인 연구질문 및 질문의 범위에 따라 어느 정도 결정되는데 이 단계에서는 판단을 보류하는 것이 좋다. 뒤에 이어지는 녹취본의 작업에 비추어 그런 주제들의 중요성을 재평가하기 위해 이전 녹취본으로 돌아갈 수 있기 때문이다. 하지만 실질적으로, 분석가는 생성된 주제들을 서로 관련 지어 참여자의 설명에서 가장 흥미롭고 중요한 모든 측면을 드러내 줄 수 있는 구조를 만들어내기 위한 방도를 찾고 있다.

관련성을 찾아내는 두 가지 기본적인 방법은 다음과 같다.

- 모든 주제들을 시간 순서대로 타이핑하여 목록을 만든다. 목록을 훑으면서 관련성 있는 주제들을 서로 묶는다. 어떤 주제는 자석 역할을 하면서 다른 주제들을 끌어당긴다.
- 그 주제 목록을 출력한다. 각 주제를 하나씩 담은 종이 띠가 되도록 그 목록을 잘라낸다. 그런 다음 마루바닥, 큰 카드, 게시판처럼 넓은 공간에 주제들을 펼쳐놓고 이동시킨다. 이렇게 하면 공간관계를 통해 생성된 주제들이 어떻게 서로 관련되는지 탐색할 수 있게 한다. 유사하거나 비슷한 이해를 대변하는 주제들은 함께 배치되어야 된다. 서로 상반되는 주제들은 공간 범위 내에서 반대쪽 혹은 종이의 반대쪽 끝에 놓이게 된다. 질적 분석을 다루는 다른 모든 접근법과 마찬가지로, 이 접근법은 어떤 사람과 어떤 연구에서는 잘 맞아떨어지는 반면 다른 연구에서는 적합하지 않을 수 있다.

지금부터 생성된 주제들 간 패턴과 관련성을 찾아내는 좀 더 구체적인 방법 몇 가지를 살펴볼 것이다. 다시금 반복하는 얘기이지만 이 방법들은 규범적이지 않다. 우리가 제시한 이런 아이디어들이 연구자를 고무시켜 IPA 분석 과정에 도움이 되는 관련 방법을 생각하게 할 수 있다면 우리 저자들은 만족할 것이다.

추상화(abstraction)

추상화란 생성된 주제들 간의 패턴을 파악하여 '상위' 주제라고 하는 것에 대한 이해를 전개하는 것이다. 여기에는 유사한 것들끼리 모으고 새로운 명칭을 만들어내는 일이 포함된다. Jack의 인터뷰 인용문으로 생각해본다면, 진단의 충격과 관련된 일련의 생성된 주제들로는 '과도한 생각' '애도와 비탄' '우울' '충격' '자존감의 상실'이 있다. 이것들은 '에이즈 진단에 따른 심리적인 결과'라는 상위주제를 중심으로 묶일 수 있다. 이 상위주제는 생성된 주제들을 조합한 결과물로서 더 높은 수준에서 나타난다(도표 5.3 참고).

〈도표 5.3〉 상위주제 전개를 야기하는 추상화

에이즈 진단의 심리적인 결과

과도한 생각	애도와 비탄
우울	충격
자존감 상실	

포섭(subsumption)

이 분석 과정은 추상화와 비슷하지만 생성된 주제 자체가 상위주제가 되어 일련의 관련 주제들을 종합하는 데 도움이 된다. 〈도표 5.4〉는 '자아변형으로서 진단'이 어떻게 상위주제가 되어 분명하게 관련된 다른 주제들을 종합하는지를 보여준다.

〈도표 5.4〉 상위주제 전개를 야기하는 포섭

자아 변형으로서 진단

자아 상실	애도와 비탄(자아에 대한?)
성찰적 자아	연기하는 자아
자아 관리 업무	과거의 자아를 보호하기 위한 부정
진단과 새로운 자아를 인정하기 위한 노출?	미래의/기대된 자아의 상실

양극화(polarization)

생성된 주제들 간 대립적인 관계를 찾으려면 유사성 대신에 차이점에 초점을 맞추어 녹취본을 검토해 볼 필요가 있다. 예를 들어, '자아변형으로서 진단'의 부정적인 측면들을 에이즈 진단과 관련된 자아변형의 긍정적인 측면들과 대비시키는 것이다. 이를테면, '자아의 재확인' '변함없는 자아' '자아의 재확립' '더 나은 사람 되기' '활기차게 사는 법 터득' 등을 열거한다. 그렇게 되면 이 대립적 관계 자체가 상위 수준에서 분석을 체계화하는 수단을 제공할 수 있다.

맥락화(contextualization)

생성된 주제들의 연관성을 파악하는 데 유용한 방법은 분석 내에서 맥락적인 요소들 혹은 이야기의 구성요소들을 규명하는 것이다. 시간 주제, 문화 주제, 서술 주제들을 적극적으로 경청할 필요가 있는데 이런 주제들이 인터뷰 내 지엽적인 이해들의 상당수에 기본 틀이 되기 때문이다. 녹취본은 참여자의 이야기에 의해 만들어지기 때문에 이야기의 특정 순간들, 즉 삶의 중요한 사건들과 관련된 생성된 주제들의 배열을 강조하는 것이 유용할 수 있다. 이러한 주제들은 녹취본 곳곳에 흩어져 있다. 예를 들어, 잭(Jack)의 인터뷰에는 일련의 중요한 '사건들' 즉 진단의 순간, 감염의 순간을 회상하는 설명, 친구에게 그의 상황을 최초로 밝힌 것, 지원그룹에 최초로 방문한 것, 에이즈 양성반응 남성으로서 최초의 성적 상호작용, 가족에게 털어놓음 등이 나타나 있다. 따라서 그 사건들이 자리 잡고 있는 시간적 순간의 관점에서 생성된 주제들을 조직할 수 있겠다.

수량화(numeration)

주제를 뒷받침해주는 빈도수를 고려하는 것에 간혹 관심을 가질 수 있다. 그러나 이것은 중요성을 나타내는 유일한 지표는 분명 아니므로 지나치게 강조되어서는 안 된다. 참가자에게 추후 일련의 의미들을 명백하게 밝혀줄 정도로 아주 중요한 주제인데도 딱 한번 언급되는 경우가 더러 있기 때문이다. 일례로, 잭의 경우 전쟁신경증이 이런 류에 속하는 것 중 하나일지도 모른다. 그러나,

수량화는 일부 생성된 주제들의 상대적 중요성을 표시하는 한 가지 방식이라고 하겠다. 간단히 말해, 수량화는 생성된 주제들이 녹취본 전반에 걸쳐 나타나는 빈도수를 반영한다. 이것이 처음에는 유난히 양적으로 보인다 하더라도, 그것 역시 생성된 주제들의 한 가지 유형으로 간주될 수 있다. 인터뷰 방식이 특별히 개방적이고 비구조화된 경우라면, 생성된 주제들이 나타나는 빈도수는 참여자에게 그것들이 갖는 상대적 중요성과 관련성을 드러내주는(유일한 지표는 아닐지라도) 하나의 지표로 받아들임은 타당하다.

기능화(function)

생성된 주제들은 녹취본에서의 구체적인 기능으로 검토될 수 있다. 예를 들어, 주제들을 긍정/부정표현이라는 기준으로 조직화함으로써 예증된 의미들의 상호작용은 인터뷰에서 자아를 제시하는 독특한 방식으로 해석되기 보다는 의미라는 관점에서 참여자가 제공한 내용 이상으로 해석될 여지가 있다. 그래서 진단 후 뒤따르는 자아변형의 부정적 양상들은(청자의 동정과 배려를 끌어냄으로써) 잭을 환경의 '희생자'로 자리매김하는 것으로 간주될 수 있다. 반면, '자아의 재 주장'과 관련된 긍정적인 주제들은(청자의 칭찬과 긍정적인 감정을 끌어냄으로써) 이야기 안에서 스스로를 '생존자'나 '영웅'으로 자리매김하는 수단으로 간주될 수 있다.

곧이 곧 대로인 이런 식의 분석이 참여자와 그의 생각에 대한 집중에서 벗어나는 것처럼 보이겠지만 그것 역시 자료의 깊은 해석을 가능하게 한다. 언어 사용의 기능은 필연적으로 참여자가 의도한 의미와 생각들과 깊이 얽혀 있다. 분명히 이런 유형의 분석이 담론과 내러티브 분석에서 나온 관념들에 의지하고 있지만 경험적인 것에의 몰입을 병행한다. 우리 연구에서는, 이러한 이야기 자리매김들이 잭에게 자아의 접점을 일부 대변하는 것이고 어떤 의미에서 잭은 자신을 지배하고 있는 자아들과 상반된 모습으로 자아를 소유하고 있다고 말할 수 있다. 사실 그 관계가 훨씬 복합적이라서 둘 중 어느 하나라기보다는 양쪽 모두를 포괄한다.

통합화(bringing it together)

상기의 전략들은 명백히 상호배타적이지 않다. 여러분에게 타당한 것들과 여러분의 자료들을 활용해야 한다. 주제들을 하나 이상의 방식으로 조직하는 것 자체가 창의적이며 상위 수준의 분석으로 끌어올려 준다. 일정한 패턴과 관련성의 탐색 과정이 끝나고 그 결과에 분석가가 편안함을 느낀다면 이 분석의 중요한 단계가 어떻게 진행되었는지 기록하는 일이 중요하다. 연구일지를 계속해서 작성하는 일, 즉 분석 작업의 절차와 논평을 규칙적으로 기록하는 일이 유익하다는 사실을 확실히 깨닫게 될 수 있다.

그 다음으로, 분석가는 생성된 주제들의 구조를 그림으로 제시할 수 있어야 한다. 이것은 도표라든가 그림으로 나타낼 수 있고 혹은 연구자가 생각하기에 유익한 다른 방식으로 해도 된다. 이는 분석과정에서 생성된 형태를 고려하는 일에 도움이 될 수 있다. 〈도표 5.5〉에는 요통의 심리적 영향을 고찰하는 연구에 참여한 한 명의 환자에게 나타난 생성된 주제들의 간략 도표가 예시되어 있다(상세 자료는 Smith & Osborn, 2008 참조). 이 도표는 분석에서 도출된 세 가지 상위주제들의 전개와 각각의 하위 주제들을 보여준다. 각 주제가 위치한 페이지와 행, 그리고 참여자가 사용한 주요어들을 명시해두면 후일 그 주제의 출처를 알려주므로 유익하다.

분석에 도움이 되는 다른 절차들

생성된 주제들의 파일을 만들어 녹취본에서 인용한 부분들을 통합하기. 지엽적 분석에 도움이 되려면, 녹취본의 부분발췌들의 통합 파일을 만들어둔다면 유익하다. 각 생성된 주제에 대해 문서 새로 만들기를 하고, 거기에 주제 제목을 사용하고, 이 파일을 별도로 구별 짓고(예: 녹취본 행 번호 사용), 관련된 모든 부분발췌들을 붙여넣기 해야 한다. 분명히, 각 생성된 주제의 빈도수에 따라 저런 파일들의 길이와 용량이 다양해질 것이다. 이런 과정은 각 주제의 내적 일관성, 상대적 포괄정도나 특수성을 살펴보는 데 도움이 된다. 또한 특정 주제의 지엽적 분석을 발전시켜나가는 데에도 도움이 된다.

컴퓨터로 논평하고 주제화하기. 지금까지 우리는 주로 인쇄 자료로 작업하는 과정을 주장했다. 이제 이 모든 과정을 컴퓨터로 수행하고 있는 사람들이 있다. 이런 작업이 통상적인 관행이 아닌 신참 연구자에게 반드시 컴퓨터로 작업하라고 권장하지는 않는다. 그러나 컴퓨터 작업이 통상적이라면 텍스트의 각 섹션이건 전체본이건 원본 녹취본에서부터 최종적인 상위주제들로 연결되는 분석의 흐름을 한 방향으로 보여주는 일련의 열들을 만들어 놓으면 좋다.

〈도표 5.5〉 통증 연구 참여자 한 명에 대한 상위주제 및 주제 도표

주제	페이지/행	주요어
원치 않는 자아와 살아가기		
고통 때문에 나타난 달갑지 않은 행동	1.16	그건 고통이다
자아와 정체성을 받아들이려는 노력	24.11	나는 누구인가?
진정한 자아로서 거부된 원치 않는 자아	24.24	증오스러운 부분
자아들의 갈등	7.11	나, 내가 아닌
이해될 수 없고 통제될 수 없는 자아		
자아 통제력 부족	24.13	어쩔 수 없다
변화 거부	1.7	여전히 그대로인
암시/함축 피하기	10.3	차이가 없는
달갑지 않은 느낌		
수치심	5.15	혐오스러운
분노와 고통	24.9	강한
공감 부족	6.29	상관없다

5단계: 다음 사례로 넘어가기

단 하나의 사례를 사례 연구보고서로 작성할 수 있다. 그러나 연구프로젝트에는 하나 이상의 사례가 들어가는 것이 더 일반적이다. 그래서 다음 단계에서는 다른 참여자의 녹취본이나 이야기로 넘어가는 법을 다루면서 절차를 반복한

다. 다른 사례를 그 자체의 방식으로 다루는 것, 그 자체의 특성을 공평하게 다루는 것이 중요하다. 이것이 뜻하는 바는 두 번째 사례를 연구하는 동안 가능하다면 첫 번째 사례 분석에서 생성된 관념들을 배제해야 한다는 것이다. 두 번째 사례 연구에서는 어쩔 수 없이 첫 번째에서 찾아낸 내용들의 영향을 받게 된다(현상학적 용어로 말하자면, 그래서 여러분의 '선행구조'가 이미 변하였다). 그러나 IPA에는 새로운 주제들이 각 사례에 따라 생성되게 하는 중요한 기술이 있다. 상기했던 단계들을 체계적으로 엄밀하게 따른다면 이런 일이 가능하다는 것을 보장해준다. 그렇게 되면 후속 사례들의 진행이 가능하다.

6단계: 사례들에서 패턴 파악하기

다음 단계에는 사례들에서 반복되는 패턴을 찾아내기가 포함된다. 통상 이것이 의미하는 바는 넓은 장소에 각 도표나 그림을 펼쳐놓고 그것들을 살펴봐야 한다는 것이다. 사례들간에는 어떤 관련성들이 있는가? 어떤 주제들이 가장 강력한가? 이렇게 함으로써 가끔은 주제들을 재구성하고 재분류하게 된다. 이는 특별히 창조적인 작업이 될 수 있다. 종종 분석을 좀 더 이론적이라고 인식되는 수준으로 나아가게 하는 데 도움이 된다. 예를 들자면, 개별 사례에 특정된 주제나 상위주제가 모든 사례에서 공유되는 고차원적 개념의 실례를 대표하기도 한다. 최고의 IPA 연구 중 일부에는 이런 이원적 속성이 나타나 있어서 참여자가 고유한 개별특성적 사례뿐 아니라 공동의 고차원적 속성을 대표하는 방법들을 다루고 있다. 이 과정의 최종 결과 역시 여러 가지 방법으로 제시될 수 있다. 이를테면, 도표 형태를 사용할 수 있겠으나 이 경우엔 전체 집단의 관련성을 보여줄 수 있다. 거의 대부분은 집단의 주제 도표 형태를 사용하여 상위주제 내에서 주제들이 어떻게 처리되는지를 보여준다. 〈도표 5.6〉에서 프니나 쉬네본의 중독 경험에 관한 연구(근간)에서 인용한 간략 예시를 참고하는 것이 도움이 된다.

〈도표 5.6〉 집단을 위한 주제들의 종합 도표

A. 중독에 초점	
고통인 중독	
Katherine: 중독은 당신이 많은 보석금을 가져야 한다는 것과 같고 독으로 가득 차 있는 것 같아요.	682행
Tracey: 마루바닥에 오줌을 누고 토하고 울고 그래요.	178-179
Susie: 잠에서 깰 때마다 어디 있었는지 몰라서 피해망상에 빠지고 무서워요.	284-285
Meera: 목욕을 하거나 요리하는 것처럼 그냥 보통의 일상이예요. 번거롭게 잘 먹을 필요도 없었어요	218-219
Claire: 완전한 절망감…이것을 처리할 수 있는 유일한 방법은 자살하는 것일지도	291-292
중독 행동에 빠진 정도	
Claire: 남은 게 없을 때까지 아니면 의식을 잃을 때까지 멈출 수가 없어요	131-132
Meera: 모든 게 소진 되었죠, 알코올이 저를 소모시켜요	44
Susie: 어디를 가건 보트카 한 병을 들고 다녔어요. 버틸 수가 없었죠	259
Tracey: 원하는 거라곤 코카인뿐이었어요. 친구라거나 뭐 그런 거에 전혀 신경 쓰지 않았어요	263
Katherine: 아직도 그걸 몸에 쑤셔 넣어요. 내 몸은 아니라고 말하고 있는데도 여전히 그렇게 해요	33-34
지지가 되는 중독	
Susie: 저의 최초 사랑이고 유일한 사랑이 마약과 알코올	241
Meera: 제가 느끼고 있는 것을 향상시키기 위해 가끔씩 술을 마셔요	568-569
Julia: 술이 깬 상태로 그걸 직면하면 안전하다는 느낌이 들지 않았어요, 제 말은 그것 역시 불완전하다는 거에요	199
Claire: 그걸 이겨내는 방법이 술을 마시는 거였고, 그게 자신감을 더 가지게 해줬어요	70-71
B. 자아에 초점	
자아 인식	
Claire: 항상 제 자신을 몰아쳤던 면이 있었어요, 이건 만족스럽지 않아 라는 식으로	590-591
Susie: 항상 다른 사람들하고 비교하다 보니 제가 만족스럽지 않다고 느꼈어요	304-305
Katherine: 제 삶 속의 저 자신이 정말 마음에 들지 않았어요. 만족스러웠던 적이 없었어요	495
Tracey: 나는 무가치해 아니면 아무도 내게 신경 쓰질 않아 이런 생각들	537
Julia: 감정들을 차단하고 싶었을 뿐에요	42

C. 관계에 초점 *가족 내 관계의 역동성*	
Katherine: 제가 아주 어렸을 때 어머니가 항우울제를 먹였어요……어머니가 중독자였어요	44
Claire: 아빠가 알코올중독자였는데 저는 정말로 그렇게 생각하지 않았어요……그러다가 아빠는 떠났어요	60-61
Julia: 저는 엄마와 비슷해요……우리 두 사람은 주기적으로 우울증에 빠졌던 것 같아요	177-178
Susie: 오빠가 알코올중독자여서 싸움을 일으키곤 했고 우리는 한통속이었어요	290
Tracey: 저는 술에 너무 취해 있어서 동생을 돌볼 수가 없어요 언니가 동생을 돌봐야만 해요	204-205
관계의 양상	
Katherine: 저는 동침할 때 남자들을 이용하고 있다 생각했어요... 제가 성적으로 학대 받았기 때문인 것 같아요	38-40
Claire: 저는 평생 남자들과의 관계가 엉망이었어요…..항상 제 아버지 같았어요	71-72
Julia: 사람들은 만족해 해요…..다른 사람들이 당신에 대해 생각하는 것에 맞춰 살려고 노력하면서	97
Susie: 보살핌 중독자, 모든 사람을 보살피고 있어요	70-71
Tracey: 저는 다른 사람 돌보는 걸 좋아해요 그게 행복감을 주니까요	610-611
Meera: 저는 그저 어떤 사람도 만나고 싶지 않고 뭘 하고 싶지도 않고 다른 사람과 관계를 맺고 싶지도 않았어요	174-175
D. 회복에 초점 *고통스러운/힘든 과정인 회복*	
Katherine: 벽돌을 하나하나 쌓듯 혼자 힘으로 일어서야죠 손가락에 피를 흘리고 가진 모든 것을 쏟으면서	576-577
Susie: 그건 지속되는 과정이죠, 남은 인생 동안 계속되죠	79
Tracey: 당신은 쉽게 고쳐질 수 없어요	838-839
Claire: 원래 생활로 돌아가는 데 시간이 많이 걸려요	827
Meera: 저는 아직 시기상조인 것 같아요	527
회복의 지지	
Katherine: [알코올중독자 모임에서] 생애 처음으로 이해해주는 사람들 주변에 있는 것 같이 느꼈어요	272-273
Susie: 처음으로 감정적인 지지를 받는 것처럼 느꼈어요	376-377

Meera: 지지 받는 장소에 있으려고	287
Tracey: 이런 모임에 오면 당신의 감정들을 표현해요	435-436
Claire: 무섭기는 해도 우리 모두가 다 겁을 먹었죠, 우리는 모두 같은 일[회복]을 하고 있어요	382-383
Julia: 저는 거의 매일 운동하러 가요 그게 우울증에 도움이 되니까요	173-174
회복되는 자기의식	
Katherine: 술을 좋아하기 때문에 마신 게 아니라는 걸 이제 깨달아요. 도피하기 위해 마셨어요	30-31
Susie: 그건 또한 내가 누구인지를 알아내려고 노력하는 거에요	83-84
Tracey: 옛날 상태로 다시 돌아가게 될 거라는 걸 알고 있기 때문에 정말로 술을 끊고 싶어요	84-85
Julia: 내게 무슨 일이 일어나고 있는지 알아내고 있어요	134
회복의 의미	
Katherine: 누군가가 눈가리개를 벗겨줘서 제가 볼 수 있게 된 것처럼 느껴져요	633
Susie: 완전히 새롭게 다시 시작하는 것 같아요	45-46
Claire: 완전히 다른 생활 방식	13
Meera: 단순히 정상적이 된다는 것	942
Julia: 일을 제대로 처리한다는 것…..조금 더 나아진 당신의 삶을 찾을 수 있다는 것	33-34
Tracey: 5년이 지나면 결혼한다는 희망 그리고 애기를 가진다는 희망 그리고 금주	399

이런 집단 도표는 연구자가 참여자에 대해 말하고 싶은 가장 중요한 사항들을 포착하고 있다는 만족스런 완성 의식 및 그 사항들의 합당한 배열이 나타나 있다.

깊이 있게 고찰하기: 해석의 수준

IPA에서 시사적인 쟁점들 중의 하나가 해석의 수준이다. IPA는 언제나 해석 연구이지만 그 해석의 수준은 상이하다. 우리 경험상, 신참 연구자는 지나치게 조심하는 경향이 있어서 지나치게 묘사적인 분석을 한다. 연구자가 더 깊이 파헤치는 데 도움을 주고자, 바로 여기에서 짤막한 인용문에 대한 분석을 제시하여 IPA에서 가능한 여러 가지 해석 수준들을 보여줄 것이다. 이 설명은 스미스(2004)의 논문에 처음 수록되었다. 우리는 이 절차를 2장에서 처음 논의했던 지속적 해석 과정의 관점에서 살펴볼 것이고 이 분석의 일부를 2장에서 간략하게 처음 소개했다.

5장에서 지금까지 우리는 주로 부분을 다루고 전체를 다루는 식으로 진행해 왔다. 즉 특정한 것에서 좀 더 전체적인 것으로 서서히 점진적으로 진행하는 과정이었다. 이제는 반대 방향으로 진행하겠다. 전체 녹취본을 분석한 후에 특별한 울림이 있는 단락을 찾아 그 부분을 좀 더 깊이, 상세하게 읽어나가는 식으로 진행한다. 이런 유형의 절차에서 한 가지 고무적인 특징은, 짤막한 인용문 부분의 심도 있는 분석이 인터뷰의 완성본인 전체 분석을 명확하게 해주고 전체 분석에 필수적인 것으로 간주된다는 깨달음이다.

아래 단락의 출처는 조나단과 마이크 오스본이 수행한 만성 하부요통의 개인적 경험에 대한 연구이다(Osborn & Smith, 1998). 요통을 토론하는 인터뷰에서 린다(Linda)는 다음과 같이 말한다.

> 세 자매의 중간이라서 제가 가장 건강하다고 생각해요 제가 가장 건강하다고 생각했죠 말(horse)처럼 일 했어요 제가 가장 강했다고 생각했죠 그런데 갑자기 줄어들었어요 과거에 했던 것의 절반도 할 수가 없어요. (Osborn & Smith, 1998: 70)

우리 의견으로는(적어도) 세 가지 수준의 해석이 이 IPA와 일치한다. 첫째, 린다는 자신을 자매들과 비교하는데 이것은 린다가 인터뷰에서 보여준 일련의 사회적 비교의 일환이다. 그 다음 수준에서, 우리는 그녀가 은유를 사용하는 방식을 살펴볼 수 있다. 린다가 자신을 말에 비교하고 있는 부분에 대한 우리의 해석은 다음과 같다. 린다는 이 은유를 사용하여 과거에 자신이 소유했던 강함을 과장하고 있고 이는 지금 자신이 얼마나 약해져 있다고 느끼는지를 강조하고 있다. 관련해서, '줄어들었어요' 역시, 우리가 그 표현을 읽었을 때 베어지고 있는 풀의 이미지를 보았던 것처럼, 은유적 무게를 지니는 것으로 읽을 수 있겠다. 린다가 지금 얼마나 부실하다고 느끼고 있는지에 대한 상징으로서 말이다.

세 번째 수준은 텍스트를 훨씬 더 상세하게 해석하는 미시적 분석이다. 여기에 조나단의 논문(Smith, 2004)에서 상당한 분량을 인용 제시한다.

> 제시문에서 시간을 지시하는 어휘들을 살펴보면 린다는 처음에 현재 시제를 사용한다.
>
> 세 자매의 중간이라서 제가 가장 건강하다고 생각해요.
>
> 이렇듯 처음에 우리는 린다가 현재의 자신을 언급하고 있다고 생각할 수 있다. 세명의 자매라는 사실은 변함없고 출생 순서도 결코 변하지 않으니까 당연히 그럴 것이다. 그러나 '제가 가장 건강하다'는 말로 린다가 의미하는 바는 '제가 가장 건강했었죠'가 확실하다. 실제로 곧바로 린다는 과거 시제로 넘어간다.
>
> 제가 가장 건강하다고 생각했죠 말처럼 일 했어요 제가 가장 강했다고 생각했죠.
>
> 이는 린다가 지금은 상실하고 없는 아주 강한 체력을 가졌던 과거의 어느 시점을 언급하고 있다는 사실을 확인시켜준다고 하겠다. 아니면 '제가 가장 건강해요'와 '제가 가장 건강했죠'에 드러난 이 분명한 모순을 어떻게 설명할 것인가? 마땅히 이것은 린다의 심리적 갈등의 핵심을 드러낸다고 하겠다. 린다의 정체성은 요통으로 피폐된 상태이기 때문이다. 이와 같이, 한편에서 린다는 자신의 정체성 즉 강하고 당당하고 자율적인 자아를 상실했다는 것, 쇠약하고 연약한 자아로 대체되었다는 것을 인정한다. 다른 한편에서 린다는 여전히 자신을 강한 자아와 어느 정도 '동일시하고 있어서' 그녀의 정체성 역시 여전히 아주 건강한 존재의 이미지로 표현된다. 그런 식으로 린다는 두 개의 존재, 즉 만성적 통증에 의해 규정된 새로운 자아를 받아들여야만 하는 존재와 자신이 겪는 고통에도 불구하고 과거의 자아에 매달리고 싶은 존재 사이에서 싸우고 있다. 이 투쟁은 바로 제시문의 시간 변화에 그대로 예시되어 있다.(p. 45)

이와 같이, 몇몇 단어에 대한 미시적 분석은 부분을 전체와 연결 지으면서 제시문 전체, 그 다음으로 인터뷰 전체의 해석을 견고하게 한다. 위에 제시된 해석은 녹취본 전문에서 벗어나고 있는 분석과 일관성을 유지하고 더 나아가 그 분석에 새로운 사실을 보여주면서 자료를 다룰 때 확신을 강화해준다.

끝으로, 지금까지 제시한 세 가지 분석 수준을 하나하나 네 번째 유형의 해석과 대조할 것이다. 우리는 이 해석이 IPA에 경계를 지어주는 것이라고 생각한다. 여기에 조나단의 동일 논문에서 발췌한 인용을 계속해서 제시한다.

> 마지막으로, IPA 분석의 한계를 명확히 하기 위해, 필자는 네 번째 형식의 해석을 언급하고자 한다. 이 해석 방법은 최근의 워크숍에서 IPA 분석을 제시했을 때 필자에게 제안되었던 것이다. 어느 참여자가 지적한 바로는, 정신역학 분석가라면 말(horse)은 분명히 현재 상황으로 좌절된 린다의 성욕을 상징한다고 주장할 수 있다. 이 지적은 필자에게 IPA에 근간을 둔 해석과 정신분석을 차용한 해석 사이의 차이점을 분명히 보여준다. 지적한 방식으로 제시문의 해석이 가능하다는 사실을 필자도 수용한다. 하지만 그런 주장은 어느 특정한 형식 이론을 적용하여 제시문에 '의미를 부여하고' 있다. 그에 반해, 정체성의 갈등이라는 관점에서 이루어진 필자의 설명은 제시문에 이미 나와 있는 내용의 정독에 기반을 두고 있고, 인터뷰의 다른 지점에서 참여자가 말했던 내용을 분석하여 도움을 받고, 일반 심리학적인 관심 정보를 활용하고 있지만 기존의 어느 특정한 형식이론적 입장을 따르지 않는다고 주장하는 바이다. 따라서 IPA와 정신역학 해석은 두 가지 상이한 인식론적 관점에서 출발하고 각각은 해석의 타당성을 위한 명시적 혹은 함축적 기준을 나름대로 가지고 있다. 해석의 권위를 위한 의존 방향이 상이하다. 정신역학적 입장의 경우 외부지향적이고 IPA의 경우 내면지향적이다.
>
> 이 구분은 명확성을 위해 아주 강한 형태로 제시되어 왔다. 그러나 늘 그렇듯 실제에선 뚜렷하지 않다. 첫째, 필자는 모든 정신역학 연구자가 예시한 방식으로 작업한다고 주장하지는 않는다. 몇몇이 그렇게 한다고 말하는 바이다. 정신역학적 성향의 연구자들 중에는 텍스트의 정독에 기초한 분석을 활용하여 제시된 텍스트 자체를 중시하는 이

들이 많다.

둘째, IPA 해석의 대부분이 텍스트에 밀착해서 행해지고 있을지라도 이런 해석을 할 때 참여자의 전기적 요소에 영향을 받아 해석을 하는 연구자가 있기 마련이다. 그렇다 해도, 기본에 충실하며 주의를 기울이고 자신의 해석을 부분적인 텍스트 자체에 견주어 확인하고 전체 텍스트/인터뷰의 다른 지점에서 얘기된 내용 및 전개 분석(Unfolding analysis)의 관점에서 검증하는 원칙이 존재한다.

셋째, 특정한 이론적 설명에 좀 더 의존하여 도움을 받고 싶은 경우가 종종 있을 수 있다. IPA 분석에서 이것은 텍스트와 해석의 거리감 때문에 분명히 어조의 차이로 두드러지고, 좀더 사색적인 특징으로 나타난다.

넷째, IPA는 형식이론과의 관련성을 체계적으로 만들어낸다. 그러나 이는 텍스트의 정밀 분석을 끝낸 후에 주로 이루어지고 IPA의 생성 분석에 따른다. 예를 들자면, 정체성의 싸움을 불러 일으키는 고통에 대한 해석을 할 때 차마즈의 자아 위협으로서 만성질환에 관한 연구(Charmaz 1991)와 연결짓는다.(Smith 2004: 45-46)

이 관련성은 2장으로 돌아간다. 거기에서 우리가 설명한 내용인즉, IPA는 공감의 해석학과 의심의 해석학 사이에서 중간 입장을 취한다. 어떤 해석이 공감의 현상학으로 시작하더라도 그 해석이 텍스트 자체에 세심한 주의를 기울이고 있다면, 즉 해석이 외부가 아니라 내부에서 나온 것이라면, 의문으로 가득 차 있어도 상관없다. 상기한 정신분석학적 해석은 명백히 외부에서 나온 것이며 리쾨르의 의심의 현상학에 속한다. 마지막으로 남은 문제! 의심의 현상학을 더 형식적으로 차용하고 있는 분석, 예를 들어 정신분석이나 담론 분석이나 비판 이론에 IPA 분석을 병행할 수 있다. 하지만 분석적 영향력의 차이점을 독자가 파악할 수 있도록 이 두 가지 해석을 따로따로 제시하는 것이 타당하다. IPA가 다른 이론적 접근법들과 결합되는 방식에 관한 자세한 논의는 12장을 참고하면 된다.

그렇다면 어떤 분석이 '적합한' 수준일까? 요통 발췌문에 제공된 해석의 수준들을 고려해볼 때, IPA가 생소한 학생이라면 첫 번째와 유사한 수준, 즉 여성 참여자의 사회적 상황을 비교했던 해석방식을 따르는 것이 좋다. 참여자가 사용한 동사의 시제를 세세하게 분석한 세 번째 수준의 해석은 상당히 정교하기 때문에 우리는 신참 IPA 분석가에게 이 수준의 작업을 기대하지는 않지만 그렇게 할 수 있다면 대단하다고 생각한다. 연구자의 자신감과 경험이 늘어나면 더 높은 해석 수준으로 올라갈 수 있기를 기대한다.

대규모 샘플 다루기

지금까지 텍스트 일부를 상세하게 살펴보기에 주력했으므로 이제는 그 반대로 대규모 샘플을 고찰해보고자 한다. 학생의 첫 연구에서는 대체로, 좋은 IPA 연구에 필요한 샘플 크기는 최대 6개로 충분하다고 제안했고 사실 그런 작업에 필요한 최적 크기는 3개라고 종종 주장하기도 했다. 이 정도 규모들이라야 위에서 상술한 일련의 단계들이 제대로 작용한다. 그 절차에 따라 각 사례를 상세히 분석하고 특정 개인의 패턴을 수록한 도표를 산출한다. 그 다음, 각 참여자의 도표나 그림들을 검토하여 그룹 전체의 주제들을 도출한다.

대규모 텍스트 샘플을 가지고 있다면 각 사례의 분석을 저 정도로 상세하게 할 수 없다는 것은 거의 자명하다. 이럴 경우, 강조점은 전체 그룹에서 중요한 생성된 주제들이 무엇인지를 평가하는 방향으로 옮겨가게 된다. 심지어, 사례 단계에서 생성된 주제들을 파악하고서도 모든 사례의 검토가 끝날 때까지 패턴과 연관성 탐색을 보류하게 되는 경우가 발생한다. 알다시피, 특정 분석의 세부사항 및 그룹과 개인 간 상대성 중요성이라는 측면에는 다양성이 풍부하다. 그러나 분석이 그룹 차원에서 이루어질 때 조차 IPA 분석의 특징은 그룹 차원에서의 주제들이 여전히 개인의 구체적 예시들로 예증된다는 사실이다.

이런 대규모 연구에서는 전체 사례에서 나타나는 반복성의 측정이 중요하다. 이때 중요한 결정은 개별적 연구에서 '반복성'의 상태를 어떻게 규정하느냐는 것이다. 예를 들어, 생성된 주제나 상위주제가 반복한다는 것으로 분류하려면 적어도 모든 참여자의 1/3 혹은 1/2 혹은 그보다 더 많은 참여자에게서 나타나야만 한다. 아울러 이 같은 집계는 대규모 텍스트에 대한 검토 결과의 타당성을 높여주는 방법으로 간주된다(11장 참고). 〈도표 5.7〉은 반복성 찾아내기를 예시하고 있다. 이 도표는 상위주제가 개별 참여자에게서 나타나고 있는지를 보여주고 그다음에 그 주제가 전체의 절반 이상에 분포되어 있는지를 산출한다.

〈도표 5.7〉 반복되는 주제 식별하기

상위주제	Fred	Bill	Sam	Iain	Dave	절반 이상의 샘플에 출현
진단 자아 변화	O	O	O	O	O	O
자아의 재주장	O	X	O	X	X	X
진단의 심리적 결과	O	O	O	O	O	O
에이즈는 생활 변화의 촉매제	X	O	X	O	O	O

반복성으로는 무엇이 중요한가에 대한 규칙은 없으므로 그 결정은 연구프로젝트의 전반적인 최종 생성물이 무엇인가와 같은 실용적 관심사에 좌우된다. 예를 들어, 박사학위 논문은 정책에 영향을 미치고자 하는 목적을 가진 재정 조직에 제출하는 보고서와는 필요조건이 다르다. 또한 반복성의 정도는 논평 및 주제의 수준에 좌우된다. 포괄적으로 표현된 상위주제는 구체적으로 표현된 상위주제보다 전체 텍스트 내에서 더 높은 빈도수를 가지게 된다. 이는 어느 수준이 다른 수준보다 더 옳기 때문이 아니고, 분석이 어떻게 전개되느냐와 분석의 사용 목적이 무엇이냐에 달려 있다.

아울러 기억해야 할 중요한 사항은 그룹 내 상위주제의 분포성을 보여줄 때 여전히 상당한 변이를 감안해야 하다는 것이다. 이질적인 참여자들은 서로 다른 주제에서 동일한 상위주제를 드러내 보일 가능성이 있다. 또한 동일 주제 혹은 동일 상위주제라고 해도 이질적인 참여자들이 그것을 뒷받침하는 방식에서 굉장히 달라 보일 수 있다. 많은 참여자에게 IPA를 실행할 때는 수렴과 분화, 공통성과 개별성 상이의 이런 관계를 절충할 필요가 있다.

지금까지 반복 주제를 알아내기 위해 사용할 수 있는 일련의 기준을 살펴보았다. 마지막 단계에서 연구자는 그룹 내 반복 주제들의 상호관련성을 그림으로 보여주는 방법을 찾아야 한다. 앞서 설명했던 과정들 중 추상화와 포섭 같은 과정이 다시금 여기에서 도움이 된다. 대규모 샘플을 다루는 연구에서는 큰 집단을 위한 주장을 하면서 동시에 개인의 소리에 초점을 유지하는 고도의 개별적 기술이 요구된다.

6장

글쓰기

서론

IPA의 모든 단계와 마찬가지로 IPA 분석을 기술하기 위한 단일한 올바른 방법은 없다. 글쓰기는 창조적인 과정이며 저자는 참여자와 마찬가지로 이야기가 구축되면서 발현될 목소리를 가진다. 여기서 우리는 이러한 과정을 도울 몇 가지 가이드라인을 제공하고자 한다.

보고서의 각 부분을 기술할 때 필요한 순서에 대한 규칙은 없다. 여기서 우리의 조언은 분석으로부터 분석 혹은 결과의 기술로 바로 이동하라는 것인데 이는 힘의 가속을 유지시켜 주기 때문이다. 또한 분석이 기술단계로 지속되는 경우가 있는데 이러한 과정을 통해 특정한 주제가 서술되기 시작하며 그것에 대한 해석을 발전시킬 수 있다. 그러나 이를 규칙이라 할 수 없다. 때때로 사람들은 보고서를 시작하면서부터 기술하고자 하며 결과 부문으로 넘어가기 전에 서론과 방법에 대한 초안을 작성한다. 또한 서론과 방법의 초안은 분석 동안 혹은 분석 이전 보다 초기 단계에서 이미 구성되어 있을 수 있다. 어디에서 시작하건 간에 좋은 글쓰기는 초안 작성과 재초안 작성 과정을 항상 포함한다. 이러한 과정을 통해 분석과 주장이 더욱 심도 있고 명확하게 되는 것이다.

여기서 우리는 첫째로 분석에 대해 논의하고 분석을 포함한 글쓰기의 다른 부분을 고려함으로써 가장 일반적인 순서를 따를 것이다.

분석 혹은 결과 부분

분석 혹은 결과 부분은 IPA 글쓰기에서 무엇보다도 가장 중요한 부분이다. 이 부분은 독자들에게 무엇을 발견하였는지를 보여주는 부분이라 할 수 있다. 당신은 연구 참여자들이 진술한 내용을 이해하도록 복잡하고 긴 과정을 거쳤다. 당신은 그 방법을 따라 다양한 도구를 가지고 그러한 과정을 포착할 것이다. 그러나 독자는 그런 과정 동안 당신과 함께 하지 않기에 연구에 처음으로 접근하는 독자들에게 연구 결과를 명료하고 종합적이며 설득력 있게 제시해야 한다.

3장에서 제시했듯이 독자는 해석학적 대화 내에서 주요한 역할을 수행한다. 참여자들의 경험을 이해하는데 있어서 당신이 분석한 내용을 독자가 이해하지 못한다면 그 분석은 전혀 가치가 없다. 또한 독자가 연구 참여자의 생생한 경험에 다가가는 유일한 방법은 연구자가 기술한 참여자의 이야기이므로 글쓰기는 IPA 과정의 중요한 부분이다.

따라서 IPA 글쓰기의 결과 부분이 전형적인 양적연구의 결과 부분보다 더욱 실질적이고 한편으로는 더 산만할 수 있다. 많은 부분이 필사본에서 추출된 것으로 구성된 반면 나머지 부분은 텍스트의 상세한 분석적인 해석이다. 여기서 목적은 두 부분으로 구성된다. 먼저 당신은 연구 자료에 대한 설명을 제시하고 자료들이 무엇과 같은지에 대한 느낌을 의사소통할 필요가 있다. 다음으로 자료에 대한 해석을 제공하고 그들 모두가 의미하는 것에 대한 사례를 제공한다.

무엇이 발견되었는지 간략한 요약인 개괄적인 내용을 가지고 결과를 시작하는 것은 도움이 된다. 이것은 집단 주제의 변형된 도표 혹은 목록일 수 있으며 도식적인 표현일 수 있다. 전체적으로 이러한 요약 도구는 단순화 해야 하며, 이는 독자들로 하여금 첫 번째 주제를 본격적으로 들어가기 전에 광범위한 전체적인 감각을 얻을 수 있도록 돕는다. 당신은 추후에 더욱 포괄적인 도표를 제시하거나 부록으로 제시할 수 있으며, 종종 모델이나 그림은 전체적인 틀을 제시하는 방법이므로 연구 결과 끝 부분에 제시하는 것이 바람직하다.

만약 당신이 3명의 연구 참여자들의 분석을 완성하였다면, 세 가지의 상위 주제를 나타내는 그룹 주제들의 표를 가지게 될 것이다. 여기서 표준은 당연히 상위 주제들을 일대일로 논리적인 순서로 배열하고 그 순서에 따라 기술하는 것이다.

먼저 첫 번째 상위 주제를 택하고 그 주제가 무엇인지에 대한 개요를 단문으로 작성해보자. 목적은 연구 참여자들에게 그 주제가 어떻게 적용되는지 구체적인 내용을 제시하는 것이다. 이는 본문에서 어떻게 표현되는지에 대한 상당한 변이를 나타내며 연구자와 수집된 자료에 따라 달라질 수 있다. 순서에 따른 정렬은 각 주제들을 차례로 배치하는 것이며 참여자마다 각 주제를 뒷받침하기 위한 증거를 제시하는 것이다(주제 내 사례). 그러나 때로는 참여자의 언어가 우선순위되는 개별기술 표현이 선호되며, 각 참여자의 주제와 함께 제시될 수 있다(사례 내 주제).

주제 표의 구조는 프로젝트에 따라 다양하다. 종종 각 상위 주제들은 일련의 내포된 주제를 가지고 있으며, 각 참여자들에게 적용할 수 있는 명확한 위계를 가지고 있다. 다른 프로젝트에서 상위 주제들은 조직적인 도구로 활용될 것이며 글쓰기를 통해 이러한 상위 주제가 참여자들을 어떻게 대변하는지 제시하고 더 낮은 수준의 주제는 불필요하게 된다.

어느 방법에서든지 당신이 해야 할 일은 참여자로부터 무엇을 배웠는지에 대해 명확하고 충분하게 이야기식으로 설명을 제시하는 것이다. 글을 쓰는 동안 당신의 사고는 당신이 축적한 모든 자료(추출한 자료, 초기 노트, 주제연구 저널에서의 노트 등)들을 이용할 것이고 당신은 자료로부터 충분한 인용문을 가지고 설명을 뒷받침해야 한다. 따라서 매번 당신은 새로운 주제나 자료의 측면들을 소개하고 참여자의 필사본으로부터 그것을 위한 증거를 제시할 필요가 있다. IPA에서의 I와 P 모두를 기억해야 한다. IPA는 연구자와 연구된 것이 합쳐진 산물이다. 당신은 참여자들로부터의 생생한 경험을 포착하고자 시도하는 것이지만 그것은 불가피하게 당신의 부분에 대한 해석을 적용하게 된다. 글쓰기를 살펴보는 한 가지 방법은 P를 제시하면서 참여자들로부터 발췌한 내용을 생각하는 것인 반면 자료에 대한 분석적인 논평은 I를 형성한다. 따라서 IPA 이야기는 참여자와 연구자와의 대화를 나타내며 그것은 분석적인 논평과 추출한 원자료들과의 얽힌 것들을 반영한 것이다.

참여자로부터 추출한 원자료를 제시하는 또 다른 이유는 당신의 근거 토대를 명료하게 하기 위함이다. 독자는 당신의 주장에 대한 증거를 점검하는 일과 그 주장들을 찬성 혹은 반대하는 입장에 서게 된다. 또한 논문에 제시된 이야기 설명이 단지 세 명의 참여자들로부터 일차적으로 상위 주제, 주제 혹은 참여자에 따른 구성인지에 대해 당신이 각 상위 주제들 혹은 각 사례로부터의 주제들을 위한 증거를 제시해 줄 것으로 기대한다. 참여자의 가명 혹은 독특한 식별로 각 초록에 표지를 붙여 독자로 하여금 분석에 따라 각 개인의 이야기를 따라 갈 수 있도록 한다. 첫 번째 주요 주제에 대해 글쓰기를 함으로써 두 번째 주제로 이동할 수 있고 같은 과정을 따라 이동하면서 역시 세 번째 주제로 이동할 수 있다.

일찍이 언급하였듯이 분석과 글쓰기 간에는 명확한 구분은 없다. 일단 기술하기 시작하면 어떤 주제는 더 크게 나타나기도 하고 다른 것은 사라지기도 하는데 이에 따라 보고서의 내용도 변화된다. 심지어 일부 인용문은 더욱 풍부하게 보이기도 하고 더욱 분명하게 보이기도 하여 그것에 대해 더 서술할 필요가 있다는 것을 공통적으로 발견하기도 한다. 이는 5장에서 제시된 자석(magnet) 은유와 비슷하기도 하다—일부 인용문은 다른 것에 비해 더 주제를 잘 드러내어 핵심 단계로 시작하면서 다른 인용문들은 보조적으로 활용하게 된다.

상당히 빠른 속도로 글쓰기의 초안을 작성하고자 시도하는 것은 좋은 생각이기도 하다. 일단 전체를 다 작성하고 나면 더 여유를 가지고 뒤돌아볼 수 있고 어떤 내용이 더 첨가되어야 하고 어떤 내용이 삭제되어야 할지를 결정할 수 있다. 초보 질적연구자들은 첫 번째 초안을 상당히 기술적으로 진술하는데 참여자들의 인용을 많이 첨부하면서도 연구자의 입장에서의 분석은 부족한 경향을 보이기도 한다. 두 번째 초안에서는 더 많이 서술하기 원하는 내용이 있으며 그것에 따라 인용 내용을 교정하거나 삭제하는 식으로 균형이 변화하게 된다. 따라서 두 번째 초안은 더욱 해석적이며, 연구자의 사고가 더욱 분명해지는 것이다. 그러나 각 주장이 참여자의 자료에 의해 뒷받침되어야 한다는 것은 정말로 중요하다.

물론 분석적인 기술의 형태에 영향을 주는 또 다른 요인으로 참여자의 수를 들 수 있다. 한 명의 참여자로부터는 포괄적인 상세 내용을 기대할 수 있다. 참여자의 수가 많을수록 인용 내용을 선정하는데 있어 더욱 선택적이어야 한다. 우리는 이 장의 마지막 부분에서 참여자들의 더 많은 숫자와 관련하여 논의할 것이다.

이 책의 섹션 B에서 이미 기술된 IPA 연구의 몇 가지 예를 확인할 수 있다. 일단 이 장을 끝내면 당신은 실제에 적용된 과정들을 이해할 수 있을 것이다.

다른 부분에 대한 글쓰기

여기서 우리는 다른 부분을 기술하는 것에 대한 간략한 가이드라인을 제시하고자 한다.

제목

제목은 독자의 관심을 끌어야 하며, 독자에게 당신의 연구 프로젝트를 알릴 수 있어야 한다. 따라서 제목은 당신의 연구 프로젝트의 본질을 압축적으로 포착할 수 있어야 한다. 때때로 제목의 주요 부분으로 한 참여자로의 짧은 인용문을 이용하는 것도 적절하다. 그러나 주의해야 할 것은 그 인용문이 당신이 말하고자 하는 가장 중요한 것을 요약할 때만 적용할 수 있다. 당신이 단일사례 연구를 서술한다면 이는 더 쉬울 수 있다. 제목의 두 번째 부분은 당신이 사용한 방법론을 언급할 것이다. 따라서 외로움에 대한 IPA 연구의 제목은 '외로운 것은 무엇인가: 해석 현상학적 분석'과 같다.

초록

당신의 목적은 연구한 내용에 대해 전혀 모르고 있는 사람들을 위해 당신이 할 수 있는 만큼 논문의 내용을 요약하는 것이다.

1. 연구 제목/ 문제를 정의하고 그것이 왜 중요한지를 언급한다.
2. 주제의 전반적인 문제를 소개한다.
3. 참여자에 대해 진술한다.
4. 자료수집과 분석방법을 간략하게 요약하고 왜 사용하였는지 설명한다.
5. 당신이 발견한 내용을 요약한다.
6. 발견한 내용이 무엇을 의미하는지 설명하고, 그것이 다른 연구 및 실무에 어떠한 관련성을 갖는지 설명한다.

서론

서론은 독자에게 프로젝트가 무엇인지를 알려주고 그것에 대한 합리적 근거를 설명하는 역할을 한다. 서론은 또한 당신이 연구한 것을 납득시킬 수 있는 배경 정보를 제공하기도 한다. 서론에서는 기존 문헌들에 대한 고찰이 아니라 당신이 이전에 문헌고찰을 준비하였다면 이것으로부터 이끌어 낼 수 있는 내용이라 할 수 있다. 근거에 대한 당신의 주장을 어떻게 설명할 수 있는지를 보여주는 논평과 함께 문단을 연결 짓는다. 당신은 다음을 수행해야 한다.

1. 당신의 연구 프로젝트가 무엇인지에 대해 진술해야 한다.
2. 연구 프로젝트가 왜 학술적으로, 당신 개인적으로 중요한지를 언급해야 한다.
3. 특정 영역에 있는 현 연구 상태를 발전시키기 위해 문헌을 압축적, 비판적으로 이용해야 한다. 이것은 종종 이 영역에서의 연구에 풍미를 더할 것이고, 만약 연구 영역의 대부분이 양적이라면 질적연구가 기여할 수 있음을 나타내야 한다.
4. 당신의 연구가 무엇을 설명하는지에 대한 특정한 쟁점을 규명해야 한다(어떤 것이 문제가 되고 결여되어 있는지, 최근의 연구인지 등).
5. 당신이 IPA 연구 방법을 사용하고 있다는 것을 설명하고 그것에 대한 이론적 근거를 제시하며, IPA가 당신의 연구 목적과 탐구 중인 현상에 어떻게 적합한지를 서술

해야 한다. 논문에서 당신은 다른 질적연구방법보다 왜 IPA 방법을 선택하였는지를 서술할 필요가 있다.

6. 연구질문의 개요를 작성하면서 마무리한다. 이러한 면에서 연구질문의 개요는 이전에 어떠했는지를 알리는 자연적인 정점이라 할 수 있다. 당신이 이미 무엇을 말하였는가에 대해, 연구를 통해 무엇을 살펴볼 것인지를 독자들에게 더욱 상세하게 설명해야 한다.

방법

방법은 당신이 실제적으로 무엇을 하였는지에 대한 단계적 가이드를 제공하는 직접적인 부분이다.

1. 당신이 표본을 어떻게 선정하고 접촉하였는지와 그들이 어떤 정보를 받았는지를 서술한다.
2. 당신의 참여자들에 대해 진술한다.
3. 당신이 인터뷰 일정 혹은 다른 자료수집 도구들을 어떻게 진행하였는지를 서술하고 그 일정을 제시한다(혹은 이 부분은 부록에 넣을 수 있다).
4. 인터뷰 과정, 인터뷰 기술, 자료들이 어떻게 기록되고 필사되었는지를 서술한다.
5. 분석의 순서를 설명한다. 자세한 내용은 표현의 수단에 달려 있다. 당신이 저널을 작성한다면 이것은 짧아야 한다. 논문이라면 이것은 더 구체적이어야 하며 당신이 구축한 도구들의 도해나 주석을 단 필사본, 주제 표 등을 포함해야 한다.

논의

IPA 연구에서의 분석 혹은 결과 부분은 보통 별개의 영역으로 간주되는데 이는 제시된 해석적 설명은 참여자들의 진술을 꼼꼼하게 읽는다는 점에서 그러하다. 이것은 현존하는 문헌에 대한 참고문헌 없이 수행된다. 논의에서는 기록이 변화하고 당신의 연구를 더 광범위한 맥락에 놓을 수 있다. 여기서 당신은 연구결과와 선행문헌 간의 대화에 관여한다. 당신이 발견한 것을 다른 연구에서 어떻게 명시하거나 문제화하는가? 아니면 선행연구가 당신이 발견한 연구 결과를 어떻게 해명하는가? 당신이 대화하고 있는 일부 문헌들은 서론에서 이미 제시될 수 있다. 그러나 IPA 연구의 특성상 인터뷰와 분석은 당신을 새롭고 예상하지 못한 영역으로 이끌 것이다. 분석의 가장 흥미로운 부분은 어떤 내용이 완전히 예상하지 못한 부분으로 연구 과정 중에 나타난 주제나 인터뷰 일정에 의해서도 예측하지 못한 주제들이다. 따라서 이러한 새로운 시각들의 틀을 구성하기 위해 연구의 분석을 마무리한 후에 몇 가지 추가적인 문헌탐색을 수행할 필요가 있다. 질적인 논평과 함께 논의 부분에서 몇 가지 문헌을 처음 서술하는 것도 괜찮은 방법이다. 서론에서와 같이 문헌에의 관여는 선택적이어야지 철저하게 하는 것은 아니다. 다양한 문헌과 각 문헌에서의 문장들이 있을 텐데 이들을 연구에 연계할 수 있어야 한다. 당신은 특별히 공명을 불러일으키는 일부분을 선정할 필요가 있다.

당신은 또한 수행한 연구에 대해 평가해야 한다. 연구 과정을 통해 무엇을 배웠는가? 그것을 어떻게 지금과 다르게 할 수 있는가? 연구에서의 장점과 그렇지 않은 점은 무엇인가? 당신이 수행한 것은 시작한 연구 질문과 얼마나 잘 연관되어 있는가? 당신의 연구는 임상에 의의를 가지고 있는가? 어떤 제안들이 추후 연구를 위해 제시될 수 있는가? 질적연구에서의 타당성을 위한 기준을 수행해야 하며, 자세한 사항은 11장을 살펴보아야 한다. 우리는 이러한 기준과 관련하여 체크리스트를 따르지 않는 성향들이 있다. 그러나 IPA를 적절하게 수행하는 것은 중요하고 타당성 기준을 수행할 수 있는 다양한 방법들이 있다는 점을 믿는다.

고려할 내용

혼합 부분

위에서 우리는 IPA 연구가 정상적으로는 논의와 분석이 별개라는 점을 밝혔고, 이 점을 명확하게 초보 연구자들에게 조언하고자 한다. 그러나 당신이 일단 경험이 축적되면 이 두 영역의 명확한 경계를 선정하지 않고 대신 주제를 선행 문헌으로 연관시킨다. 이러한 경우 결과와 논의는 하나의 부문으로 합쳐질 수 있다.

연구 출판 고려

당신이 왜 글을 쓰고, 누구를 위해 글을 쓰는지에 대해 생각해 보자. 대부분 IPA 연구 초보자들은 학위를 위한 논문으로 글쓰기를 준비할 것이고 필요조건들을 간략히 제시하는 핸드북이 있을 것이다. 이들은 학위과정과 기관에 따라 다양할 수 있으며 그들을 주의 깊게 읽는 것은 중요하다.

대신에 당신은 출판을 위한 저술을 할 수 있다. 여기에서 당신은 논문을 어떠한 저널로 보낼 것인지, 지도교수나 혹은 다른 경험있는 연구자들로부터 어떠한 조언들을 구할 것인지 주의깊게 생각해야 한다. 저널은 연구자들이 출간하는 연구 종류와 제출 필요조건에 따라 다양하다. 논문이 어떠한 모습이고 적용된 문체 유형이 무엇인지를 이해하기 위해 당신이 고려할 저널의 몇 가지 쟁점들을 살펴보아야 한다. 당신은 일인칭 시점으로 서술할 수 있는가? 저널이 실증적 연구를 서술하기 위해 더 전통적인 접근법을 요구하는가? 어떠한 저널도 공간이 제한적이고 단어 수의 제한이 있으므로 압축적으로 저술해야 할 필요가 있다. 당신이 긴 논문을 완성하였다면 역시 출판을 위해 어디에 제출해야 할지 주의 깊게 선정해야 한다. 전체 분석을 각각 개별적인 부문으로 나누는 것이 종종 가능한데 그럼으로써 각각의 부문이 저널의 중심부를 형성할 수 있다. 예를 들면 논문은 전체 20,000단어의 길이이고 다섯 명의 참여자로부터 이끌어낸 세 가지의 상위 주제로부터 10,000단어로 결과 부분을 채울 수 있다. 이러한 경우 당신은 3가지 논문을 작성할 수 있는데 각 논문 당 6,000단어이며 또한 각장은 서론, 방법, 논의로 구성된 3,000단어의 결과 부분에서 다양한 상위주제를 제시할 수 있다. 물론 이 작업은 주의 깊고 사려 깊게 행해져야 한다. 참여자의 총체적인 설명을 창출하는데 어려움이 있기 때문에 연구자는 분석을 너무 과다하게 해체하여 논문 내용을 왜곡하는 것을 원하지 않는다.

저널 기사에서는 선택한 주제에 대한 상세한 근거, 연구 과정의 기술 혹은 사용된 도구를 기술하기 위한 공간이 더욱 제한적이다. 또한 개인적인 고찰과 연구 과정의 평가를 위한 공간 역시 적은 편이다. 그러나 학위논문에서는 이러한 작업들을 할 공간이 있으며 논문 심사자와 심사 기관은 보통 이를 예상한다.

더 큰 표본을 가진 연구의 글쓰기

지금까지 우리는 6명의 참여자를 포함하는 적은 수의 표본을 대상으로 한 연구를 생각해왔으며, IPA 초보 연구자들에게 이 방법을 추천한다. 더 큰 표본을 대상으로 한 연구 프로젝트는 어떠한가? 여기서 우리는 이것을 하기 위한 제안된 순서를 제공한다. 물론 이것은 절대적인 규칙을 의도하는 것은 아니지만 발견적인 도움을 제공한다.

당신이 많은 수의 참여자들로부터 많은 자료들을 가지고 있다고 가정한다면 각 다시 반복되는 주제들을 가지고 있을 가능성이 있으며, 분석 과정은 원 필사본에서 추출된 인용문들이 있을 것이다. 주제들이 반복되기 때문에 대부분의 주제는 거의 비슷한 방법으로 자신의 경험에 대하여 진술하는 참여자들을 포함한다. 반복되는 주제(이 경우 집단 수준의 분석)에 대한 설명을 기술하는 것은 당신이 주요 주제로 고려되는 것을 요약, 압축, 명시하는 것이다.

반복되는 주제로 구성된 편집된 인용문을 가지고 이러한 내용이 전체적으로 무엇을 말하고자 하는지 몇 시간 동안 읽고 또 읽어야 한다. 그리고 나서 파일을 닫거나 읽고 있던 자료를 덮어둔다. 공유된 경험에 대한 당신의 분석이 무엇인지에 대한 요약본을 서술하는 것으로 시작한다. 이 작업의 초점은 당신이 분석가로서 참여자들의 경험에 대해 생각하는 핵심 방법들을 규명하는 것이다. 이것은 어느 정도 좋은 일반적인 글쓰기를 생성하고 참여자들이 무엇을 생각하고 경험하는지의 핵심을 밝힐 것이다. 일반적인 것에 초점을 둠으로써 '보고된 대부분의 참여자' 혹은 '많은 참여자'들의 수준으로 서술할 것이다. 대부분의 분석적 과정이 개별기술 수준에 맞추어져 있다고 한다면 반복적 주제를 구성하는 경험의 전체를 형성하는 각각의 개별적 경험을 인지하는데 실패할 수 없기 때문에 이런 글쓰기가 이상하게 느껴질 수 있다. 그러나 당신이 많은 수의 참여자들을 보고할 때 글쓰기를 진행하고 전체적인 청사진을 얻는 것은 필요하며, 이럴 때 이것은 바람직한 방법이다.

플라워즈, 데이비스, 하르트, 로젠가덴, 프랭키스와 임리(2006)에서 인용한 〈도표 6.1〉의 인용문은 글쓰기의 주제가 어떻게 집단 수준의 분석과 명확하게 연관이 되고 일반적인 텍스트로서 제시되었는가를 보여주고 있다. 이 짧은 인용문에는 공유된 경험의 전체적 기술과 결과를 집단 전체로 연관시키고자 하는 시도간의 지속적인 변이가 있으며, 전체와 부분의 해석적인 순환의 관계를 제시하고 있다.

〈도표 6.1〉 대규모 표본을 가진 연구의 짧은 인용문

인터뷰 시 HIV 진단은 대상자들에게 깊은 영향과 효과 측면에서 상당하다. HIV 양성 반응 결과를 받은 날짜는 모든 참여자들에게 중요한 날이었고 그들의 뒤이은 경험을 형성하고 사회적 정체성을 나타내는 측면에서 사건의 중요성을 반영하고 있다. 대부분의 참여자들은 HIV 양성 진단을 받았음에도 신체적으로 건강하고 증상이 없었지만 일부는 HIV와 관련한 질환을 진단받았다. 진단의 심리적 영향을 고려해 볼 때 대부분의 참여자에게 초기의 충격과 불신의 경험이 있었다. 진단의 순간은 즉각적으로 극적이고 부정적인 심리적 영향을 가지는 것으로 기술하였다. 참여자들은 보통 HIV 양성 결과의 의미와 가족, 배우자, 자녀와 미래의 건강과 수명에서의 함축성을 받아들이는데 분투하였다.

다음 단계는 전체 내에서 일부 개별기술적인 구체 사항을 채우는 것으로 진행된다. 첫 번째 할 일은 각 주제에서 추출된 인용문으로부터 한정된 숫자의 인용문을 선택하는 것이다. 이들은 몇 가지 면에서 집단의 견해 범위를 대표하는 것이 선정되어야 한다. 이는 참여자의 핵심적인 경험을 반영하는 전형적인 인용문을 선정하는 것이 도움이 될 것이다. 다른 인용문 또한 감정 혹은 은유적으로 내용이 풍부하거나 독자의 상상력을 포착하기 때문에 선택될 수 있다.

인용문을 선정하는 다른 방법은 인용문이 이전 혹은 추후 반복되는 주제들간의 좋은 연결을 설명하거나 분석의 다른 측면을 반영하는 등의 좋은 연계 인

용문일 수 있다. 또한 일반적인 패턴이 형성되면 당신은 모순과 복잡성을 명시하기 위한 몇 가지 비전형적인 인용문을 선정하기를 원할 것이다. 물론 당신은 이 작업을 하는 동안 명료하게 진술할 필요가 있다.

이러한 과정은 불안을 야기할 것이다. 제시된 인용문의 수를 제한함으로써 분석가 혹은 저자들에게 분석에 대한 설명에 더욱 자신감을 가지게 할 것이고, 많은 인용문에 의지하지 않게 한다. 모든 참여자들이 같은 내용을 진술한 짧은 반복적인 인용문을 적용하는 것은 의미가 없다. 분석 과정, 특히 반복되는 주제를 규명하는 것은 이러한 작업을 수행한다. 과다하게 많은 인용문을 제시하는 것은 독자에게 지나치게 방어적으로 보이게 할 수 있으며 분석가 또한 자신의 분석을 신뢰하지 않는다는 것을 함축한다.

동시에 당신의 주장이 정확하고 증거로 뒷받침이 된다는 것은 중요하다. 따라서 만약 주제가 대부분의 사례에 적용된다고 진술한다면 이는 독자에게도 같은 방법으로 이를 이해하도록 하는 것이 필요하다. 한 가지 가능성은 한 참여자에게 확대된 인용문을 주는 것이고 다른 일부 참여자에게 짧은 인용문을 주는 것이며, 나머지 사례의 주제를 제시하는 주제 표와의 상호참조를 제공하는 것이다. 이것은 독자에게 당신이 주장하는 일반성을 체크하도록 한다. 이와 관련하여 당신은 작은 수의 참여자들에게 억지로 과장해서도 안된다. 따라서 전반적인 글쓰기 작업에서 집대성은 표본의 수에 비례해야 하며, 각 참여자들은 당신이 설명을 통해 제시한 목소리인 것이다.

인용문이 일단 채택되면 그들은 위에서 요약된 일반적인 텍스트와 연결되어야 한다. 연구자는 각 인용문이 쓰여진 일반적인 텍스트와 어떻게 관련되는지 생각해야 한다. 여기에서 우리는 해석적 순환 내에서 작업하고 있으며 전체와 부분 사이를 지속적이고 역동적으로 이동하고 있다. 더욱이 우리는 인용문을 어떻게 설명하고, 이미 쓰여진 인용문에 어떻게 깊이를 부가할 것인지 생각해야 한다. 이것은 이미 기존의 텍스트에 연계하고 개별기술 수준에서 사고하는 것을 시작해야 한다. 당신에게 질문할 내용으로 이 연구 참여자들의 특별한 점은 무엇인가? 독자가 인용문을 이해하기 위해 참여자의 무엇을 알아야 하는가? 어떠한 전기적인 정보가 중요한가? 이 인용문은 전형적인가 아니면 비전형적인가? 인용문과 참여자를 소개하고 다음에 몇 가지 개별기술 분석을 기술하는 것에 대해 생각해 보자. 이 단계에서 본래 필사본으로 돌아가서 본래의 탐구적인 코드로 돌아가는 것은 중요하다. 주의해야 할 내용은 개인적 의미의 미시적 분석과 탐구적인 기록 내에서 기술된 언어 사용과 은유법이다. 〈도표 6.2〉는 우리 연구 중의 하나인 플라워즈, 스미스, 시런, & 베일(1997)의 인용문을 제시한 것이고 글쓰기를 어떻게 하였는지 주석이 붙은 논평을 보여주고 있다.

〈도표 6.2〉 글쓰기를 어떻게 하는가

	서술적 논평
관계적인 맥락에서 삽입을 하는 섹스는 관계에 대한 헌신의 표현으로 작용하며, 따라서 이러한 성행위는 일종의 이정표로 여겨졌다. 삽입을 하는 섹스가 표현적으로 작용하는 것은 관계발전의 맥락에서의 측면이다. 이러한 방법으로 다음의 인용문에서 피터는 수동적인 항문 성행위의 가능한 역할을 명시하고 있다. 파트너와의 관계에서 삽입을 하는 섹스의 중요성을 설명하는 핵심은 그 자신이 삽입을 받는 수동적 입장이 됨으로써 자신의 관계에 대한 헌신과 자기 몰입에 대해 표현하는 것이었다. 이러한 관계는 다른 사람과 달랐는데 왜냐하면 이 때 그는 그 자신의 일부를 억제하지 않았기 때문이다.	집단 단계에서 주제를 보여주는 일반적인 서술 추상적인 개념적 단계에서의 글쓰기 개별기술성을 접근하는 수단으로서 피터의 소개 피터의 삶과 밀접한 인용문을 통한 가이던스 피터의 삶을 보여주기 위해 사용된 핵심 단어 소개
내가 존(John)을 사랑하기까지 오랜 시간이 걸렸고 우리에게 있어 항문 섹스를 하는 것은 일종의 금상첨화라고 생각한다. 즉, 우리는 성적으로...하기 때문에 관계가 완벽하다는 느낌... 나는 항문 섹스를 하는 것이 성적으로 당혹스럽다고 생각한다. 우리가 그것을 하였을 때 우리의 장애물이 제거되었다는 느낌을 얻었다. 나는 항상 내 스스로의 일부를 억제해왔지만 그와의 관계에 있어 나는 여러 차례 깊이 빠져들었다.	

글쓰기 작업은 마치 주제가 별개의 독립체인 것처럼 주제를 다시 창조하기 때문에 글쓰기에서 이야기(논문의 전체적 이야기와 각 반복적인 주제의 더 작은 규모의 이야기)는 이런 단편성을 보상해야 한다. 주제를 다시 연결하고 전체적 분석으로 연결시키는 방식으로 이야기를 시도하고 기술한다. 논문 전체와 논문의 다른 부문에 걸쳐 이야기가 발전한다는 감각이 있어야 한다.

결론

이 장에서 우리는 IPA 연구를 어떻게 기술할 것인가를 생각해보았고 다른 결과물과 다른 표본 크기에 따라 요구되는 다양한 필요조건들을 논의하였다. 이 책은 몇 장에 걸쳐 바람직한 IPA 글쓰기라고 생각되는 예를 수록하였기 때문에 이 장에서 IPA가 무엇과 같은지를 나타내는 실례를 많이 제시하지는 않았다. 또한 이 장은 실질적인 측면의 부문에서 가장 마지막 부분이기 때문에 우리는 이 책의 다음 부분에서 실질적인 예시 부분을 다루고자 한다.

Section B

IPA 연구

이 섹션에서는 일단 기술된 IPA 연구가 무엇과 같은지에 대한 몇 가지 예를 제시한다. 목적은 독자들로 하여금 섹션 A에서 제시된 절차들이 이끄는 것이 무엇인지에 대한 사고를 제시하는 것이다. 연구들은 우리가 수행한 연구 결과로 올바르게 연구한 IPA의 좋은 사례들이라고 생각한다. 이 사례들은 조나단의 신부전증을 위한 투석 치료, 엄마됨의 전환(7, 10장), 폴에 의해 수행한 동성애자의 성과 성행위에 대한 태도(8장), 신경증에 대한 마이클의 연구 결과(9장)로부터 발췌한 것이다. 따라서 IPA 연구가 적용할 수 있는 연구 주제의 범위를 제시한 것이다. 각 장은 IPA 연구 접근법의 특징을 나타냈다는 점에서 특별하다. 이러한 특징은 각 장의 초반부에 도표로 요약하였으며 적절한 포인트로 논의되고 있다. 이 연구에서 제시된 모든 이름들은 사생활 보호를 위해 변경되었다. 또한 각 장은 다른 몇 가지 IPA 연구에서의 간략한 지침을 포함하고 있다.

7장

건강과 질병

서론

개인적 건강과 질병 경험의 쟁점을 탐구하고자 IPA방법을 이용한 연구가 많이 있다. 이 장에서는 조나단의 신부전증을 위한 혈액투석 치료의 심리적 영향을 탐구하는 내용을 상세하게 다룰 것이다. 분석 결과 질병과 치료가 환자의 정체성을 약화시키는 강력한 요소임을 알 수 있다. 이러한 예는 IPA 연구가 실상에서 무엇과 같은지를 보여줄 것이지만 자료들이 단일 참여자로부터 도출되었기 때문에 연구 방법의 개별적 투입을 예시화할 것이다. 이 장에서 강조한 IPA의 특정한 성질은 〈도표 7.1〉에 요약되어 있다. 이 장의 끝 부분에서는 건강과 질병의 측면들을 살펴보기 위해 IPA를 사용한 다른 연구들도 간단히 제시할 것이다.

〈도표 7.1〉 이 연구의 특성

- 한 여성의 경험에 대한 사례 연구이다. 이것은 IPA의 개별기술적 헌신과 일치하며 그녀의 특정한 경험의 상세한 이해를 가능하게 할 뿐만 아니라 워녹의 공유된 인간성 개념의 입장을 대변하기도 한다.
- 하이데거의 나타남(appearing)의 개념을 제시하였다. 여성이 주장하고 있는 한 요소는 표면적으로 투석에 대한 것이 아닌 것처럼 보이나 그것의 잠재적 의미가 분석을 통해 나타났다.
- 자료의 부분이 전체를 보여주거나 혹은 전체가 자료의 부분을 보여줌으로써 해석적 순환의 좋은 사례를 제공한다.
- 정체성의 약화와 같은 단일의 가장 포괄적이고 중요한 주제를 다루고 있다.

투석과 정체성의 약화: 신부전증 치료를 위한 혈액투석의 심리적 영향의 사례 연구

배경

혈액투석은 말기신질환을 위한 치료로 사용된다. 투석 동안 환자는 혈액을 추출, 정화, 교체하는 손상된 신장의 기능을 대신하는 기계에 연결된다. 치료 시기는 길고 빈번하며 3시간에서 4시간 소요되고 주당 3회 정도 실시된다. 투석은 주로 병원에서 이루어지고 기계가 집에 있는 경우 집에서도 수행될 수 있다.

투석은 생명에 위협이 되는 질병으로부터 지켜주는 치료법이다. 그러나 연구 결과에 따르면 투석으로 인한 부정적 심리적 영향이 있고 높은 수준의 우울 증상이 보고되고 있다(Watnick, Kirwin, Mahnensmith, & Concato, 2003). 심리적 건강에서 통제에 대한 인식은 이론적 구성에 있어 중요한 쟁점으로 작용한다. 투석 치료는 전형적으로 인식된 외적 통제위와 긴밀하게 연관되어 있으며 환자는 개인적 통제감을 상당히 상실한다(Martin & Thompson, 2000). 여기에서 내적통제위는 긍정적인 적응과 일치한다.

말기신질환에 대한 대부분의 연구는 양적연구이며 별개의 종속, 독립 변수들을 분리시키고 그들 사이의 관계를 연결시킨다. 이러한 연구들이 주제의 개괄적인 부분을 제시하고 있지만 말기 신질환자의 개인적 반응에 대한 현상학적 연구와 같은 상세한 조사를 시도하는 것이 주요 관심사는 아니다. 지금까지 매우 제한된 연구가 심각한 신장 질환을 대처하는 방법들을 풍부하게 제시하는데 도움을 주고 있다.

레이먼(Reichsman)과 레비(Levy)(1972)는 투석 환자들을 대상으로 초기부터 4년 동안 연구를 진행한 결과 환자들은 보통 3단계의 치료 반응을 보이는 것으로 나타났다. 허니문(honeymoon) 단계는 6개월 정도 지속되는 것으로 심각한 급성 증상으로부터 벗어나는 즐거움을 나타내는 것이다. 환멸(Disenchantment)은 그 다음에 오는 기간으로 이 기간은 보통 1년 정도 지속되며 치료에 대한 막대한 부담이 시작된다. 이 기간 동안 환자는 상당한 우울을 겪게 되며 자신의 질병에 대해 부정하기도 한다. 마지막으로 장기적응(long-term adjustment) 기간은 환자가 자신의 질병을 인정하고 그로 인한 삶의 영향을 받아들이는 단계이다.

그레고리, 웨이, 허친슨, 버렛과 파프리(1998)는 캐나다의 혈액 투석을 받고 있는 환자들을 대상으로 근거 이론을 적용하여 연구한 바 있다. 이 연구에서는 치료에 대한 환자의 신체적, 심리적 반응, 의료진과 가족들에 대한 태도, 질병과 치료에 대한 개인적 믿음 등을 탐구하였다. 이 연구는 신장 질환에 대한 문헌 연구에 상당히 기여를 하였는데 특히 환자로부터 상세한 설명이 제공되었다는 측면에서 더욱 그러하다.

스웨덴의 혈액 투석 환자에 대한 연구 분석에 따르면 하렌, 피터슨, 세버린슨, 루젠과 클린(2005)은 세 가지의 주요 주제를 도출하였다. 연구 참여자들은 투석으로 인해 자신에게 가해지는 상당한 제약에 대하여 언급하였는데 이를테면 업무와 여가 활동에 있어서의 제약을 들 수 있다. 또한 치료 과정에 대한 환자들의 반응으로 환자의 의료진에 대한 정서적 거리를 들 수 있으며, 제약을 관리하고자 하는 여러 시도들을 제시하였다.

여기에서 보고된 연구는 투석의 상세한 개인적 의미를 탐구하고자 함에 있다. 혈액 투석의 영향을 탐구하고 환자가 그것을 어떻게 받아들이는지를 고찰하기 위해 IPA를 적용하였다. 2장에서 우리는 연구의 개별기술 유형과 중요성을 논의하였지만 심리적 연구에서는 단일 사례의 역할을 간과해 왔다. 따라서 투석 치료의 경험을 상세하게 다루기 위해 이 장에서는 한 여성의 사례를 제시하고자 한다. 그러나 앞서 언급하였듯이 이 사례는 두드러지게 별개로 존재하는 것이 아니다. 기존에 존재하는 문헌과 대화를 하고 나아가 워녹(1987)이 제시하였듯이 일반적이고 특정한 사항이 반드시 상충되는 것 또한 아니다. 즉 개별 사례의 상세한 내용을 학습함으로써 우리와 완전히 동떨어진 개인적 배경을 가지고 있는 사람들과 우리는 심도 깊은 의견을 어떻게 나눌 수 있는가를 제시한다.

방법

캐롤(Carol)은 이 연구의 대상자이다. 그녀는 44세이고 6개월 동안 혈액 투석 치료를 받고 있다. 따라서 레이먼과 레비의 모델에 따르면 그녀는 허니문의 마지막 단계에 있다. 캐롤은 배우자와 두 자녀가 있으며, 그녀와 관련된 모든 정보들은 개인적 신변을 보호하기 위해 철저하게 변경하였다. 캐롤은 신장내과 병동에 근무하는 간호사를 만났고 이 연구가 지금 다니고 있는 병원과는 아무런 연관이 없다는 사전 설명을 들었다.

캐롤은 혈액 투석이 시작되기 전에 병원에서 인터뷰를 하였다. 4장에서 제시한 반구조화 인터뷰로 진행되었으며, 질문의 예로는 '투석 동안 무엇을 합니까?' '투석이 당신의 삶에 미치는 영향이 무엇입니까?' 등이었다. 모든 인터뷰 내용은 오디오에 녹음되었고 녹음된 내용은 모두 문서로 옮겨졌으며 내용 역시 5장에서 제시된 분석 틀에 따라 분석되었다. 이 사례에서 단일 상위 주제 혹은 게슈탈트(gestalt)로서 '정체성의 약화'가 분석 절차를 통해 도출되었다. 이 개념은 환자의 경험을 이해하기 위해 적용되었고 분석은 이 개념을 중심으로 구성되었다. 스미스(1996)는 이러한 자료에 대한 분석을 처음으로 제시하였다.

분석

'기계의 부분이 됨'. 캐롤은 치료가 처음 시작될 때는 매우 긍정적으로 생각하였고 신장 질환으로 인한 증상이 완화되는 것을 경험하였다. 그러나 6개월이 지난 후에 그녀의 태도는 상당히 변화하였고 투석으로 인한 신체적 부담을 생생하게 묘사하고 있다.

> 나는 점점 투석에 대해 부정적으로 변화하고 있다. 나는 처음에는 이에 대해 매우 긍정적이었으나 지금은 나 자신에 대한 정체성이 상실된 것 같은 느낌이다. 한 장소에 묶여 있는 느낌이며 마치 기계의 한 부품으로 전락된 느낌이다. 기계가 작동될 때 신체적으로 매우 수동적이 되며 가만히 있어야 한다. 조금이라도 움직이면 알람 소리가 난다.

투석은 신체적으로 매우 제약이 가해지며 특히 투석 3~4시간 동안 신체적으로 전혀 움직이면 안된다. 위의 진술은 감옥에 갇힌 죄수 혹은 동물원에 갇힌 동물을 연상시킨다. 투석이 자아에 미치는 영향은 캐롤에게 있어 상당한 중요성을 지니고 있다. 여기서 인터뷰 진행자는 자아 정체성에 대한 어떠한 언급을 하지 않았다. 캐롤 스스로가 자신의 투석 경험을 이야기 하면서 정체성에 대해 언급을 한 것이다. 여기에서 진술된 과정의 방향에 대해 주시해 보면, 투석 기계는 캐롤의 건강을 향상시키기 위한 의도를 지니고 있으나 그녀는 이에 대해 자신이 기계의 부품으로 전락한 것 같다고 진술하고 있다.

치료는 캐롤에게 있어 무자비하였다:

> 처음에는 약간의 존중감을 느꼈고 나를 향상시키기 위한 치료라고 생각하였다. 지금은 그저 반복적이고 시간만 많이 소요되며 치료가 끝난 후 집에 가면 완전히 피곤하고 맥이 빠지며 철저히 소진된 느낌이다. 그리고 잠자리에 들 때 이틀 후에 있을 투석으로 인해 투석 후의 부작용이 다시 상기되며 기분이 나락으로 떨어지는 느낌을 받기도 한다.

따라서 정규적인 투석치료는 캐롤에게 한 치료 주기가 끝나면 다음 치료 주기를 준비해야 한다는 것을 의미한다.

그러나 캐롤 자신이 이해하고 있듯이 자아상에 가장 강력하게 영향을 미친 것은 시간적, 공간적 제약이라 할 수 있다.

> 기계에 가까이 가면 기계의 한 부분이 된다. 당신은 내가 지금 가지고 있는 정체성을 모를 것이다. 내가 기계 근처에 가면 나는 그 기계가 다루어야 할 대상이 되는 것이고 철저히 이에 속박되는 것이다. 여기서 나의 정체성은 사라진다.

캐롤에게 투석 기계가 부착된다는 것은 그녀가 더 큰 기계의 부품화가 된다는 것을 상징적으로 보여주고 있다. 또한 캐롤은 병원에서의 제도적이고 정규적인 치료 지침이 어떻게 그녀의 정체성을 약화시키는지를 표현하고 있다. 캐롤은 엄마로서, 배우자로서, 화가로서 여러 역할들이 있음에도 불구하고 투석할 때만큼은 환자로서 인식하고 있었다. '속박'의 의미는 죄수나 갇힌 동물을 제시하는 것이다.

캐롤은 치료 과정 중에서 의료진들과의 상호작용에 대해 언급하였다.

> 투석 치료를 위해 주 3회 병원을 방문해야 하고 같은 의료진들과 같은 환자들을 만난다. 이러한 과정을 통해 이들과의 관계가 형성된다. 이들을 자주 보는 만큼 이들과 만났을 때 '어떻게 지냈는가?' '별로 좋지 못하다' '지금 기계를 부착하고 있다' 등의 대화를 위주로 한다. 의미 있는 관계가 형성될 수 없으니 거의 반복적이고 뻔한 이야기 위주로 한다.

캐롤은 빈번한 상호교류와 이러한 교류의 피상적 특성간의 차이로 인해 괴로워하고 있었다. 캐롤은 많은 시간을 병원에서 보내고 있지만 병원측에서는 그녀의 다양한 역할들을 반영하지 못하고 있다. 이것은 병원의 특수한 상황 때문일 것이다. 어느 측면에서 보면 간호사와 환자는 치료 과정 동안 상당한 정도의 신체적 접촉이 있으며, 보통 이러한 친밀성은 가까운 관계에서 이루어지는 상호적이고 점진적으로 드러난 사실과 연관되기도 한다.

캐롤은 자신에 대한 의료진의 입장을 바꾸어서 생각할 수 있으며, 이러한 피상적인 관계를 유도하는 몇 가지 측면에 대해 분명하게 진술하고 있다:

> 의료진들은 당신을 지켜보면서 어느 정도 재미있는 방식으로 환자들을 다루고 있다. 치료 동안 의료진들은 다양한 좋지 않은 일들을 경험하는 만큼 뒤로 물러나 손을 떼고 싶은 일들도 많을 것이고 그들 스스로 보호해야 할 일도 많을 것이다.

그러나 자신과 환자를 향한 보호적인 동기에 대한 인식은 이러한 이질적인 감정을 완전히 완화시키지는 못한다.

따라서 캐롤은 공간적, 시간적, 제도적으로 속박되어 있고 상황에 대한 통제를 하지 못한다는 인식을 가지게 된다:

> 나는 통제할 수 없다는 것이 싫다. 이것은 상황에 속박되어 있는 것과 같고 상황을 변화시킬 수 없다는 무력감이다. 아마도 이러한 상황에 묻혀가는 것과 같은 느낌을 받게 된다. 점차 이러한 수동적인 상황의 한 부분이 되면서 현실적으로 적응하게 된다.

캐롤은 자신의 상황의 일부 혹은 전혀 관계가 없는 것처럼 인식한다. 병원 기계의 부분에 속해있는 것과 같이 느끼면서도 한편으로 병원 업무와 기계의 작동에서 소외되고 있는 느낌도 갖는다. 다음의 결과는 유도되고 있거나 자신에 의해 강화된 수동성을 제시하고 있다:

> 여기가 내 장소이고 나는 여기에 적응할 것이라는 생각에 이르게 되면 점차 수동적으로 변해간다. 당신은 어디로 갈 것인지에 대한 지시를 받기 위해 기다릴 것이고 마치 당신은 거기에 있으면서 스스로 적응하는 것과 같다.

'나를 괴롭히는 것을 기다린다'. 캐롤은 투석 기계 자체에 대한 동요 상태를 나타내고 있다.

> 인터뷰 진행자: 기계에 대해 어떻게 생각하십니까?
>
> 캐롤: 이것은 정말 힘든 것이다. 내 혈액을 뽑고 다시 내뿜는 과정이 반복되면서 괴롭힘을 당하는 것을 기다리는 것과 같고 마치 감옥에 있는 것 같다.

기계는 괴로움을 주는 존재이고 캐롤이 갇혀 있는 느낌을 상징화하는 것 같다. 그녀의 수동성, 무력감은 기계의 희생자로 변화하고 있다. 더욱이 캐롤은 투석 기계가 유익한 역할을 제공하고 있다고 인식하면서도 한편으로 치료에 침투하고 있는 특성을 인식하고 있다.

> 투석을 하면서 세 개의 바늘들이 몸에 부착되기 때문에 이 치료는 침투적이라 할 수 있다. 즉 당신의 연약한 신체 부위로 금속이 침투되는 고통스러운 과정이다.

또한 바늘이 몸에 침투되는 것은 고통스러울 뿐만 아니라 신체에 미치는 직접적 영향으로 역작용을 나타낸다.

> 주사 바늘 때문에 팔이 항상 교체되고 정맥이 점점 커지고 통증을 느끼며 멍이 들고 점차 이 부위가 이상해지고 있다는 것을 알 수 있다.

따라서 사회적, 심리적 인지가 캐롤에게 미치는 영향과 함께 그녀 자신에 대한 공격은 그녀의 신체에 미친 부정적인 영향을 목격할 때 더욱 명백하게 드러난다.

역설적으로 기계가 악마로서 의인화될 수 있지만 한편 비인간적인 존재로서 특성화된다. 따라서 간호 인력과의 피상적인 교류관계를 반영하면서 기계와의 연결은 서로 소외감으로 남게 되는 것이다.

> 인터뷰 진행자: 당신의 이야기를 들어보면, 당신은 어느 기계로 갈 지 잘 모르는 것 같은 느낌이 드는데요.
>
> 캐롤: 아니오. 그렇지만 항상 같은 장소에서 치료를 받지 않아요. 그저 어느 곳을 갈 지 이야기를 들을 때까지 기다리는 거죠. 특히 어느 장소를 갈 지 크게 중요하지는 않아요. 하지만 병원에 올 때마다 같은 장소에서 치료를 받는다면 아마도 심리적으로 더 좋을 것 같다는 생각을 해요.

'내가 집으로 갈 때 이는 나의 것이다'. 캐롤이 의도하는 것은 추후 가까운 미래에 자택에서 투석을 하는 것으로 전환하는 것이며 인터뷰 동안 여러 번 이를 암시하기도 하였다. 캐롤의 자택 투석에 대한 대부분의 견해는 병원 치료의 진술과 일치성을 나타냈으며 현재의 치료에 대한 해설이라 할 수 있다. 자택 투석이 만들 차이점을 미리 생각해볼 때 캐롤은 다음과 같이 진술하였다:

> 자택 투석을 한다는 것은 내가 기계에 의해 주도되지 않으며 여전히 나는 나 자신이고 정체성을 유지하고 있음을 의미한다. 다만 저녁에 가서 몇 가지 치료를 할애해야 한다.

캐롤은 자택 투석이 어느 정도 자신의 정체감을 약화시키는지에 대해 지목하였다. 그녀는 자택 투석을 한다면 자신의 일상생활이 더욱 편할 것이고 병원의 일상적 치료 과정에서 단순한 치료로 전환될 수 있을 것이라고 생각하였다. 따라서 치료에 대한 압도적인 느낌이 사라지면서 자신의 모습을 투석 환자로 분리하는 것은 특히 중요한 것이다. 그녀가 기계를 어떻게 이야기하는가에 따라 투석에 대한 그녀의 견해를 파악할 수 있다.

> 내가 집으로 도착했을 때 이곳은 나의 장소이고 나의 삶의 일부이며 통제할 수 있고 내가 사용할 수 있다는 것을 인식한다.

소유, 장소와 통제 등은 서로 친밀하게 연결되어 있다. 캐롤이 병원에 가서 기계의 영역으로 들어가는 것보다는 그 기계를 자신의 집에 설치하였을 때 그 기계는 자신의 소유물이 되는 것이다. 결과적으로 그녀의 집에 기계를 설치하였을 때 그녀의 부속물로 전락하게 되는 것이다. 캐롤은 이로 인해 더 큰 통제권을 갖게 되며 그녀의 정체성에 있어 중요한 요소를 형성할 수 있다. 자아에 대한 주장은 병원에서 받는 수동적 투석치료와 비교해 볼 때 명백하게 능동적으로 이야기하고 있다. 캐롤은 자신의 삶을 스스로 통제하기를 고대하고 있다.

자택 투석에 대한 또 다른 이점으로 더 많은 유연성을 들 수 있다:

나는 치료를 받기 위해 병원에 가거나 그에 수반되는 활동들을 하지 않아도 된다. 내가 저녁에 투석을 할 준비가 되어 있다면 바로 투석을 할 수 있다. 이것은 더욱 유연하고 일상생활에 맞추어 조정할 수 있다.

따라서 일시적 유연성은 개인적 통제와 치료에 대한 의의를 제시한다. 병원에서 치료할 경우 외부 스케줄에 따라 자신의 시간을 맞추어야 하지만 집에서는 일상생활에 맞추어 투석을 수행할 수 있게 된다.

캐롤: 나는 자택 투석이 사용자에게 더욱 유익할 것이라 생각한다. 투석 기계는 나의 것이며 스스로 세척할 수 있고 이를 다루는 법에 대해 더욱 잘 알게 된다.

인터뷰 진행자: 그것이 무슨 의미인가요?

캐롤: 즉 내가 투석에 의해 주도되지 않는다는 것을 의미한다. 내가 전반적으로 통제할 수 있다는 것은 바람직한 것이다.

캐롤이 병원 투석치료에 위협을 받는 이유는 그 기계에 대한 지식부족에 의한 것일 수 있다. 현재 그녀는 투석에 대해 의료진을 많이 의존하며 지식 부족은 그녀를 더욱 무력하게 만들고 있다. 만약 그녀가 집에서 투석을 한다면 그녀의 개인적 통제의식은 지식의 향상과 책임감 증진으로 더욱 증진될 것이다.

'나는 악마에 대한 꿈을 꾼다'. 캐롤의 인터뷰를 통해 투석이 얼마나 그녀와 그녀의 자아정체감에 막대한 영향을 미치고 있는지 분명히 알 수 있었다. 캐롤이 염려하는 것에 대한 지속적인 특성을 나타내는 최종 증거는 인터뷰 중에 발언한 최근의 꿈에 대한 진술을 통해 알 수 있었다.

나는 악마에 대한 악몽으로 괴로워하고 신음하고 있을 때 내 남편이 나를 깨웠다. 그는 내가 흐느껴 울고 있다고 말했다. 나는 엄마와 함께 한 작은 방에 서로 매달린 채로 있고 다른 방에서는 매우 기분 나쁜 음성으로 내 이름을 부르고 있었다. 그 불쾌한 기운은 벽을 뚫고 내 몸 안으로 들어왔다 다시 나갔는데 이럴 때 마치 전기 충격을 받는 것과 같은 불쾌감이었다. 다음에는 매우 조용한 음성으로 다시 내 이름을 부르고 있었는데 이럴 때는 안도감이 들었다. 그렇지만 나는 다시 이러한 불쾌한 일이 일어날 것이라는 것을 알고 있었다.

캐롤의 꿈과 그녀의 투석에 대한 경험을 비교해 보면, 〈도표 7.2〉의 왼편에는 그녀의 꿈에 대한 내용이고 오른편에는 그녀의 투석에 대한 내용이다.

〈도표 7.2〉 꿈과 투석

꿈	투석
나는 악마에 대한 악몽으로 괴로워하고 신음하고 있을 때 내 남편이 나를 깨웠다. 나는 엄마와 함께 한 작은 방에 서로 매달린 채로 있고 다른 방에서는 매우 기분 나쁜 음성으로 내 이름을 부르고 있었다.	이것은 마치 내가 고통을 기다리는 것과 같았고 내가 감옥에 갇혀 있는 것과 같은 느낌이었다. 내가 투석하러 투석실에 들어갔을 때 마치 어느 기계로 갈 것인지를 기다리는 것과 같다.
그 불쾌한 기운은 벽을 뚫고 내 몸 안으로 들어왔다 다시 나갔는데 이럴 때 마치 전기 충격을 받는 것과 같은 불쾌감이었다.	투석 치료로 인해 바늘이 내 몸속으로 들어가기 때문에 이는 침투적이며, 바늘이 혈관으로 들어갈 때마다 고통스럽고 나의 약한 부위가 파괴된다는 느낌이었다.
다음에는 매우 조용한 음성으로 다시 내 이름을 부르고 있었는데 이럴 때는 안도감이 들었다. 그렇지만 나는 다시 이러한 불쾌한 일이 일어날 것이라는 것을 알고 있다.	투석 치료를 하고 이틀 후에 다시 이러한 고통스러운 경험을 겪어야 한다는 것을 알고 있다.

캐롤의 꿈이 투석에 대한 인식을 상징화하고 있다는 합당한 해석을 통해 분명히 드러나고 있으며, 투석이 어떻게 그녀의 사고에 침투하고 있는가를 나타낸다. 그녀는 밤에 잠을 잘 때에도 투석을 피할 수 없다. 꿈이 의미하고 있는 상징은 투석 치료가 캐롤에게 좋지 않은 영향을 미친다는 것을 강조한다.

요약

자료를 통해 명확히 드러난 것은 캐롤이 치료에 의해 자신의 정체성이 손상을 받고 있다고 느낀다. 그녀는 투석에 의한 시공간적인 제약과 기계화의 지각을 통해 어떻게 자아로 침투되어 변형되는지에 대해 논의하고 있다. 따라서 그녀는 자신의 삶에서의 역할, 활동을 하는 사람으로서의 정체성이 병원 상황에서 점차 약화되고 있다. 그녀는 또한 치료과정에서 자신에 대해 어떠한 통제력도 없다고 느끼고 있다. 치료의 침투적 특성에 대한 인지는 비인간적이고 악의적인 것으로 묘사되고 있다. 그녀는 집에서 투석하기를 고대하고 있고 이는 그녀의 자아 정체성을 다시 형성할 수 있는 기회이다. 집에서 투석을 하면 자신이 직접 일상생활을 관리할 수 있으며 통제력은 더욱 향상될 것이다.

논의

차마즈(1983, 1995)는 만성질환과 자아와의 관계에 대한 광범위한 연구 결과를 발표하였다. 그녀의 1983년도 연구는 다양한 신체 질병상태를 가지고 만성적으로 질환을 앓고 있는 환자에 근간을 두고 있다. 그녀는 질병으로 인한 고통의 다양한 원천이 환자에 의해 인식되고 있음을 밝혔다. 1) 만성질환에 의한 신체적 제약은 자율성을 약화시킨다, 2) 만성질환이 있는 환자는 자아를 정의하는데 있어 불신의 감정을 갖는다, 3) 만성질환자는 기존에 가지고 있던 혹은 추후 지속하기를 기대하는 자신의 삶에 대한 통제력을 상실한 것에 대해 많은 심적 부담을 가지고 있다. 차마즈는 자아의 상실이라는 이름으로 고통의 원인을 이론화하였다.

그녀의 연구는 기존의 연구에 중요한 맥락을 제공하였다. 그녀의 연구 방법은 이 연구와도 잘 일치되고 있다. 그녀는 반구조화된 인터뷰를 진행하였으나 자료들을 분석하기 위해 근거이론을 이용하였다. 여기서 제시된 연구는 인지된 고통의 근원이 어떻게 만성질환자의 손상된 자아를 유도하는가에 대한 상세한 자료를 제시함으로써 차마즈의 연구 결과를 보완하였다. 따라서 캐롤은 투석으로 인한 시간적, 공간적 제약의 영향과 그녀의 자아에 대한 제도의 맥락화, 상황에 대한 상실된 통제력 정도를 제시하고 있다. 질적연구는 특정 개인에게 발생하는 치료과정을 상세히 기술하고 다른 환자들과의 광범위한 수준에서 드러나는 패턴을 제시함으로써 만성질환자의 심리 이해에 기여하는 바가 크다.

캐롤에게 있어 투석은 제약, 함정, 통제력 상실, 주도성, 침투, 두려움의 의미로 다가왔다. 이들은 치료 그 자체의 묘사라기보다는 그녀가 시간에 따라 각 단계에서 어떻게 치료의 의미를 해석하는가를 나타낸다. 이러한 특정한 의미구축은 그녀가 경험한 자아정체성을 약화하는데 중요하게 작용한다. 그녀의 의미구축은 다른 환자들과는 다른 것이다. 그녀는 투석 초기에는 긍정적 견해를 지니고 있었고 자택 투석으로 인해 보다 긍정적 인식을 갖는 것을 고대하고 있다.

이 연구는 건강 질환에 대한 개인적 이해가 건강 심리학에서의 양적 모델과의 풍부한 대화의 가능성에 초점을 두고 있다. 의미를 형성한다는 것은 우리가 캐롤의 치료 경험을 어떻게 형성하는지에 대한 중요한 요소이고 개인적 행위를 조사하는 건강 심리학자에 의해 사용되는 많은 모델에 있어 중심적인 것이다. 따라서 양적 도구와 질적연구방법이 혼합된 연구는 변화된 건강 상태에 대한 개인적 반응의 이해를 향상시킨다.

이 연구가 임상 실무에 어떠한 의미를 가지는가? 첫째, 결과에 신중해야 한다. 이것은 한 여성에 대한 사례 연구이므로 대표성을 가지지 못한다. 그러나 캐롤이 구축한 통제력에 대한 해석의 강점은 우리에게 이 연구의 의의를 살펴볼 수 있게 한다.

캐롤이 새롭게 구축한 개인적 통제의 형성은 우선순위로 작용하고 있고, 그녀는 이러한 통제력이 자택 투석으로 인해 긍정적으로 변모될 수 있을 것이라 인지하였다. 그러나 모든 환자들이 자택 투석을 할 수 있는 것이 아니며 이것은 또한 관찰의 핵심이 아닌 것이다. 개인마다 통제력을 다르게 인지할 것이고 통제력을 어떻게 획득할 것인지도 다를 것이다. 효과적인 중재를 결정하기 위해 개인적 이야기에 주의를 기울이는 것은 중요하다. 커센바움(Kirschenbaum, 1991)이 지적하였듯이 자택 투석으로 인해 환자들이 보다 치료에 적극적이고 통제력을 갖도록 하기 위한 다양한 방법이 있다. 예를 들어 어떤 사람은 캐롤이 자택 투석을 지속하면서 기계에 대한 이해가 높아지고 더 많은 업무에 임할 수 있게 되어 그녀의 통제력을 향상시킬 것이라 예상할 수 있다. 이 연구의 중재 방안 혹은 변화를 고려할 때 중요한 두 가지는 환자가 인식하는 통제력과 무엇이 이러한 통제력을 향상시키는지에 대한 개인적 인식이 다양하다는 점이며 이에 따라 환자들의 가능한 변화에 대한 논의에 보다 가까이 접근할 수 있을 것이다.

이 연구가 추후에 어떤 방향을 모색할지에 대한 다양한 가능성이 있다. 이 연구의 개별기술 가능성의 강점을 살려 시간에 따라 캐롤을 추후 조사하는 것과 자택 투석 실시 후의 그녀의 경험의 변화들을 그녀가 기대했던 것과 비교해 보는 것은 흥미로울 것이다. 또 다른 대안은 다양한 민족들을 대상으로 병동에 무슨 일이 있었는지를 관찰하며 캐롤을 간호했던 의료진들의 견해를 논의하는 것도 고려할 수 있을 것이다. 우리는 개인적 경험이 어떠한 것인지를 이해하는데 여기에 제시된 사례가 도움을 줄뿐 아니라 연구의 가치를 인식하도록 돕는다. 또한 캐롤이 경험한 것을 공유하지 못하였다 할지라도 그 경험이 그녀에게 실존적으로 영향을 미치는 방식에 반향을 느낀다. 이러한 점에서 이 연구는 워녹(1987)의 연구와 일맥상통한데 캐롤의 사례를 통해 상세함을 주장하는 것은 인간성의 공유된 이해를 위해 이러한 잠재성을 허락하는 것이다.

이 사례 연구는 또한 2장에서 제시한 해석학의 몇 가지 요소들에 대한 좋은 예시를 제시하였다. 첫째, 이것은 하이데거의 나타남(appearance)을 명시하고 있다. 일차적으로 캐롤의 꿈은 투석에 대한 것이 더 이상 아니다. 그러나 어떤 사람은 그녀의 꿈이 투석에 관한 것이라 말하기도 한다. 그러므로 꿈에 대한 현상학적인 중요성은 명백한 내용에 의해 제시되고 있으나 그것의 잠재적 힘은 분석 과정 가운데 나타날 수 있다. 참여자와의 신뢰와 집중적인 연구 관계를 구축함으로써 인터뷰 진행자는 우리의 현상에 대한 이해를 심화시키는데 도움을 줄 수 있으며, 그녀의 개인적 자료들을 공개하는데 용이하게 할 수 있다.

우리는 또한 사례 연구의 부분 혹은 전체로서 꿈의 행위를 관찰할 수 있다. 꿈의 순서/배열은 그 자체로서 강력하나 그것의 의미는 전체로서 기여하는 바를 인식할 때 강화된다. 즉 캐롤의 투석이 개인적으로 약화시키는 영향을 이해할 수 있다. 물론 꿈의 공포는 투석치료가 다가옴을 지각할 때 더욱 생생해진다.

건강과 질병에 대한 기타 연구

IPA가 처음 구축된 심리학의 영역은 건강심리학이었다. 따라서 여러 가지 연구결과가 있다. 예를 들면 특정 질병, 치료, 의사 결정에 대한 개인적 경험과 보호자나 의료진들의 견해를 탐구하는 연구들도 있다. 여기에서는 이러한 몇 가지 연구를 요약하여 제시하고자 한다.

만성피로증후군의 경험

애롤(Arroll)과 시니어(Senior, 2008)는 만성 피로 증후군을 앓고 있는 8명의 대상자들을 인터뷰하여 그들의 경험에 대해 조사하였다. 인터뷰 자료들은 IPA에 의해 분석되었다. 이 자료는 보통 대상자들이 공유하는 주제들을 명시하는 한편 특별한 개인적 경험을 제시하였다. 이 연구는 질병의 과정, 증상의 초기경험, 진단, 치료의 측면으로 구성하였다.

참여자들은 복잡한 증상 패턴을 묘사하였다. 이러한 측면에서 제럴드(Gerald)는 증상에서 사용하고 있는 용어가 정확하지 않다는 것을 지적하고 있다.

> 나의 삶이 정말로 망치게 된 것은 스테미나의 부족이다. 나는 만성적 피로의 개념을 좋아하지 않는다. 나는 항상 피곤하지 않았으며 전혀 피곤하지 않을 때도 있었다. 내가 아무것도 안 할 때는 나는 상태가 좋았다. 그러나 어떤 일을 하는 순간 피로가 몰려온다.(Arroll & Senior, 2008: 448)

이 연구는 또한 문제를 이해하는데 있어서 어려운 과정을 포착하였는데 예를 들면 가능한 원인을 고려하고 증상을 사정하는 것이었다:

> 나는 처음 아팠을 때 해외에 있었고 왜 하필 내가 아팠는지 확실하지 않다. 나는 위장

기능에 문제가 있었는데 개발도상국에서는 기생충 이외에 다른 문제라고 생각하고 있었다. 따라서 이러한 상황으로 인해 위장기능이 더욱 약화되어 더욱 피로해진 것이라고 생각하였다.

이 연구는 대상자들의 신체 증상에 대해 의학적 진단을 받은 환자들의 진술을 주의 깊게 조사한 후에 수행되었다.

이러한 심각한 건강문제가 있는 환자들의 개인적 경험을 연구한 다른 예를 들면 골수 이식(Holmes et al., 1997), 만성 요통(Smith & Osborn, 2007), 다발성 경화증(Borkoles et al., 2008; Reynolds & Prior, 2003), 퇴행성 관절염(Turner et al, 2002), 척수 손상(Dickson et al., 2008), 백반(Thompson et al., 2002) 등이 있다.

심장 재활 프로그램에 참석 여부를 결정하는 것

질병을 다루는 과정에 있어서 중요한 부분은 환자와 의료진 간에 이루어지는 의사결정이다. 위얼(Wyer, 2001) 등은 심장 재활 프로그램에 참여하는데 영향을 미치는 요소들을 조사하였으며, 운동, 식이요법, 스트레스 관리에 필요하다. 이 프로그램은 반구조화된 인터뷰를 통해 9명의 프로그램 참여자와 12명의 비참여자들을 대상으로 수행하였으며 연구자들은 참여자들의 반응을 레벤탈(Levental)의 건강 행위의 자가조절 모델의 요소들과 비교하였다. 따라서 이 연구는 건강 심리학에서 양적 모델과 밀접하게 작업하는 IPA의 흥미로운 예시이다. 참여자와 비참여자는 여러 가지로 다른 양상을 보였다. 참여자들은 질병과 건강의 심리적인 모델이 전형적으로 나타났음에 반해 비참여자들은 의료적 모델이 더욱 두드러졌다:

> 나는 당신이 잘하고 있다고 생각한다. 당신은 잘 적응해야 하고 긍정적으로 변할 것이다(참여자, 심리적 모델, Wyer et al., 2001: 181)

> 나는 당신을 돌보는 의사나 간호사들에게 의존하고 있다. 내 건강을 돌보는 것은 그들

의 몫이다.(비참여자, 의료적 모델, p. 182)

유사하게도 이 연구는 대처 방식에 있어서 접근 대처기제를 사용하는 참여자와 회피 대처기제를 사용하는 비참여자간의 차이점을 보여주고 있다.

> 나는 회복되기를 원하고 모든 것이 잘 되기를 바란다. 나는 많은 지식을 가지고 있고 내가 무엇을 해야 할 지를 알려주는 사람이 있다.(참여자, 접근 대처기제, p. 183)

> 나는 어떠한 것도 묻지 않았다. 그저 몸이 나빠지면 그것으로 그만이다. 그냥 모르는 것이 낫다.(비참여자, 회피 기전, p. 183)

위얼 등은 환자의 의사결정 과정 모델을 구축하기 위해 이러한 다양한 반응을 사용할 수 있다. 의사결정에 관한 다른 IPA 연구 논문으로 데니엘(Daniel, 2005) 등이 키가 작은 아이를 둔 가족들의 선택적 수술에 필요한 의사결정을 다룬 연구와 스미스 등(2002)이 헌팅톤씨 병 유전 검사를 위한 의사결정 과정에 관한 연구를 들 수 있다.

보호자가 되는 심리

건강과 관련한 IPA 연구의 대부분은 환자의 개인적 경험들을 탐구하였다. 이것은 건강 및 질병의 현상에 관한 핵심 관심 사항을 나타내는 것이다. 그러나 질병은 광범위한 관계적, 사회적 맥락을 가지고 있어 보호자의 개인적 경험을 탐색하는 것은 중요하다. 헌트와 스미스(2004)는 최근 뇌졸중 환자 보호자 4명을 대상으로 반구조화된 인터뷰를 실시하였다. 인터뷰는 병원에 있는 환자를 대상으로 이루어졌다. 보호자들은 병원에서 퇴원하는 환자들을 일차적으로 책임지는 가족 구성원이었다. 분석 결과 3가지의 주요 주제로 불확실성, 개인적 영향과 관계의 강도가 제시되었다. 불확실성은 참여자들이 가족에게 발생한 일을 이해하고자 하는 가운데 드러났다. 보호자들은 사랑하는 가족에 대해 깊이 생각하였고 보호자 개개인에게 미치는 방향에 대해 논의하였다. 그들은 매우 지쳐 있었으며 많은 심적 부담감에 시달리고 있었다.

> 나는 그를 방관하면 죄책감이 들기 때문에 방관할 수 없다. 나는 내가 죄의식을 느낄 필요가 없다고 생각한다. 내가 없으면 그를 돌볼 사람이 없다.

4명의 참여자 가운데 3명은 환자와 다른 사람들과 함께 가족 내에서 친밀한 관계의 연관성을 가지고 진술하고 있다.

> 나는 그녀를 위해 무슨 일이든지 할 것이며 전혀 이에 신경쓰지 않는다. 이런 것이 그녀를 행복하게 하는 어떤 것이 있다면 나 역시 행복할 것이다.(p. 1007)

> 우리는 매우 가까운 형제, 자매였다. 어머니가 뇌졸중으로 쓰러지기 전에도 우리는 항상 연락을 주고받으며 함께 지냈다.(p. 1007)

관계의 이점은 보호자에게 지지를 제공하지만 한편으로 이것 자체가 갈등의 근원이 될 수 있다. 이 연구의 결과는 다른 연구의 결과들과 관련이 있다. 글래스코(Glasscoe)가 관련된 연구를 수행하였고 스미스(Smith, 2008)는 낭포성 섬유증을 앓는 환아를 간호하는 부모의 경험에 대해 연구하였다.

8장

성과 성행위

서론

IPA를 주로 이용하는 연구 주제는 성에 대한 것이다. 이 장에서는 스코틀랜드의 HIV 양성반응을 보이는 동성애자들을 대상으로 연구한 앤젤라(Angela)의 논문을 세분화하여 분석한 것을 탐구하고자 한다. 이 장에서는 그들의 성적 의사결정에 초점을 두고 최상위 주제들을 규명하거나 개념을 구성하고자 한다. 이것은 상대적으로 대규모 연구이고 자료에 대한 여러 다른 분석들을 포함하고 있지만 귀납적인 방법을 사용하고 있다. 즉 사전에 가설을 정하고 이들이 어떻게 성에 대해 생각하는지를 파악하기 보다는 이들이 이러한 이슈에 대해 어떻게 생각하는지 이야기를 나누어 결론을 내리는 식이다. 이러한 흐름에 따라 비구조화된 인터뷰 방식이 이용되었고 참여자들에게 우선순위를 스스로 정하게 하고 자신의 언어를 사용하도록 권장하였다. 여기에서 제시된 자료나 분석은 이전에 발표되지 않았다.

폴은 매우 숙련된 인터뷰 진행자로서 HIV와 동성애자에 대한 특정 주제와 관련하여 매우 익숙해 있다. 참여자들은 종종 그들의 지식을 공유하고 경험에 공감하며, 다른 동성애자들에게 자신들의 숙련성을 전수하고 있다. 동성애자 문화가 특정 성적 문화인만큼 성과 성행위에 대해 매우 상세하고 솔직하게 말하는 기존 규칙이 있다.

응용 건강 심리연구에서 HIV가 실제로 무엇을 하고 건강증진 자원과 잠재적 중재를 형성하기 위한 핵심 목표를 보여주고자 하며, 이 장에서는 또한 기존의 이론에 다가서는 접근법을 예시화할 것이다. 그러나 인터뷰에서 이용되는 질문을 형성하고 분석 과정 중에 전통적 개념을 찾는 것 등은 기존의 이론을 사용하는 것과는 매우 다르다. 건강 심리 구조를 다루었던 조나단의 연구와 비교하여 볼 때 이 장에서는 건강심리 이론과 더 많이 연관되어 있다. 그러나 독자가 보는 바와 같이 이러한 내용은 서론과 논의 부분에 기술되어 있다. 〈도표 8.1〉에서는 HIV의 특징을 나타내는 방법들을 요약하였다.

〈도표 8.1〉 이 연구의 특성

- 대규모 표본을 이용하여 분석 시 참여자들의 다양한 설명을 어떻게 이끌어내는가를 보여주고 있다.
- 비구조화된 인터뷰를 통해 폴이 능숙하게 진행하여 성공적으로 수행되었다.
- IPA 분석이 기존 이론을 어떻게 문제화하는지를 보여주고 있다.

HIV 양성 동성애자의 관계의 의미

배경

전 세계적으로 HIV는 보건 건강 분야에서 여전히 중요한 이슈로 남아있다. 서구국가에서는 HIV 치료법에 대해 널리 알려져 있지만 대부분의 다른 국가에서는 여전히 접하기 어렵다. HIV는 일차적으로 이성애자 간에 전염되었지만 서구 국가에서는 동성애자나 약물 중독자들에게 퍼져 있다. 최근 영국에서 이루어진 HIV 역학 조사에서는 환자 절반 이상이 사하라 지역 이남 출신인 것으로 밝혀졌다(Flowers et al., 2006). 나머지 환자들은 남성 동성애자인 것으로 밝혀졌다. 건강 행위에서의 변화가 가장 광범위하게 나타난 곳이 남성 동성애자 집단인 것으로 나타났으나(Stall et al., 1998) 최근 콘돔을 착용하지 않은 채 항문성교를 하는 동성애자들이 전 세계에 걸쳐 증가하고 있으며 HIV 발생률 역시 증가하고 있다.

HIV에 대한 효과적인 치료법이 있기 전까지 HIV 위험 행위를 이해하고자 하는 심리적 접근법이 널리 알려져 있다. 광범위한 건강 행위를 이해하고자 개발된 모델들이 성건강 의사결정 특히 콘돔 사용 및 미사용 여부를 이해하기 위해 이용되었고(Flowers et al., 1997), 건강 신념 모델, 보호 동기 모델, AIDS 위험 감소 모델들을 양성하였다.

이러한 모델들은 HIV에 대한 지식, 인지된 취약성, 인지된 심각성, 사회 기준, 자아효능감, 콘돔에 대한 태도 등과 관련한 변인들을 공유하고 있다. 이러한 모델들은 설문지 작성이나 구조화된 인터뷰를 통해 수행되었으며 건강 인지와 건강 행위간의 관계를 파악하고자 수행되었다. 통합적인 통계적이고 보편적인 분석을 적용하여 위험 행동을 취한 집단과 그렇지 않은 집단을 비교하여 이들 집단 중 위험행동과 연관된 인식이 무엇인지 규명하였다. 따라서 이러한 접근법은 성행위의 자가보고에 따라 대규모 표본들을 분리하고 비교하고자 함에 반해 분석 단위는 개인적이고 그들의 생각에 대한 것이다. 그러나 이러한 생각은 이론으로부터 채택된 특정 변인들의 수행과 관련된 질문을 통해 이해될 수 있다.

이러한 접근법은 HIV 지식 혹은 인지된 위험성과 같은 모델을 통해 채택되었으며, 인지의 한정된 범위 내에서 안전한 성행위와 관련한 의사결정을 파악하였다. 각 개인은 합리적 의사결정자로서 위험을 최소화하고 건강을 최대한 증진시키기 위해 각 인지적 내용에 대한 비용과 혜택을 중시하는 자로 이해되고 있다. 이러한 면에서 콘돔 사용은 종속변수로 고려되었다. 그러나 이 연구는 다른 전략을 사용하였으며 연구 질문은 동성애자가 그들의 성적 의사결정에 대해 어떻게 논의하고 개념화하는지를 이해하고자 하는 것이다.

방법

이 연구의 참여자들은 16명의 HIV 양성 환자로 여러 경로인 HIV 환자 집단 및 에이전시, 동성애자와 HIV 양성 환자를 위한 광고 및 우편물 추적 등을 통해 선정되었다. 참여자들은 자신의 집, HIV 에이전시실 등에서 폴(Paul)의 주도하에 인터뷰를 하였다. 인터뷰는 비구조화되었으며, 주요 질문은 '관계가 당신에게 의미하는 바가 무엇인가?'이다.

분석

분석 결과 여러 주제들이 도출되었다. HIV 위험 관리와 성과 위험의 의미와 직접적으로 관련된 두 가지 주제가 제시되었다. 참여자들은 광범위한 위험 관리 전략들을 진술하였다. 여기에서 우리는 그들의 현재 위험 관리에 대한 설명에 주목하고 있다. 이러한 의사결정은 1980년 초기 콘돔의 도입과 HIV 위험 관련 의사결정에 대한 설명과 함께 역사적 맥락 내에서 다루고 있다는 것을 기억하는 것이 중요하다..

'성행동의 합리적 언어: 나는 그에게 나 자신을 주었다'. 이 주제는 성행동의 의미와 로맨틱한 관계에서의 위험의 의미와 관련된 방법으로 HIV 위험 관련 의사결정과 성적 의사결정에 대한 것이었다. 여러 참여자들은 한 쪽은 HIV 양성, 다른 쪽은 음성인 상태에서 이를 논의하였다. 초기의 HIV 위험 관리는 전체적 관계 측면에서 중요하지만 시간이 지나면서 관계가 진전됨에 따라 HIV는 덜 중요하게 된다는 것이다. HIV 위험의 중요성은 시간이 지나면서 점차 감소되고 있었다. 테리(Terry)의 인터뷰 내용을 인용한다.

테리: 그는 위험에 대해 알지만 이에 대해 어떠한 행위도 취하지 않았다.
인터뷰 진행자: 당신은 그에 대해 어떻게 생각하는가?
테리: 나는 정말로 그를 사랑한다. 처음에는 신경 쓰이고 짜증났지만 시간이 흐르면서 그냥 아무것도 아닌 것으로 여겨지게 되었다.

콘돔을 쓰지 않은 테리의 파트너에 대한 그의 초기 반응은 짜증이었고 이는 테리가 위험을 최소화하기 위해 취했던 행동들을 반영한 것이다. 또한 테리가 '나는 정말로 그를 사랑한다.'라는 말로써 이러한 감정을 표현한 것이다. 마지막으로 시간이 지남에 따라 위험관리의 변화가 초래된다는 것을 이해하는 것은 중요하다. HIV 위험은 시간이 지날수록 감소되고 위험관리 행동은 점차 희석된다는 것이다. 이러한 위험관리를 줄이는 것과 연관하여 여러 커플들의 관계가 발전하는 것은 흔히 있는 일이다. 몇 가지의 성행위는 사랑, 신뢰, 헌신과 관련되어 있다. 관계가 점차 진전됨에 따라 성행위 양상이 점차 비보호적인 성행위로 변모하게 된다. 잭의 사례에서 보듯이 로맨틱한 관계의 맥락은 콘돔을 착용하는 구강성교에서 비보호적인 항문 성교로 변화되었음을 알 수 있다.

잭: 내가 콘돔을 끼고 구강성교를 한지는 오래되었다. 나는 다른 사람들도 이렇게 하는지는 잘 모르겠다. 지금은 내가 콘돔을 착용한다면 사람들이 꺼려한다는 것을 알고 있다. 물론 이것은 사람들을 보호하는 한편 나도 보호하기 위함이다. 그런데 불과 몇 년 전에 내 태도에 변화가 일어났다. 내가 정말로 누군가를 사랑해서 관계를 맺을 때 이것은 섹스를 하는 것이 아니라 사랑을 확인하는 것이고 이는 더 이상 나를 걱정시키지 않는다. 이것은 전혀 불편한 것이 아니었고 내가 그를 정말 사랑하기 때문에 성관계를 즐길 만한 것이라 생각하였다. 나는 그를 정말로 사랑하였기 때문에 그를 기쁘게 해주고 싶었고 사랑을 나누는 성관계는 내가 그에게 유일하게 줄 수 있는 것이며 내가 그를 얼마나 사랑하는지 보여주고자 하는 것이었다.

인터뷰 진행자: 그래서요?

잭: 나는 그렇게 해서는 안됐는데...

인터뷰 진행자: 당신이 그를 얼마나 사랑하는지 보여주기 위해 무엇을 했습니까?

잭: 나는 그에게 나를 주었어요. 나는 그가 원하는 것을 주었어요. 나는 당시에는 인지하지 못하였지만.... 콘돔을 착용하지 않은 채로 그와 관계를 맺었어요. 전에는 이런 행위가 절대 있을 수 없는 일이라 생각했는데 그를 만나기 이전에는 비보호적인 성관계를 맺을 만한 파트너를 만났던 것 같지 않아요.

위의 예시는 로맨틱한 관계와 HIV 위험 감소 행위와의 관계를 보여주고 있다. 잭에게 로맨틱한 관계는 그의 성행위 양상을 형성하였다. 그는 사랑하는 파트너를 위한 선물로서 비보호적인 항문성교를 기꺼이 한다고 진술하였다. 그에게 있어 이러한 이례적인 행동은 그의 이례적인 사랑을 보여주고 있다. 이러한 생각은 동성애자들이 관계에 대해 논의할 때의 방향을 이해하는데 중요하다. 때때로 행동은 말보다 효과가 더 크고 언어가 표현하지 못하는 바를 표출하기도 한다. 파트너와의 장기간의 관계로 인해 HIV에 감염된 잭의 경우 섹스를 하는 것과 사랑을 나누는 것은 명확히 다르다고 생각하였다. 그는 사랑을 나누는 성행위의 경우 영적이고 종교적인 이슈와 관련된 것이며 단순히 신체적인 접촉만을 의미하는 것이 아니라고 생각하였다.

> 사랑을 나누는 것은 단순히 신체적 쾌락을 추구하는 것보다 영적인 것이고 종교적인 것에 가깝다. 나는 내 몸 전체로 그와 사랑을 나누었고 이는 나에게 완벽한 즐거움이었다. 그 역시 나를 깊이 사랑하고 있다고 느꼈다. 우리가 사랑을 나눌 때는 나는 더 이상 혼자가 아니라 우리 둘의 관계라 생각하였고 이는 기존에 갖고 있던 생각과 다른 것이다.

이러한 진술은 성 접촉이 관계 내에서 어떻게 이해되는지를 보여주고 있다. 자기 자신을 선물로 준다는 것과 개인으로서 자신을 의식하지 않는다는 것은 그의 파트너를 향한 감정의 깊이를 나타내는 것이다. 이러한 감정의 강도를 생각할 때 콘돔이 문제되는 것이라 생각되는 것은 당연하다. 여기 리(Lee)의 사례가 있다.

> 콘돔은 나를 보호하지만 친밀성을 떨어뜨린다. 당신의 체액이 파트너의 그것과 서로 교합할 때보다 더 이상 가까운 관계는 없다고 생각한다.

요컨대 이 주제는 로맨틱한 관계가 진전되면서 성행위 양상이 변화된다는 것을 강조하고 있다. 비보호적인 성관계는 친밀성, 사랑의 직접적 표현으로 이해되고 있다. 기존에 회피했던 성행위(비보호적인 항문성교)를 기꺼이 하고자 하는 것은 그들의 파트너에 대한 신뢰와 헌신을 나타낸 것이라 볼 수 있다.

위험의 관계적 언어: '이것은 우리를 더욱 가깝게 한다'. 비보호적인 성관계가 자신을 선물로서 준다는 의미를 생각할 때 잠재적으로 감염의 위험이 있거나 실제적으로 감염되거나 혹은 감염의 위험성에 대한 지식을 갖고 있는 사람조차도 자신의 사랑의 깊이와 강도를 보여준다는 의미에서 비보호적인 성관계를 하고자 함이 드러났다. 쌤(Sam)은 HIV 양성 환자였던 첫 번째 파트너에 대해 다음과 같이 반응하였다.

> 그와의 성관계는 당신이 HIV 양성일지라도 비보호적인 성관계를 원한다면 개의치 않는다는 식이었다. 나는 여기서 내 자신을 보호할 책임이 있었고 '아니오'라고 말할 권리가 있었다. 이것은 전적으로 운에 달린 문제였고 내 머리는 혼란스러웠다. 그가 다시 내게 다가와 나에게 다음과 같이 말하였다. "나는 당신과 관계를 맺기 때문에 당신이 내가 전적으로 그 위험을 감수할 것이라고 당신이 생각한다고 해도 나는 크게 개의치 않는다." 나는 여기서 그와 관계를 맺지 않을 것이라는 것을 의미하고 다음과 같이 언급하였다: 그래, 당신이 원하면 성관계를 하겠다. 나는 정말로 괴로워하고 있고 내가 거부한다면 그는 나와의 관계를 포기할 것이라는 생각에 그와의 성관계에 쉽게 유혹받고 있다는 것을 잘 알고 있다. 나는 정말로 어려운 입장이었고 성관계에 대해 죄의식을 갖기도 하였다. 나는 이러한 감정에 대해 나 스스로 굴복당하고 있는 것이 아닌지 모르겠다.

위의 진술은 관계가 발전되는데 시간 틀이 있다는 것에 주의를 끈다. 이 문제는 이들의 불화 관계에서의 핵심적인 특징을 나타낸다. 여기서 부정적인 태도를 보이는 파트너는 HIV 감염의 위험성에 대한 파워를 남용함으로써 쌤에게 그가 얼마나 몰입되었는지를 설명하고 있다. 쌤이 이런 행위에 유혹을 받았지만 그와 파트너와의 감정은 상호작용하지 않았다. 쌤은 이러한 상황이 상대방에 대한 헌신이나 책임감이라는 면에서 어떻게 관계를 형성하고 결정하는지에 대해 설명하였다.

유사하게 앤디(Andy)는 HIV 음성인 것처럼 가장한 양성 파트너에게 잠재적인 HIV 감염이 관계에서의 헌신을 나타내는 수단으로 사용되었음을 설명하였다.

> 내 파트너였던 릭(Rick)은 HIV 양성이었음에도 불구하고 나와 비보호적인 성관계를 맺기 원했으며 나 역시 HIV에 감염되기를 원했다. 그는 HIV에 이미 감염됐음에도 불구하고 나에게 사실을 말하지 않았고 나와 성관계를 맺었다. 나는 이러한 태도 때문에 무척 화가 났다.

추후에 그의 파트너는 이와 같이 말했다:

> 그가 HIV에 감염되면 우리 둘은 더욱 가까워질 것이고 이로 인해 삶이 더욱 편해질 것이다.

릭은 HIV 양성 환자였음에도 불구하고 그가 음성인 것처럼 가장했다는 사실은 불화 관계 내에서 위험한 언어 사용에 대한 중요성을 명시한다. 아래에 제시된 사례는 HIV 상태를 공개하기 전에 행하는 비보호적 항문 성교에서부터 비보호적인 성관계가 증가하는 단계에 이르기까지 앤디에게 위험 행위가 어떻게 관계 발전하고 변화하는지를 보여주고 있다.

> 그는 절대 콘돔 사용을 원하지 않았기 때문에 콘돔 사용을 꺼려하였다. 콘돔을 사용하지 않음으로써 우리 사이가 더욱 가까워진다고 생각하였다. 나는 그의 이러한 주장에서 왔다갔다하는 입장이었고 그와 종종 논쟁을 하곤 하였다. 내가 콘돔을 사용해야 한다고 하면 내가 욕을 먹는 것과 같은 것이다.

결국 이 둘의 관계는 앤디 파트너가 부정적인 결과를 받아들이는지의 여부에 달려있다. 그가 HIV 음성이라고 판명되었을 때 그의 파트너는 관계를 지속하자고 하였고 다시 같이 살자고 하였다. 앤디가 다음과 같이 진술하였다.

> 그가 말한 첫 번째 말은 자기가 얼마나 나를 사랑하는지 보여주고 싶다는 것이었다. 그는 콘돔 없이 나와 성관계를 맺기를 원했다. 나는 그의 태도에 대해 내가 관계를 끊으려 한다면 그는 다시 나를 끌어들이려 할 것이라 생각하였다.

프랭크(Frank)는 HIV에 감염되기 전 HIV 양성 파트너와 관계를 맺을 때 그가 어떻게 생각하였는지를 덧붙여 진술하였다. 다른 참여자들과 마찬가지로 프랭크는 그가 파트너와의 관계에 헌신하는지에 대한 지표로서 그와의 비보호적 항문 성교를 했었다고 진술하였다. 또한 그는 관계에서의 인지된 파워를 표현하는 수단으로서 감염 위험의 역동성을 이용하였다.

프랭크가 관계 내에서 파워의 감정상에서의 변화를 표현하였음에도 다른 참여자들은 파트너의 HIV 양성 상태와 감염의 잠재적 위험성을 파괴적이고 조작적인 결과를 맞게 된다고 결론지었다. 다음은 앤디의 말이다.

> 내 파트너는 부엌에 가는 것을 좋아했는데 그가 화가 날 때마다 그릇을 바닥으로 떨어뜨리곤 했다. 내가 그에게 다가갈 때 그는 물건을 바닥에 내던져 부수고는 깨진 조각으로 자신을 자해했다. 그는 이어 나에게 폭력을 가하고 내 몸에 상처를 냈다. 상처가 난 곳에서 피가 났다. 내 상처의 피가 그의 상처로 흘렀으며 여러 번 우리는 서로의 혈액을 혼합했다.

요컨대 이 주제는 서로 불화 관계에서의 위험의 유발성을 제시하고 있다. 이번 주제는 앞서 제시된 주제와는 다르게 부정적이고 비관적인 관계의 역동성에 주시하고 있다. 위험은 매우 다양한 결론의 수단으로서 조작적으로 사용되고 있다. 이 연구에서 위험은 관계의 헌신을 포함하는 의미에서 관계적 파워 및 조작의 범위로 표출되고 있다.

논의

이 연구의 분석 결과, 콘돔 사용이나 비보호적 항문 성교는 단순한 건강 행위로서 인지되고 있다. 이러한 점에서 성관계는 서로 결합하는 행위의 의미로 인지되고 있다. 분석에 의해 제기된 논제는 명확하나 건강 심리학은 어떻게 성관계를 이론화할 수 있고 연구를 수행할 수 있는지에 대한 심오한 의의를 가지고 있다. 이러한 의의는 전통적인 건강 심리학 모델에 의해 진술된 것과는 매우 다르기 때문에 실제 성적 의사결정을 내리는데 있어 매우 다양하게 나타난다.

연구 분석 결과가 제시하는 가장 기초적인 단계는 성과 그 위험에 대한 합리적 의사결정단계가 어떻게 수치로 나타낼 수 있는가 하는 것이다. 그러한 의사결정은 성 파트너와 연관되어 있고 그 관계 내에서의 의사소통과 관련이 있다. 성 건강에 대한 전통적 접근법은 개인에 의해 결정되는 콘돔 사용 여부에 대한 의사결정이고 그러한 의사결정은 성을 건강 이슈로서 이해하고자 하는 것이다. 이러한 몇 가지 모델은 사회적 변인들을 가지고 있지만 이를테면 합리적 행위이론(Ajzen & Fishbein 1980) 혹은 인지된 행동 통제와 같은 주관적인 기준 역시 개인에게 강한 영향을 미치기도 한다. 따라서 분석은 어떻게 건강 심리학이 성을 구성하는지와 동성애자가 그것을 어떻게 생각하는지 간에 기능적 불협화음을 보여주고 있다.

또한 성과 성 의사결정에 대해 논의할 때 참여자는 다양한 범위에서 매우 강력하고 복잡한 의미를 강조하였다. 이러한 의미들은 자신을 주는 것에서부터 헌신, 사랑, 친밀성을 증명하는 것에 이르기까지 다양하게 제시되는 한편 자신에 위협을 가하는 잠재적 요소로 사용되기도 하였다. HIV 전염이 함축하고 있는 건강에 대한 바람직한 이해가 이미 형성된 의미에서는 핵심적이지만 대부분의 경우 이러한 강력한 의미가 건강과의 관련성을 나타내지 않았다. 예를 들면 HIV 전염의 인지된 심각성과 취약성을 이미 인지하였다고 해도 비보호적인 항문 성교를 기꺼이 하고자 하는 것은 사랑의 정도를 증명하는 것이라 여겨진다.

따라서 HIV 감염의 위험성이 있다 할지라도 참여자들은 이러한 사실을 성에 대한 의사결정의 중요한 요소로 여기지 않는다. 그러나 그들은 비용과 혜택에 대한 관심이 있었으나 이러한 것은 위험에 대한 비용 대 감정적 결합의 혜택 혹은 추후의 관계 양상과 연관이 있다. 분석에서 제시한 바와 같이 HIV 위험 행위는 매우 위험한 것이기 때문에 일부 커플들이 관계 지향적인 목적을 추구하고자 의도적으로 그러한 행위를 하는 못하도록 해야 한다.

이 연구의 결론은 남성 동성애자의 콘돔 사용여부를 설명하는 전통적 접근법 내에서 이용되고 있는 정체적이고 직선적인 건강 합리성의 한계를 제시하고 있다. 성 의사결정은 복잡하고 모호하고 다양한 양상을 띠며 횡단적 양적연구로는 파악하기 어려운 성격을 지니고 있다. 콘돔 사용 혹은 비보호적인 항문 성교는 복잡하고 특별한 의미를 가지며 이들의 성적 의사결정은 이러한 의미 내에서 이해의 근간을 이루고 있다.

성과 성행위에 대한 기타 연구 결과

성과 성행위에 대한 연구에서 IPA는 그 주제의 민감한 성격으로 인해 많이 사용되고 있다. IPA는 다른 사람들이 이해하는 내용이나 병리적인 행위들에 대한 이해에 과감히 도전할 수 있다는 측면에서 성과 성행위에 대한 연구에 적합하다. 이 장에서는 IPA를 적용한 성과 성행위에 대한 다른 연구들의 요약과 핵심 주제들을 제시하고자 한다. 각 연구들은 성과 성행위의 사회적 특성에 대한 정신적인 측면, 내적인 갈등과 정체성의 정신 내부의 과정들을 명시하고 있다.

HIV 양성 여성 환자의 경험

자르반 등(2005)은 HIV 양성 여성들의 경험을 분석하였다. 이 연구는 HIV 양성 여성환자와 그들의 파트너와의 관계를 파악한다는 점에서 매우 흥미롭다. 이 연구는 HIV에 감염된 채 포괄적 측면으로서의 보호의 중요성을 자신과 타인의 보호라는 측면에서 강조하고 있다. 저자는 이러한 보호가 HIV 영향의 심리적인 부담을 공유하는데 있어서 어떻게 갈등을 유발하고 성적, 정서적 친밀성을 획득하는가에 초점을 두었다. 더욱이 이 연구는 일반적인 관계와 특별한 관계 모두를 조사하였다. 파트너와의 관계에서 여성과 파트너 모두 HIV 양성일 때 개방적이고 정상적인 관계를 받아들였다. 그러나 자신의 HIV 양성 사실을 공개하지 않은 여성도 있다.

> 내가 나의 사실을 파트너에게 알린다면 나는 매우 추악하고 매력적이지 않은 여성으로 받아들여질 것이라고 생각한다. 나는 HIV 상태에 대해 나의 파트너와 논의한 적이 없다.

이러한 진술은 참여 여성들의 관계의 시작과 종결의 어려움, 도덕적인 양심의 가책의 광범위한 논제들을 규명하는데 도움을 준다.

> 나는(나의 HIV 양성 사실을 알리지 않고) 파트너와 관계를 맺지 않으며 추후에 사실을 이야기 한다. 왜냐하면 이는 그들에게 선택의 여지를 주기 때문이다.

파트너와 관계를 맺고 그에게 받아들여진다는 감정은 HIV의 중요성을 더욱 부각시켰고, 연관된 스트레스마저 감소하는 경향을 나타냈다. 논문 전체적으로 HIV 진단의 영향과 의미를 개념화하는 파트너와의 관계가 명확하게 드러나 있다. 한 참여자가 관계의 종결에 대해 다음과 같이 진술했다.

> 나는 철저히 파괴되었다. 나는 이처럼 화가 난 적이 없었다. HIV가 나를 덮쳤을 때 나는 그를 증오하게 되었다. HIV로 인해 나에게 닥친 미래를 마주해야 했고 이는 나를 철저히 파괴시켰다. 나는 이에 대해 전혀 생각해보지 않았다. 나와 랍(Rob)에게 닥친 현실은 갑작스러웠고 우리는 헤어지기로 했다.

불감증의 경험

라비에(Lavie)와 윌리그(Willig, 2005)는 불감증을 앓고 있는 여성의 경험에 대해 연구하였다. 이 연구는 기존에 잘 드러나지 않은 여성들을 대상자로 연구하였다는 점에서 의의가 있다. 성과 관련한 IPA 연구에서와 같이 이는 신체적 감각과 의학적 상태에 대한 의문의 현상에 대한 이해를 문제시하고 있다. 이 연구는 참여자들의 의미와 경험이 어떻게 개인적, 관계적 의미의 역할을 강조하는가 하는 측면에서 독자들의 기존 생각에 이의를 제기하는지와 단위적 혹은 단일적 이해의 부적절성을 보여주고 있다. 이 연구는 참여 여성들의 불감증이 그들의 자아에 미치는 영향을 깊고 상세하게 제시하고 있다. 이들에게 불감증은 그들의 자아 이미지와 정체성에 상당한 영향을 주었다. 서로 다른 개개인간의 비교와 보다 광범위한 범위를 모두 포함하는 사회적 맥락 내에서 불감증은 편견과 약화된 자아 정체성을 수반하고 있다. 한 참여자는 다음과 같이 언급하였다.

> 나는 문제가 있고 진실을 파악하지 못하는 사람이라고 생각한다. 내 문제는 나로 인한 것이며 나는 그들과 매우 다르다고 생각한다.

참여자들은 자신의 성적 관계를 통해 불감증을 강조하고 있다. 이러한 관계적 의미로 여성에게 오르가즘은 성적 만족 지표이며, 남성에게는 성취의 상징적 의미로 여겨진다. 또한 이 연구는 참여자에게 오르가즘의 의미가 무엇인지, 불감증의 의미가 무엇인지에 대해서도 진술하고 있다.

> 이것은 마치 신비로운 것임과 동시에 뭔가 방황하는 느낌이다. 나에게 있어 이것은 내적인 것과 관련있고 내 가슴속에 있는 그 무엇인가로 느껴진다. 오르가즘이란 관계를 하면서 내가 만족하고 있는 동안 상대방이 나를 보고 있는 것이다. 이것은 나에게 매우 놀라운 경험으로 나 자신뿐 아니라 내 옆에 있는 파트너에게 주는 선물과 같은 것이다.

이 연구의 저자는 오르가즘이 어떻게 커플 간의 관계에 영향을 미치고 연계와 주는 것의 의미와 관련이 있는지를 강조하고 있다.

종교적, 문화적, 성적 정체성을 협상함

코일(Coyle)과 라팔린(Rafalin, 2000)은 유대인 남성들의 종교적, 문화적, 성적 정체성과 협상할 수 없는 동성애 경험을 탐구하였다. 이들의 정체성은 서로 내적인 갈등을 유발하고 있었다. 네이든(Nathan)은 다음과 같이 이러한 내적 갈등에 대해 진술하였다.

> 유대인으로서 이래서는 안 된다고 생각한다. 유대인은 결코 동성애자이어서는 안 된다.(Coyle & Rafalin, 2000: 29)

이러한 배타적인 역동성은 참여자들에게 다른 방향으로 이끌고 있다. 조슈아(Joshua)는 다음과 같이 진술하였다.

> 나는 정말로 행복하지 않다. 마치 자살하고 싶은 젊은 남자와 같다. 이것은 서로 배타적인 두 요소가 나를 잡아당기고 있기 때문이다.

저자는 이러한 정체성에 대한 갈등이 다양한 범위의 사회적 관계를 초래한다고 진술하였다. 이들에게 자신이 속한 커뮤니티와 부모로서의 관계는 매우 중요하다. 이들에게 가족관계와 신앙을 지속하는 것은 중요한 이슈이다. 쌤은 아버지에게 커밍아웃을 선언했을 때 아버지의 반응에 대해 다음과 같이 진술하였다:

> 내가 커밍아웃했을 때 아버지는 마치 나를 상실한 것과 같은 반응이었다. 가족과 관계를 지속하고 아들로서 가문을 이어간다는 것은 너무나 중요한 일이다.

참여자들은 타인과 거리를 두는 것에서부터 자신을 속이는 방법까지 다양한 전략으로 내적 갈등과 정체성의 위협을 다루고 있었다. 여기에는 종종 자신의 삶과 타인의 삶을 구분하는 것을 포함한다.

> 나는 서로 너무나 다른 요소를 가지고 산지 오래되었다. 나는 이들이 나의 삶에 다른 방향으로 영향을 미친다고 생각하지 않는다.

그러나 참여자들은 유대인이기 때문에 더 넓은 사회와의 전혀 다른 배타성과 불협화음을 호소하기도 하였다. 이러한 점에서 가치 절하된 그들의 차이에 대처하기 위한 모델이나 평행선의 감정이 있다. 제프(Jeff)는 다음과 같이 진술하였다:

> 내가 동성애자로서 다르다는 것을 이야기 할 때 당신은 또한 유대인으로서의 동성애자라는 측면에서 나를 다르게 볼 수 있다.

기타 IPA 연구

성과 성행위에 대한 기타 IPA 연구로서 남성 동성애자들과 성적 의사결정(Flowers et al., 1997; Flowers, Marriott, & Hart, 2000), 남성 동성애자들과 HIV 항체 검사에 대한 이해(Flowers, Duncan, & Knussen, 2003), 이성애자 여성들의 클라미디아(chlamydia) 진단 영향에 대한 이해(Duncan, Hart, Scoular, & Brigrigg, 2001), 영국에서 흑인들이 HIV 감염자로 살아가는 경험(Flowers et al., 2006), 성폭행의 영향(Connop & Petrak, 2004), 여성 동성애자의 부모됨의 계획(Touroni & Coyle, 2002), 비아그라에 대한 남성들의 대화(Rubin, 2004) 등을 들 수 있다.

9장

심리적 문제

서론

심리적 문제에 대한 경험이나 그 맥락에 대한 연구에서 IPA사용이 점차 증가하고 있다. 이 장에서는 마이클의 연구 사례를 발췌하였다. 이 연구는 신경증을 앓고 있는 젊은 남성의 사례 연구이며 여기서 처음 발표한다. 이 예는 IPA가 임상 심리 연구에 기여하는 바를 탐구하고 제시하고 있다. 이 장에서 우리는 임상 심리 영역에서 IPA 연구의 세 가지 다른 영역의 예시를 보여주고자 한다.

〈도표 9.1〉 이 연구의 주요 특징

- IPA 연구 분석이 공감적, 현상적 이해에 도전으로 보이는 경험들을 어떻게 이해할 수 있는지를 제시한다.
- 단일 사례에서 심도 있는 분석을 제공한다.
- IPA 분석의 현상적, 해석적 요소들 간의 균형을 제시한다.
- 은유적 진술과 다른 문화적 자원의 사용에 대한 창의적이고 해석적 초점이 연구 대상자의 삶의 경험에 어떻게 강력한 통찰력을 제공하는지를 제시한다.

은유와 신경증: 사례 연구

배경

이 장에서는 단일 인터뷰에서 몇 가지 내용을 추출하여 부분적으로는 IPA가 제시하는 일부 통찰력을 제시하고 임상 현장에서 현상학 연구자가 직면하는 어려움의 일부를 규명하고 논의하는 기반으로 사용하고자 한다.

이 연구의 참여자는 세드(Syed)라고 불리는 남성으로 최근 신경증의 증상을 호소한 바 있다. 그의 진술은 더 광범위한 연구의 초기 단계에서 채택된 단일 인터뷰를 유도하고 있다. 이 연구에서는 영국 서부 미드랜드에서 조기 중재 서비스를 받는 영국계 아시아인의 경험을 살펴볼 것이다. 이 연구의 후반부에서는 참여자 가족의 경험을 살펴볼 것이고 조기 중재 서비스 팀원들의 경험에 대해서도 연구할 것이다.

신경증. 신경증은 자신의 존재나 정신상태 상의 변화를 일컫는다. 이러한 변화는 대부분의 사람이 쉽게 인식하듯이 현실성에 대한 인식의 상실로 전형적으로 설명한다. 이러한 증상은 종종 한 번 나타나거나 다시 재발하기도 한다. 증상은 비현실적 망상, 환각 등을 동반하며 통찰력 상실, 이해력 저하, 의사소통 기능 저하 및 동기 상실 등을 포함한다. 신경증이 그 환자나 가족들에 미치는 영향은 매우 다양하고 파괴적이다. 발달 지체, 인지적 및 사회적 손상은 장기적으로 점차 악화되며 문화적 배경에 따라 매우 수치스럽고 불명예스러운 일로 간주한다. 따라서 신경증은 복잡한 사건이며 개인적 사고, 감정, 행동, 일상생활, 대인관계에 영향을 미치게 된다.

불과 최근까지 세드와 같은 사례는 신경증보다는 정신분열증의 질병 모델에 더욱 부합되는 것으로 여겨(Boyle, 2002a, 2002b) 약물치료나 입원치료가 더욱 선호되는 중재라 여겨졌다. 이러한 입장에는 나름대로 이유가 있겠지만 잘 발달된 다제학적인 비평에서는 이러한 연구를 광범위하게 이용하는데는 제한점이 있을 수 있다고 제시한다(Johnson, 2000). 사회적 낙인, 제도화, 의존성, 심각한 신체적 질병 등은 모두 신경증에 부정적 영향을 미친다. 그러나 정신분열증은 사회적 편견을 유발하는 용어일 뿐만 아니라 의료·사회적으로 심각한 결과와도 연관되기 때문에 진단적 타당성은 개념적 비평에 있어 상당히 논란의 소지가 있다.

> 지난 25년간 전반적으로 일관성 있는 질병으로서 정신분열증의 타당성에 대한 증거가 부족함에도 완전히 간과되어 왔다(Bentall, 2004; Boyle, 1990; Read et al., 2007). 물론 이것은 사람들이 문제나 질병의 고통을 경험하지 않는다는 의미가 아니다(Newton et al, 2007).

정신의학자나 심리학자들은 정신분열증이라고 명명된 경험이나 행동이 매우 다양하고, 맥락에 기반을 두어야 하며 단일 질환의 증상이라 여겨지기 어렵다고 진술한다. 둘째 그들은 개념적 가설이나 방법론적 오류를 자체로 고려해야 하며 이러한 증상이나 행위에 대한 신경학적인 단일 기저의 병인을 제안할 결정적 증거가 없다고 하였다. 최근 더 많은 연구 자료들이 다양한 흥미로운 단계를 제시하고 있다. 인지적, 사회적, 가족적 맥락, 가족력과 트라우마 경험을 파악하여 더욱 포괄적인 개념의 신경증이라 일컬어지는 경험의 복잡성과 타당성을 진술하고 있다.

전체적으로 이러한 새로운 모델과 연구들은 진단과 치료에만 치중하는 것에서 벗어나 중재들을 제시하는 추세에 있다. 여기서 정신의학자나 심리학자들의 역할은 환자들로 하여금 자신의 문제점을 파악하도록 도와주는 것과 가능한 심리적, 의료적, 사회적, 직업적 영역에서 변화와 대처기전을 지지할 방법을 찾아 중재해 주는 것이다. 이러한 접근법에서 핵심요소는 신경증이 이해할 만한 증상이라는 것을 인지하는 것이다. 예를 들면 망상은 단순히 의미 없고 위험한 발상이라고 여겨지는 것이 아니다. 또한 이러한 증상을 가진 자에 대해 정신적으로 문제가 있는 사람들만이 가지고 있는 것이라 제한해서도 안된다. 신경증에 대한 새로운 접근법은 현상학적인 연구에서 강력하게 제시되고 있다.

신경증과 현상학. 신경증과 현상학적인 접근 주제 사이에는 긴 끈이 있다. 신경증은 정신의학자인 칼 재스퍼(Karl Jasper)에 의해 제시되었으며, 현상학 연구의 '공감의 역치'의 한 종류로 여겨졌다(Bentall, 2004). 재스퍼는 공감적인 마인드를 가진 사람이 같은 생각을 가진 사람의 세계에 더 잘 진입할 수 있으나 신

경증적인 사람의 세계에는 진입하기 어렵다고 느꼈다. 그와 동시대에 활동했던 정신의학자인 루드비히 빈스방거(Ludwig Binswanger)는 이러한 의견에 강력히 반대하였다. 그는(1975/1963) 재스퍼의 주장에 대해 부분적으로 치료와 연구에 대한 해석학적이고 실존적인 접근법을 발전시켰고 최근의 신경증으로의 접근법에 중요한 단서를 제공하였다.

여기서 위 두 학자의 견해는 몇 가지 간략한 장점을 제공하고 있다. IPA 연구자는 임상에서의 상당한 불확실성에 초점을 두고 있다. 참여자의 이러한 주장은 매우 설득력이 있으나 이해하기에 어려운 측면이 있으며, 상황을 파악하고(우리의 초점이 어디인가 하는 것) 인과성이나 진실성(이것이 어떻게 일어났고 정말로 무엇이 일어났는가에 대한 고민)을 파악하는데 더욱 멀어지게 한다. 이러한 이유로 우리는 자신의 경험이나 반응에 더욱 이해하고자 몰입한다. 몇 가지 반영(reflection)은 현상학이나 해석학 연구에서 유용하고 필요한 부분이지만 앞서 지적하였듯이 너무나 많은 반영은 그 자체로서의 연구 대상으로부터 멀어지게 된다.

빈스방거는 우리에게 이러한 문제를 생각하기 위한 유용한 틀로 실무에서의 핵심인 함께 있음을 제시함으로써 개인의 입장과 맥락을 동시에 이해하려고 시도하며, 개인의 주장을 합당하게 이해하게 된다:

> 빈스방거는 공감의 세계관에 살아야 하는 필요성을 강조하며, 그 세계관에서는 사람이 동등한 위치로 분석이 된다. 공감의 동등한 위치에서 한 개인의 세계는 일련의 '협력하는 모드'로 더욱 명확하게 드러난다(Ghaeni, 2001: 57).

그의 공감의 개념을 적용하는 것은 IPA의 핵심 개념인 '내부자의 시각'으로 예시하며, 최근 신경증에 대한 연구가 현상학적인 접근으로 전환하였음을 의미한다. 예를 들면 벤탈(Bentall)이 제시한 '증상'들의 의미있는 특성으로 개인적, 관계적, 생물학적인 특성에서 강조하는 것을 보면, '우리는 정신의학적 진단을 버리고 대신 신경증을 가진 사람의 실제적인 경험이나 행동을 설명하고 이해하려고 노력해야 한다'(2004: 141). 따라서 빈스방거는 특히 신경증에서 공감이 가장 도전적인 지점을 초월하고, 환자 세계의 내면적 논리와 생애사적인 맥락으로 진입하고자 시도한다. 이것은 해석적 현상학적 연구가 시작되는 지점으로부터 거리가 있는 것이 사실이다. 이 장에서 우리는 사례 연구를 소개하고, 맥락화하고, 탐색하기 때문에 다음 내용으로 넘어가고자 한다.

조기중재. 임상실무에서 진단으로부터 벗어나고자 하는 움직임은 영국의 조기 중재에 의해 촉진되고 있다. 이 서비스는 신경증의 초기 증후 이후 3년 동안 젊은 사람들과 함께 이루어졌다. 정신과 의사와 다제학적인 팀은 진단적 불확실성의 분위기에서 일을 하거나 이 연구 대상인 젊은 남성에 의해 진술된 어려움에 따라 약물학적, 사회적, 심리적 중재를 사용하여 치료해야 할지 결정해야 한다(Birchwood et al., 2000).

이 서비스 모델은 국가적으로 신경증을 위한 핵심 접근법으로 채택되었다(NICE, 2002; IRIS, 2006). 지난 2년에서 5년 동안 중대한 시기에 작용된 원칙들은 신경증의 초기 경험에서 시작하여 그 동안 실행된 중재는 두 번째 증상인 자존감 저하, 자살 시도, 사회 경제적 능력 저하 등을 줄이는데 도움이 되고 회복을 촉진시킬 것이다. 여기에서 환각, 환청 등의 일차적 양성증상은 중대한 시기 동안에 제공하는 치료에 더욱 효과적으로 반응한다는 것을 알 수 있었다.

> 가장 초기 단계에 효과적인 치료법을 제공하는 것은 의료적 중재가 현 질환 단계에서 가장 최상의 임상 실무라는 것을 보장하는 것이며, 단지 추후 단계를 위해 개발된 변형된 표준 치료법이 아니라 질환으로 지속적으로 고통을 받는 하위그룹을 위한 것이다(McGorry, Edwards, Mihalopoulos, Harrigan, & Jackson, 1996: 305).

조기 중재 서비스가 심리학적 치료가 필요한 대상자에게 효과적으로 반응한다는 것은 중대한 사실이다. 이것은 사람들이 신경증과 회복의 경험을 이해하기 위한 문화적, 관계적 틀의 이해를 요구하고 있음을 의미한다. 그 결과 연구의 세 번째 단계의 질문인 참여자의 서비스의 경험과 업무의 모델에 대한 이해와 평가의 이해에 초점을 두고 있다. 이 장의 목적은 세드의 경험과 그의 맥락, 문화적 자원간의 관계를 고려하고자 한다. 독자는 세드의 동양적 요소가 중요하지만 이러한 동양적 문화만이 그가 이끌어 낼 수 있는 유일한 자원을 의미하지 않는다는 것을 안다.

방법

세드는 젊은 무슬림 남성으로 영국에서 출생하였고 그의 부모는 일찍이 남부 아시아에서 영국으로 이주했다. 그의 어머니는 영어 구사 능력이 전혀 없으며 아버지는 아주 제한된 수준의 영어를 구사하고 있다. 그는 10대 후반에 심리적, 사회적 문제를 경험하였으며, 인터뷰 당시에 조기 중재 서비스를 받고 있었다.

인터뷰는 조기 중재 서비스에서 근무하는 사바 라티프(Sabah Latif)에 의해 수행되었고 반구조화된 개방형 질문으로 구성하였다. 내용은 어떻게 조기 중재 서비스를 알고 접근하였으며, 당시에 있었던 일, 조기 중재 서비스 팀이 어떠한 역할을 하였는지, 그들이 추후 어떤 역할을 더 수행해야 하는지를 물었다. 인터뷰는 세드의 자택에서 실시되었다.

분석

무력화와 위협의 현상학. 이 장의 후반부에서는 분석에 집중하였고, 세드가 적용한 은유법을 사용하였으며, 신경증과 회복 경험의 주요 요소와 결부지어 효과적으로 의사소통을 하는 은유를 사용하였다. 이러한 은유를 소개하기 전에 세드의 일차적 주장과 관심 사항을 규명하기 위해 그가 진술한 현상적인 핵심을 구성하는 것은 중요하다.

세드는 복잡하고 다단계로 자신의 경험을 진술하였는데 조기 중재 서비스를 어떻게 접근하였는지에 대한 사바의 질문에 대해 자신의 문제의 근본 원인에 대해 설명하고자 시도하였다. 그의 관심사는 주요 핵심 주제인 임파워먼트 부재에 집중되어 있었고, 이러한 주제를 통해 사회, 문화적 환경에서 위협적이고 심각하게 무력화된 상황임을 알 수 있다〈도표 9.2〉.

〈도표 9.2〉 세드의 설명에서 무력감과 임파워먼트 부재

•성적 손상	'나는 집단 따돌림을 받았고 친구들이 나의 고환을 발로 찼다.' - 얼음위에서의 사고 - 불량배들의 공격
•여자친구	'다른 사람들이 나와 교제한 모든 여자친구들을 빼앗았다.'
•재산과 안전의 위협	'사람들이 나의 가구에 손상을 입혔다.'
•걱정과 스트레스	'사람들은 나보다 더 힘이 세다.'
•인종차별	'너는 경멸스러운 파키스탄인이다. 여기 영국에서 얼른 나가.'
•실망감	'나는 카우보이와 인디언들이 나오는 영화를 많이 보곤 했으나 지금은 거의 보지 않는다.'

임파워먼트 부재에 대한 주제는 일반적으로 세드의 심리적 고통과 관련한 경험을 이해하는데 도움을 주고 있다. 그의 주된 관심사 중의 하나는 성적 학대 경험이었다. 그와 여러차례 인터뷰에서 그는 이러한 학대가 학교에서의 집단 따돌림이나 혹은 사고에서 비롯되었다고 진술하였다. 그는 어린 시절 두 가지 주요 사건을 진술하였다. 여기서 그는 자신이 당한 학대를 설명하고 있다.

> 내가 학교 친구들에 의해 고환을 맞았을 때 나는 순간 충격으로 시간이 멈춘 것과 같은 느낌이었다. 내 생각은 상상을 뛰어 넘는 것이었고 이것이 무엇을 의미하는가는 마치 고통의 장벽과 같은 것이었다. 나는 그 후로 그와 같은 고통을 겪어본 적이 없었다. 화장실에 갔을 때 소변에서 피가 나오는 것 같았고 나는 순간 울음을 참을 수 없었다.

이 사건의 신체적, 경험적 영향은 매우 강력하였다. 세드는 이로 인한 지속적인 두려움을 연상하였고 이 사건으로 인해 성적 불구자가 되지 않을까 하는 두려움으로 괴로워하고 있었다. 이 사건은 그의 잠재적인 전환 시점이 되어 이후로 그는 심리적 변화를 초래하였다고 생각하였다. 전쟁 모티브(shell motif)는 이러한 트라우마적인 사건에 반복적으로 언급되었으며, 여러 단계에서 그의 신

경증 증상을 진술하는데 이용되었다. 그는 이러한 신체적 손상에 대한 의학적 조언을 받았지만 완전히 심리적으로 안도감을 얻지 못했다.

> 나는 스캔도 찍었으며 그 밖의 모든 모니터링을 했지만 뭔가 잘못된 것 같은 느낌이 남아있었다. 내 몸의 일부가 부어오르는 증상에 대해 무슨 일이 벌어지고 있는지 그것이 어떤 것인지 몰랐다. 나는 의사가 아니어서 이를 설명할 수 없다. 의사라면 내 몸에 어떤 문제가 있는지 설명할 수 있겠지만 나는 의사가 아니라 모든 것을 확신할 수 없었다.

그는 어린 시절에 받은 성적 손상에 대한 염려, 학대 경험과 더불어 인종차별과 동양인으로서 긍정적이고 강력하며 매력적인 모델을 찾지 못한 실망감에 대해 이야기하였다. 그는 어린 시절 미국의 초기 원주민인 인디언들의 영화를 즐기고 이들을 흠모하고 동경하였다고 진술하였다.

> 이들을 보고 있으면 마치 전사가 되는 기분이었다. 이들은 나에게 있어 평화를 위해 싸우는 용맹한 전사와 같았다. 나는 특히 그들이 말을 타고 평원을 거니는 모습을 좋아하곤 하였다. 그들의 갈색 눈동자와 밝은 갈색 피부를 좋아했고 그들은 나에게 있어 우상이었다. 나는 그들을 보며 자랐다.

추후에 그는 영화에 나오는 인디언들이 그에게 더이상 우상화로서의 존재가 아닌 대부분 악당으로 인식되고 있음을 알게 된다. 세드는 여기서 그의 이러한 각성을 상당히 아쉽게 반영한다('나는 지금 그 영화를 거의 보지 않는다').

여기에 더 광범위한 문화적 맥락이 있다. 여기서 '미친 짓(madness)'은 폭력의 성향과 연관되어 있다:

> 나는 신경증을 미친 짓이라고 알고 있었다. 그것이 진짜로 무엇을 의미하는가를 알기 이전이었다. 내가 어렸을 때 TV에서 보아왔고 사람들이 이야기하던 찰스 브론슨

(Charles Bronson)이나 매드 프랭키 프레이저(Mad Frankie Fraser)와 같은 살인마들을 미친 짓이라 생각했다. 자신이 무엇을 잘못하였는지 모른 채 감옥에 갇혀 문을 주먹으로 치고 발로 차는 사람들은 미친 짓이 아니고 정신적 질병이 있는 것이다. 길거리에서 싸움을 하던지, 주먹질을 하던지, 나에게 복서들은 미친 사람들이었다.

이 맥락에서 세드는 여성과의 관계는 타인과의 폭력적인 경쟁에서 매우 취약하다고 진술하였다. 그는 특별한 정보의 추가 없이 중심적인 이야기에서 취약했던 여자와의 관계를 계속 반복하였으며, 타인으로 인해 이러한 관계 형성에 어려움이 있었던 사실을 털어놓았다.

이러한 점은 진실성이 우리의 주된 관심사가 아니라는 것을 상기시켜준다. 우리는 여기서 이러한 사건이 왜 발생했는지 얼마나 자주 일어났는지에 대해서는 잘 모른다. 그러나 여기서 중요한 것은 이러한 사건들이 세드에게는 중요한 의미를 주고 있다는 점이다. 세드의 관점에서 보면 신경증의 경험과 그로 인한 취약성이 남성성에 위협이 되고 있다고 볼 수 있다.

이러한 점에서 세드는 주변 이웃이 주는 위협과 자신의 건강과 안위 등의 추가적인 염려 사항과 신경증의 초기 증상 발현 동안 이러한 혼란과 스트레스가 점차 악화된 것으로 진술하였다.

세드: 내가 살던 곳의 집 매니저가 나에게 정신과 의사와 상담을 해야 한다고 했다. 그 때 나의 삶에 많은 일들이 일어났다. 나는 그냥 이런 일들을 대처할 수 없었다.

사바: 당신에게 일어난 일에 대해 설명해주세요.

세드: 사람들이 나를 해치려 했다. 그들은 내 가구를 발로 찼고 담뱃불로 지졌으며 당시 집을 살 돈이 없었다. 그저 빵이나 치즈 등의 생필품만 겨우 살 수 있었고 단순 노동이나 해서 돈을 벌었다. 전기를 얼마나 사용하였는지 계량기나 체크하였다. 그저 하루 벌고 먹고 사는 수준이었으며 여러 방면에서 스트레스를 받았다. 나는 잠을 잘 수 없었으며 음식도 잘 먹을 수 없었다. 목욕도 거

의 하지 않았으며 바닥에는 먼지가 가득히 쌓였다. 당시 나는 살기 너무 불편했다. 나는 당시 무슨 일이 벌어지고 있는지 이해할 수 없었다.

그의 신경증 증상에 대한 설명에서 그의 일상생활에 미치는 부정적인 영향을 강조하였다. 그는 주변 교우 및 친척들과의 관계에서도 위협을 느꼈다. 이러한 것은 신경증의 동기적, 사회적, 대인관계적, 자기 간호 측면에 있어 부정적인 특징들을 나타내고 있다... '내 친구는 나에게 멍청하다고 조롱한다. 많은 동양인 가족들은 이러한 신경증에 대해 수치스러운 것이고 종종 이러한 사실을 방관하였다'.

세드는 망상이나 환각 등의 신경증의 양성 증상을 보이지는 않았다. 이러한 현상에 대해 신경증에 대한 사회적 낙인에서 벗어나고자 그가 의도적으로 회피하거나 혹은 단순히 세드가 보이는 증상에 대해 세드 혹은 가족 모두 그다지 의미 있는 증상이라고 생각하지 않기 때문일 수 있다.

세드는 그의 심리적인 질환에 대한 가능한 설명을 하였다. 이러한 설명은 비정상적인 경험이나 행위들을 설명하는데 있어 문화적이고 심리적인 이야기들을 다루고 있었다. 이러한 설명은 많은 의료 전문가들에 의해 뇌질환이라고 불리는, 즉 정신분열증의 의료적 모델의 합리적인 대안으로 여기고 있었다(Read et al., 2004). 따라서 세드는 어린 시절의 학대 및 폭력, 고통스러운 사건들에 의해 심리적 트라우마를 겪었으며 인종차별이나 무슬림 출신이라 받았던 냉대적 태도 등 사회적으로 받는 위협적인 분위기가 그의 어려움을 더욱 가중시킨다고 생각하였다. 또한 낮은 급여, 사람들이 주로 일하지 않는 시간에 일해야 하는 현실, 주변 이웃의 위협적 태도 등은 그에게 견딜 수 없는 생활의 불편함과 스트레스를 유발시키고 있다.

요약하면 신경증의 흔한 심리적 증상은 통찰력의 상실('나는 어떤 것으로부터 멀어지는 느낌이었고 무슨 일이 일어났는지 인식하지 못했다.'), 취약성과 불안함의 증상, 혼란의 증상('내가 이해하지 못하는 일들이 많이 발생했다.') 등의 과거 경험에 대한 인식과 결부되어 있었다.

세드의 회복에 대한 설명은 이러한 설명과 일맥상통하고 있다. 회복은 그가 스스로 자신을 돌볼 수 있는 능력에 대한 회복('나의 부채 문제를 해결할 수 있고 식사도 잘 할 수 있으며 필요시 대중교통도 잘 이용할 수 있다.')과 대인관계에 있어서 자신감에 대한 회복('나는 가족들이 나를 다시 인정해주고 받아주는 것을 다행스럽게 생각한다.')을 의미하기도 한다. 그는 자신의 삶에 있어 더 이상 혼란과 불안을 없애고('내 스트레스 수준은 향상되고 있다.') 미래에 더 잘 대처하기 위한 자신감을 갖기 위해('미친 것이 다시 찾아오면 이미 경험을 했기 때문에 앞으로는 더 잘 대처할 수 있다') 미래에 대한 계획을 세우고 있었다.

여기서 주목할 것은 우리는 세드가 표현한 염려 사항의 일부를 탐구하였다는 것이다. 우리는 그가 사용한 언어를 주목하였고 인터뷰 시의 신경증과 그의 회복에 대한 이해와 경험들을 충분히 이해하고 있다. 이러한 점에서 우리는 빈스방거가 제시한 공감에 충실하고자 시도하였다. 그러나 2장에서 제시하였듯이 우리는 '기술적으로' 연구하기보다 더욱 해석적인 측면에서 설명하고자 하였다. 그러나 이러한 분석 수준이 의구심이 드는 설명을 항상 유도하는 것은 아니다. 만약 그렇다면 우리는 극단적으로 완전히 다른 진술을 설명하는데 어려움을 겪을 것이다. 또한 우리는 대상자의 진술을 통해 현상학적인 핵심에 우리의 해석을 더 명료하게 연결시킬 수 있기를 원했다. 이렇게 형성된 진술은 누군가가 부여한 의미를 이해하기 위한 이론적이고 탐구적인 접근법인 해석적 방법을 통해 확대될 수 있다. 이를 통해 우리는 세드의 신경증 경험과 이해의 심리적이고 문화적인 의미를 더 잘 이해할 수 있다. 분석에서의 해석 수준을 탐색하기 위해서는 5장을 참조하기 바란다.

은유와 해석: 외로운 사람. 세드의 의미 부여와 관련한 진술들을 더 확대하기 위해 우리는 그의 진술 가운데 핵심적인 내용에 더 초점을 기울이고 은유를 구성할 것이다. 그와의 인터뷰 초기에 세드는 신경증을 겪으면서 어려움을 진술하였다. 사바는 그에게 다른 문제가 없는지와 그의 문제점 및 어려운 점을 확대하기보다 그것에 의미를 부여하고자 하였다.

나는 초등학교부터 폭행을 당했다. 폭력으로 인해 나는 얼음판에 넘어졌고 정말 이상하고도 비참한 기억이었다. 그 순간 나는 30~40초간 숨을 쉴 수 없었다. 내가 15살 되었을 때 학교 급우들은 나의 고환을 발로 찼고 그 순간 나는 거의 쇼크 상태에 빠졌다. 난 그때 인크레더블 헐크(incredible hulk)와 같은 삶을 살고 있다고 느꼈다. 어려움을 느낄 때마다 나는 무척 화가 났고 얼마 뒤 그런 기분은 다시 정상으로 돌아왔다.

우리가 예상하듯이 5년 후에 세드는 자신만의 여러 이론을 가지고 있었고 그는 여기서 이들의 일부를 공유하기 시작했다. 아마도 이것은 그가 십대에 트라우마를 겪고 친구들에게 폭행을 당하고 공격의 주요 대상이었기 때문이다. 그에게 여러 사건들이 있었지만 여기서는 이러한 사건들이 마구 뒤엉켜서 나타난다.

특히 흥미로운 것은 해석적인 연구 관점에서의 은유법이다. 인크레더블 헐크는 경이로운 코믹스(marvel comics)의 주요 캐릭터 중의 하나다. 이 책의 핵심적인 내용은 데이비드 배너(David Banner)라고 불리는 정부 과학자가 실험실에서 감마 방사선에 노출되는 내용이다. 이러한 일로 인해 데이비드는 고통을 느낄 적마다 끔직스런 변화를 겪게 되었다. 이러한 과정에서 데이비드는 엄청난 괴력을 지니고 거대한 녹색 몸집을 가진 인크레더블 헐크로 변하였다. 이러한 과정을 다시 복구하고자 하는 과정에서 근처에 있던 기자의 무모한 중재로 인해 데이비드의 실험실이 파괴가 되었고 동료 과학자는 사망하였다. 그 기자는 헐크가 실험실에서 탈출하는 것을 보았다. 데이비드는 사람들에게 그 역시 사망했다는 것을 믿게 하였고 암행으로 그의 상태를 치료하려고 노력하였다. 그는 헐크를 찾는 수많은 사람들(리포터, 군인, 에이전시)에 의해 추격당하고 있다.

세드의 신경증 경험에서 그가 은유한 헐크의 삶에는 서로 강력하고 보완적인 요소가 명백하게 드러나 있다. 첫 번째 요소는 조기 신경증 증상에서의 외로움과 소외감이다. 1970년대 후반에서 1980년대 초반에 TV에서 방영된 인크레더블 헐크의 삶을 보면 역시 이와 유사하다. 그 프로그램의 비전형적인 슈퍼히어로 음악과 더불어 먼지가 잔뜩 낀 거리를 외롭게 쓸쓸히 걸어가는 퇴역한 과학자인 데이비드 배너의 삶은 세드의 삶의 과정을 재현한 듯하다. 〈도표 9.3〉에서는 세드가 묘사한 경험을 상기시키는 인크레더블 헐크의 삶을 인용하였다.

〈도표 9.3〉 인크레더블 헐크 – 공통적인 이야기 특징

사생활이나 개인의 안정성이 없음; 불법 추구; 지속적인 위협

매주 데이비드 배너는 새로운 마을에 들어서면 자신의 현 상태를 회복하고자 이상한 직업을 전전하며 리포터인 잭 매기(Jack Mcgee)에 의해 항상 추격을 당한다. 제너럴 로스(General Ross)와 메이저 탤보(Major Talbot)는 헐크를 포획하라는 임무를 맡았다.

공동 음모; 성적인 경쟁

탤보는 데이비드가 소비에트 연방정부와 긴밀히 협력하여 업무를 수행해 왔다는 것을 확인했을 뿐만 아니라 사랑스러운 연인 베티(Betty)와의 관계도 계획하고 있음을 확신했다.

감추어진 권력; 분노와 변형

한 번의 실수 없이 배너는 지역에서의 어려운 시련을 잘 견디어 왔고 자연 재해나 폭행 등을 겪은 주변 사람들은 녹색 피부를 가진 데이비드의 도움을 받고자 하였다.

재현되는 반복; 로맨틱 아웃사이더

헐크가 사람들에 의해 낙인이 찍히면 배너는 매기가 멀리 있지 않아서 다시 도로를 파괴해야 한다고 느꼈으며, 이러한 장면은 '배너가 마을을 떠난다'는 피아노 주제곡과 함께 방영되었다.

배너의 헐크 삶은 외부자에게는 로맨틱한 견해(꿈을 꾸며 도로를 걸음)로 비추어진다. 우리는 이러한 설정이 청소년이나 성인에게 얼마나 호소력을 가질 수 있는가를 알 수 있다. 데이비드는 사람들에 의해 오해를 받고 추격되며 결국 마을에서 추방된다. 여기서 사춘기나 초기 성인기는 개인주의와 자아 정체감 형성의 시기이다. 이러한 시기 동안에 일어나는 파괴는 신경증의 주요 특징이다(Harrop & Trower, 2003). 이 코믹북에서 나타난 영웅의 변혁적인 능력은 청소년기의 시련을 은유하기도 한다. 따라서 헐크의 삶은 전반적으로 이상적인 삶은 아니나 영웅으로서의 일탈 환상으로서 세드의 경험을 더욱 설득력 있게 하며 여러 층의 의미를 부여하기도 한다.

데이비드의 일탈이 매력적인 이유는 그가 매우 강력한 능력을 가졌기 때문

이다. 이러한 일탈은 세드의 신경증에서와 같이 행위나 동기에 대한 오해의 소지를 제공한다. 따라서 세드가 언급하였듯이 불편한 생활로 인해 화가 났고 다시 정상으로 돌아왔다는 진술은 인크레더블 헐크의 위협을 상기시키는 것이다. 데이비드가 분노하였을 때 사람들에게 오해의 소지가 되는 행위의 인격체를 가진 녹색 빛깔의 근육을 가진 인크레더블 헐크로 변형되었다.

그러나 여기에 양면성이 있다. 세드의 신경증 증상에 대해 그는 몇 가지 분노로 표출하면서 '나쁜 실수'라고 언급하고 있다.

세드: 나의 부모님은 내 행동을 이해하지 못하였을 때 경찰에 신고하였다.

사바: 그 실수에 대해 더 말씀해주시겠어요?

세드: 내가 쓰레기장에서 여동생하고 카세트에 대해 언쟁하고 있을 때였다. 여동생은 체구가 작고 나이가 16살인가 18살 정도였다. 나는 아직 어리석었고 매우 불안 초조하여 여동생을 때렸다. 이것은 마치 음악과 같았다. 그녀가 원하던 카세트는 나를 안정시켰고 나는 그 음악을 듣기 원했다. 나는 정말 멍청한 실수를 저질렀고 다시는 이러한 짓을 하지 않겠다고 생각했다.

따라서 헐크에 대한 은유의 변형적인 능력은 세드 자신의 분노 경험과 그 후에 느끼는 수치감을 포착하고 있다(Birchwood et al., 2007). 세드의 사례에서 보듯이 그 은유는 한 단계 이상의 수준에서 일맥 상통하다고 볼 수 있다. 왜냐하면 세드의 분노에 대한 통제력 상실, 여동생을 존중하지 않은 경험 등의 수치스러운 감정이 남성성의 변형에 기인하기 때문이다.

그러나 이와 더불어 헐크가 갖고 있는 이미지에는 잠재적으로 임파워링한 요소가 있다. 젊은 성인 남성에게 있어 성과 남성성은 중요한 주제인 만큼 세드의 경험에 있어 이미 증폭되어 있다(어린 시절 고환을 가격당함; 집단 따돌림; 여자 친구와의 교제상의 어려움). 여기에서 다시 회복되는 남성성의 상징이 드러나 있고 이는 사춘기 시절의 위협적인 변형 뿐 아니라 신경증으로 인한 변형을 포착하고 있다. 은유의 첫 번째 요소와 같이 두 번째 요소는 다시 회복되고 복구될 신경증으로 인해 손상된 자아 정체성을 포함한다. 데이비드 배너가 경쟁자들에게 제시한 경고(내가 분노하였을 때 당신들은 나를 좋아하지 않을 것이다)와 세드의 인종차별, 학교 집단 따돌림의 경험과 공격적인 사람들에게서 나타나는 신경증의 초기 증상에서의 관계는 명확하게 드러난다. 취약한 외부환경 기저에 있는 세드는 공격적이고 더 이상 취약하지 않고 강력한 자신의 다른 모습을 키워나갈 수 있다. 이러한 은유는 실제적으로 위협받는 상황에서 납득할만한 직접적인 반응에 필요한 역할이다.

헐크의 은유는 세드의 신경증 증상과 그의 개인적 의미와 상당히 결부되어 있다. 세드는 처한 상황과 환경에 의해 사람들에게 오해를 받고 따돌림을 당하지만 한편으로 내부적으로 적응 유연성이 있고 인내심을 가지고 있다는 그러한 주장은 신경증이 있는 젊은 성인들에게 닥친 어려움과 이러한 어려움을 극복하기 위해 끌어당기는 특성에 대해 잘 말해주고 있다.

은유의 이러한 상당한 해석적 능력에도 불구하고 은유는 세드의 미래에 대한 가이드라기보다는 보유하고 있는 전략이다. 세드의 신경증적 요구가 최종적으로 설명되었을 때 헐크의 의미는 더 이상 필요 없다.

사바: 조기 중재 팀이 무엇을 하였는가?

세드: 그들은 정신과 전문 간호사와 사회 재활팀에 있는 싸니(Sani)를 소개하였다. 싸니는 간호사이면서 여러 활동적인 측면에서 도움을 주었다. 그는 수영장에도 나를 데리고 갔다. 처음 몇 년간 정말 좋았고 행복했다. 그 당시 어떠한 약물도 문제되지 않았고 행복감도 느낄 수 있었다. 나는 기존에 나를 가두었던 껍질에서 점점 빠져나오는 느낌이었다. 나는 치료적 제도를 통해 동료들과 교제를 하고 데이 센터에 나가고 그림치료에도 소개를 받아 작업하였다. 나는 지난 어렵고 외로웠던 삶에서 인크레더블 헐크와 같이 살던 삶, 즉 도로를 걸으면서 내가 어느 정도까지 왔고 어디를 걷고 있으며 무엇을 해야 하는지를 인식하지 못했던 삶에서 벗어나 행복하였다.

논의

이 단일사례 연구에서 해석 현상학적 접근법을 통해 우리가 얻은 바는 무엇인가? 우리는 참여자의 주장과 염려사항에 대한 주의 깊은 규명과 현상학적인 핵심적인 기술이 매우 가치있고 설득력이 있다는 것을 알 수 있다. 세드가 인지한 취약성의 성별, 맥락적 경험을 이해할 수 있는 것은 그의 신경증 증상에 대한 은유적 진술이 자신이 경험한 의미 있는 반응을 이해하기 위한 중요한 힌트를 제공하고 있기 때문이다. 즉, 우리는 신경증이 공감과 의미부여에 있어서 결코 극복할 수 없는 장벽이 아니고 현재 관심사에 대한 심리적 사고와 일치한다는 것을 알 수 있다(BPS, 2000). 또한 은유적 표현은 현상학적 분석의 중요한 요소이며 빈스방거 역시 스스로 은유에 대해 '기본 토대적'이라 표현한 바 있다(Lanzoni, 2005).

심리적 고통과 관련한 연구

IPA를 이용한 심리적 고통 경험에 대한 연구로 현상 그 자체, 회복 경험, 의료진의 이해, 제도적 및 문화적 맥락에 대한 연구 등이 점차 증가하고 있다. 우리는 이 장에서 3가지 연구의 예를 제시하겠다.

환자의 견해: 뇌 손상을 겪은 여성의 경험

호웨스(Howes, 2005) 등은 뇌 외상을 앓고 있는 6명의 여성들에 대한 경험을 연구했다. 참여자들은 일 년간 두 차례 정도 인터뷰를 하면서 그 동안의 경험에 대해 진술하였다. 이 연구에서 4가지의 핵심 주제는 변화에 대한 인식, 감정적 반응, 이해의 어려움, 인정과 적응이었다. 이 주제들은 뇌 외상 후 여성 참여자들의 신체적, 인지적 변화를 명시하였으며, 대부분 상실로 경험하고 있다. 4가지 주제 중 감정적 반응은 이러한 변화에 대한 반응이었다.

분노는 참여자들이 경험한 가장 강력한 감정이었고 내부에 가장 직접적으로 가까이

다가온 감정이었다. 종종 여성들은 분노 감정에 의해 압도되었으며 추후 다른 긍정적 감정으로 이동하지 않고 더욱 악화된 감정인 불안이나 우울 등으로 변모되었다.

> 이전에 나를 신경 쓰이게 하지 않았던 것들이 나를 화나게 하였고 나는 점차 불안해졌다. 사소하고 별로 의미 없었던 일들이 커다란 문젯거리가 되어 나를 불안하게 만들었다.

이 연구에서 저자들은 파커스(Parkes, 1998)와 차마즈(Charmaz, 1989)의 만성질환자들의 심리적 괴로움과 상실감에 괴로워하는 대상자들에 대한 연구와 일맥상통하다는 결론을 제시하고 있다. 그들은 이러한 상황에 처한 여성들이 자신의 통제력을 다시 회복하고 적극적 문제 해결자로서의 위치를 확보하기 위한 중재 방안을 제시하였다.

전문적 의료진의 견해: 임상적 의사결정

캠(Kam)과 미젤레이(Midgeley, 2006)는 의료진의 견해를 통해 좋은 사례를 제시하였다. 그들은 정신건강 의료진들이 개별적 심리치료를 위해 아이를 언제 의뢰하는지를 결정하는 연구를 탐구하였다. 그들의 개별적 맥락적 집중을 위해 캠과 미젤레이는 아동 청소년을 위해 정신 건강 서비스를 제공하는 상담가, 정신과의사, 심리학자, 가족 치료사, 사회 사업가와 인터뷰하였다. 연구 결과는 동질성을 수용할 만한 수준에 있어서 인식상의 설계 정도가 다방면으로 어떻게 균형을 이루는지에 대한 흥미로운 예시를 제공하였다.

캠과 미젤레이는 참여자들의 세 가지 반응으로 '값진 아동 심리치료', '나는 아동 심리치료 사례로 인지하는 것은 무엇인가', '준비성에 대한 생각'을 제시하였다. 이러한 반응은 아동 심리를 제공하고 발전을 위한 흥미로운 의의를 가지나 첫 번째 주제는 아마도 가장 놀라운 주제이기도 하다. 아동 심리 치료는 가치있는 것으로 긍정적, 부정적 측면이 있다. 따라서 이러한 결과는 값지고 특별한 것 혹은 그것 자체의 심리역동학적 인식에 너무 확실하고 작용 방식에 완고한 것으로 해석될 수 있다.

결론적으로 저자들은 세 가지 주제에 대한 유사한 모호성의 시리즈를 함께 유도하였고 이러한 결정의 근거와 연계되는 의사결정 간의 관계에 대해 흥미로운 관찰거리를 제공하고 있다. 이것은 상대적으로 국소적인 현상학적인 탐구가 더 일반적인 중대한 관찰을 제시할 수 있는지에 대한 좋은 예시를 제공하는 것이다.

> 개별 심리 치료에 의뢰된 대부분의 아이들은 어떠한 직접적인 방법으로 근거 기반이 되는 추천사항을 반영하지 않았고, 의료진들 또한 이러한 지침이 의미있다고 판단하지 않았다. 이것은 부분적으로 아동 심리치료 분야에서의 관련 연구 부족과 연관이 있으나 일반적으로 연구에 대한 불신이 있었다. 이러한 불신은 근거에 기반한 지침이 상대적으로 부족하여 임상 상담의 복잡성을 나타내는 차이를 반영하는 것으로 보인다.

이와 같이 연구결과는 근거에 기반한 접근법의 한계들을 제시하였다. 예를 들면 대부분의 근거 기반 지침들은 특정 정신질환 진단을 위한 특정 치료법의 근거로 구성되어 있다. 그러나 이 연구는 정신과적 진단이 특정 아동을 위한 특정 형태 치료법의 적절성에 대해 의료진들이 고민하는 것처럼 항상 핵심적인 것이 아니라고 제시하고 있다. 차라리 아동들의 특정 치료에 대한 더 광범위한 견해로 아동들에게 나타나는 특별한 어려움과 치료자가 아동과 가족들에게 접근하는 업무 단계 간에는 훨씬 더 복잡한 상호작용이 존재한다.

서비스 이용자에 의해 주도되는 연구: 신경증으로부터의 회복

최근의 발전으로 한 가지 주목할 만한 것은 이용자에 의해 주도되는 연구를 위한 방법으로 IPA를 채택하는 것이다.

> 서비스 이용자에 의해 주도되는 연구에 대한 정의는 이용자들이 연구과정의 모든 단계들을 통제하는 연구를 가리키며 이는 연구 설계, 자료수집, 분석, 글쓰기, 보급 등을

포함한다(Rose, 2003). 서비스 이용자들은 연구의 대상자라기보다는 연구과정에서의 의사결정에 적극적이다. 이것은 연구가 서비스 이용자들의 관심사와 관련하여 수행된다는 것을 확신한다는 의미에서 이득이다. 또한 사용자-인터뷰 진행자 간의 관계가 발전함으로써 자료수집으로 이끈다. 연구는 신경증 환자에 대한 사회적 낙인과 오해를 없애기 위한 더 광범위한 사회적 변화의 중요성을 제시한다.

이 흥미로운 접근법은 심리적 고통 연구 분야에서 다양한 차원을 통해 잠재적으로 적용될 수 있다. 피트(Pitt) 등은 신경증으로부터 회복하는 사람들의 주관적 경험을 탐구하는 훌륭한 예시를 제공하였다. 이 연구의 질문, 설계, 자료수집, 자료분석은 일차적으로 두 명의 사용자-연구자들에 의해 주도되었고 수행되었다. 이들은 3명의 임상심리학자로부터 연구 감독을 받았고 서비스 이용자 조정 그룹으로부터 입력을 받았다. 그들은 7번의 인터뷰를 수행하였으며 IPA 연구 방법을 이용하여 필사본을 분석하였다.

그들의 분석은 신경증으로부터의 회복과정을 '복잡하고 개별적인' 것이라 진술하였으며 연구 주제들은 특히 자아의 재형성 및 임파워링의 과정과 경험, 자신의 삶과 사회적 지지체계, 관계의 재형성, 더 나은 미래를 위한 일반적으로 표출된 희망에 초점을 두었다.

'사회적 지지체계의 재형성'의 주제에서 저자는 전문적, 직업적 분야, 사회적 네트워크 지지체계를 지목하고 있다. 이에 대해 한 참여자는 다음과 같이 진술하였다.

> 나는 상태가 안 좋았고 그녀의 부모님은 내가 아프다는 것을 인지하고 내가 겪고 있는 것에 대한 문헌들을 읽은 결과 내게 무슨 일이 발생하였는지 이해하게 되었다. 그들은... 내 병에 대해 실제로 나에게 문제가 있는 것이라 생각하지 않았다. 그들은 그저 나에 대해 생각했고 나를 완전히 지지해 주었다.(Pitt et al., 2007)

이 연구는 또한 오해와 낙인을 제거하는데 돕기 위한 광범위한 사회적 변화의 중요성을 지적하였다.

> 나는 친구들이 내 증상에 대해 많은 두려움을 갖고 있다고 생각한다. 그들은 나를 이해하지 못한다. 그들은 그저 내가 이상하고 내가 그들에게 해를 끼치거나 심지어 죽일 것이라고 생각하고 있다. 나는 물론 이들 생각이 잘못된 것이라고 이해하지만 보다 많은 교육이 더 있어야 한다고 생각한다.

이 연구는 임상 중재의 향상을 위한 많은 조언과 관련이 있다.

이 연구 현상의 이전 경험이 탐구와 이해의 장벽 혹은 필요조건으로서 여겨지지 않지만 이용자 주도의 연구는 몇 가지 강력한 통찰력을 제공하는 가능성을 가지고 있다. 내부자의 위치는 명료하지 않고 자율성이나 통찰력이 자동적으로 전환되지 않지만 이러한 연구는 이용자-연구자에게 해석적 순환을 통해 추가적인 비교를 제시할 수 있도록 돕는다.

기타 IPA 연구

IPA 연구 방법을 이용하여 심리적 고통에 대해 다룬 다른 연구들을 살펴보면 변화와 회복 과정에 대한 대상자의 경험(Macdonald, Sinason, & Hollins, 2003; Newton et al., 2007); 전문가의 의사결정과 임상의 이해(Carradice, Shankland, & Beail, 2002; Golsworthy & Coyle, 2001); 특정 종류 경험의 제도적 맥락(Larkin, Clifron, & De Visser, in press; Schoenberg & Shiloh, 2002); 정신 건강 쟁점의 문화적 이해(Roose & John, 2003; Swift & Wilson, 2001) 등이 있다.

10장

삶의 경험과 정체성

서론

IPA 연구 결과 중 두드러지는 흥미로운 것 중의 하나는 정체성이 얼마나 자주 핵심 관심사로 나타났는가 하는 것이다. 예를 들면 앞의 세 장에서 정체성 주제를 중심으로 논의해 왔으며, IPA의 많은 연구에서 특별한 공통점은 주요 삶의 변환 과정에서의 정체성 변화에 대해 다루고 있다. 만약에 누군가 심도 깊은 귀납적 질적연구를 착수한다면, 참여자들의 실체적인 주제들이 정체성과 연관되어 있다는 것을 알게 될 것이다. 그러나 주목할 것은 IPA의 놀라운 특징이 심리학 이외의 학문 분야에서는 전혀 접근되지 않다는 것이다.

이 연구의 핵심 내용은 조나단이 엄마가 되는 전환과정에서의 정체성의 변화에 대한 연구결과이다(Smith, 1994a; 1999a, b). 우리는 여기서 IPA를 적용한 다른 영역을 제시하는 것 이외에도 특징적인 다양한 특성들을 제시하고 있다. 이 연구는 IPA가 여러 참여자들로부터 수집된 자료를 바탕으로 집중된 개별기술적인 초점을 가지고 어떻게 종단적으로 이용되고 있는 지를 보여준다. 이 연구 과정동안 자료의 20가지가 각 여성들에 의해 수집되었다. 이 장에서는 자료가 어디에서 강력한 이론적 틀을 가지고 대화를 하는데 이용되는지 그리고 분석이 어디에서 지금까지와 다른 방식의 연구를 제시하는지를 보여주고 있다. 〈도표 10.1〉은 이 연구에서의 IPA의 주요 특성을 보여주고 있다. 이 연구의 마지막 부분은 IPA를 적용한 다른 정체성에 초점을 둔 다양한 연구들을 제시하고 있다.

〈도표 10.1〉 이 연구의 주요 특징

- 각 참여자들로부터 다양한 출처로 인터뷰, 일기, 개별 인터뷰, 추후 조사 등의 자료를 수집하였다.
- 이론적 틀에 강력하게 연관되어 있다.
- 분석적 귀납법의 형태로 유도하여 새로운 방법으로 교차 사례 분석법을 공식화하였다.

엄마됨의 전환 과정 동안의 정체성 변화

배경

여성에게 엄마됨은 개인적, 사회적, 생물학적 변화를 고려할 때 중요한 변화이다. 이 연구는 임신 상태의 여성들을 대상으로 엄마됨의 전환 과정과 이들의 정체서 변화 과정을 탐구하였다.

기존 연구는 우선적으로 양적연구가 많다. 양적연구의 대부분은 의료적, 심리적 모델을 이용하였고 문제가 있는 임신에 초점을 두었다. 이 연구의 목적은 정상적인 과정으로서의 임신과 엄마됨의 전환을 탐구하는 것이며, 그 과정에서 대부분의 여성은 장기적이고 신체적, 정서적 문제없이 그러한 변화를 겪고 있다.

질적연구방법이 개인적 변화에 대한 상세한 조사에 관심을 갖기 때문에 이 연구에 가장 적합한 것으로 생각된다. 이 연구는 상당히 개별기술로 시작하여 소규모의 여성 집단을 대상으로 종단적으로 자료를 수집하였다. 트라이엥귤레이션을 위해 인터뷰, 일기, 개인적 설명, 레퍼토리 그리드(repertory grid) 등 다양한 방법을 사용하였다.

이 연구는 귀납적이다. 연구자가 만약 에릭슨(Erikson, 1980)의 정체성 발달의 심리적 모델과 같은 생애주기 발달 이론에 익숙하다면, 엄마됨의 전환이 개별적인 변화에 의해 두드러질 수 있다고 기대할 것이다. 또한 이런 변화가 어떻게 명백한가에 대한 기대는 전혀 없으며, 주요 변화가 보고되지 않을 수 있다는 것 또한 기꺼이 수용한다.

이 연구는 또한 많은 여성학자들에 의해 영향을 받았다. 니콜슨(Nicolson,

1986)은 이 연구의 가치가 여성에 주목하고 있고, 여성들의 직접적인 진술 자체에 초점을 두며, 여성이 진술하는 어떠한 내용도 실제에 대한 그들의 해석으로 여겨야 함을 지적하고 있다. 니콜슨(1986)은 이러한 접근법을 산후 우울증 연구에 적용하였다. 그리고 기존의 엄마됨의 변환 과정에 대한 연구들과 비교해 볼 때 몇 가지 흥미롭고 통찰력 있는 분석이 여성들의 개인적 진술을 통해 나타나고 있다(Rich, 1977).

방법

이 연구의 목적은 3장에서 제시한 목적적 동질 집단을 표출하고자 소규모 여성들을 물색하였다. 〈도표 10.2〉에 제시된 특성들을 공유하는 여성 집단들을 위해 주의 깊은 선별과정을 거쳤다.

〈도표 10.2〉 대상자 선정 기준

- 연령 25~30세
- 정규직종
- 이성과의 장기적인 관계
- 초산
- 유산 경험이나 낙태의 경험 없음
- 원치 않는 임신 제외
- 첫 임신 3개월 내에 속한 사람

여성들은 임신 3개월, 6개월, 9개월, 출산 후 5개월 등 총 4회 인터뷰를 하였다. 여성들은 인터뷰를 통해 개인적인 임신 경험이 정체성에 어떻게 영향을 미치는지를 진술하고 있다. 참여자들은 임신 중에 생각하고 느낀 것을 기록하도록 요청을 받았으며 매주 일기의 시작 부분에 기입하게 하였고 대부분 이러한 지시를 잘 따랐다. 이런 작업은 사례 연구를 구축할 수 있는 개별기술적 양적 자료를 생산하였다. 참여자들의 진술과 가족에 대한 정보는 철저히 비밀에 부쳤다.

각 사례들은 여성들로부터 얻어진 풍부한 자료에 정당성을 부여하기 위해 그 자체 종단적 사례 연구로 쓰였다.

교차 사례 연구. 각 사례들이 단독으로 쓰인 후 두 번째 작업인 교차 사례 분석이 행해졌으며, 이는 5장에서 제시된 것과는 다르다. 이것은 IPA가 유연하다는 것을 나타내며, 절차는 다르지만 IPA의 주요 원칙하에 수행되고 있다.

분석의 순서는 두 번째 분석 작업이 어떻게 촉진되는가를 지목함에 따라 중요하다. 교차 사례 분석은 분석적 귀납법으로부터 사고를 이끌어내는 미시이론 발달의 형태이다. 이는 각 사례가 그것을 정련화하기 위해 사용됨에 따라 이론 발달 자체가 개별기술이라는 점을 의미한다. 목적은 자료 세트에 있는 모든 사례들에 있어 진실인 이론적 진술을 창출하려는 것에 있으며, 아니면 개별적인 사례가 전통적인 심리적 방법의 실제적인 주장이라기보다는 명료하게 진술된 예외를 가지고 있다는 것을 제시하는 것이다. 실제로 이것은 개별적 사례와 분석 수준 간에 지속적인 움직임을 포함하며, 완벽한 연구와 상세한 하부 부문, 추상적인 비교 매트릭스를 유도하고 있다.

용어는 다르지만 논리는 5장에서 제시한 상위 주제의 생성과 다르지 않다. 상위 주제는 한 언어 자료에 각 참여자들에게 적용된 구성물이지만 각 사례에 다양한 방식으로 명백하게 드러난다. 이와 유사하게 이 연구에서 생성된 이론적 진술은 모든 참여자들에게 적용되지만 그 진술이 언급되는 방식은 참여자들마다 상당히 다양하게 나타났다. 집단의 상위 주제와 함께 이 장은 IPA 연구가 집중과 분리를 얼마나 잘 나타내는가 하는 것과 개별적 뉘앙스를 패턴화시키는 것을 제시한다.

개별적 사례 분석 동안 조나단은 여성 참여자들이 얼마나 자주 의미 있는 타인과의 관계를 언급하는가에 대해 놀라왔다. 이것은 이 연구에서의 질문사항이 아니었고 더욱이 인터뷰 시 개인적 관계에 대한 질문은 포함되지 않았다. 그러나 해석적 현상학적 관점에 일치하여 여성은 경험적으로 숙련되어 있었고 유연적인 귀납법은 그들의 관계를 연구의 핵심적인 요소로 이끌었다.

교차 사례 연구 동안 관계에 대한 관심사가 핵심적으로 떠오르자 조나단은 이 연구와 관련한 문헌들을 찾았다. 조지 허버트 미드(George Herbert Mead, 1934)의 자료는 매우 유용한 것으로 입증되었다. 따라서 역동적인 관계는 개별적 사례 연구에서의 비교와 미드의 작품에 존재하고 있었다. 그는 두 번째 작업 분석에 이론적 틀을 제시하였지만 분석과 특정 내용 또한 사례에서의 자료에 의해 유도되었다. 여기서 우리는 IPA작업이 창조적이라는 것을 알 수 있다. 첫 번째 작업 사례 연구는 고전적 IPA형식을 통해 유도되었다. 그러나 중요한 것은 이론과 함께 하는 대화는 여전히 IPA의 원칙과 일치하는데 이는 여성들의 진술에 의해 더욱 촉진되었다. 그러므로 이론화는 없다고 생각하고 출발하기보다는 내부에 존재하고 있다.

미드의 자아에 대한 개념은 상징적이므로 이는 타인과의 상호작용을 통해 드러난다.

> 개인은 직·간접적으로 같은 사회에 속해 있는 집단 구성원의 특정 관점 혹은 개인이 속한 사회 전체의 일반적 관점을 통해 경험한다. 왜냐하면 그는 자아 혹은 개인으로 자신의 경험으로 들어가는데 거기에서 자신의 주체가 되는 것이 아니라 먼저 자신의 대상이 되는 것이다. 즉 그는 자신에 대해 타인의 태도를 취함으로써 사회적 환경 내의 자신을 향해 혹은 속해 있는 집단에서의 경험이나 행위의 맥락을 통해 자신을 위한 대상이 되는 것이다.[1934: 138]

미드의 자아에 대한 견해는 이성적이며 상징적이다:

> 자아는 다른 자아와의 명백한 관계에서만 존재한다. 어떤 엄밀한 라인도 우리 자신의 자아와 다른 사람의 자아 사이를 이끌어 낼 수 없다. 왜냐하면 다른 사람의 자아가 존재하여 우리의 경험으로 들어갈 때만이 우리 자신의 자아는 존재하고 우리의 경험으로 들어가기 때문이다.

사례 분석을 하는 동안 연구자는 전반적인 분석을 이끄는 메타-이론적 틀을 포괄하는 일반적 요약 진술을 작성하는 것으로 시작하였고, 미드의 관점과 개별적 사례에서 제시하는 주제에 의해 영향을 받았다.

첫 번째 진술: 자아와 타인의 개념은 역동적으로 상호의존적이다.

이러한 일반적 진술에 대한 사례가 검토되었고 더 특별한 조건부의 이론적 진술이 형성되었다. 다른 사례들 역시 이 진술에 의해 검토된 후 이 연구의 결과로 변형되었다. 따라서 이론적 진술은 실증적 자료에 의해 생성, 검토되고 변형, 연마되었다.

합리적 자아와 관련하여 4가지 이론적 진술들이 이러한 과정을 통해 생성되었다. 여기에서 우리는 이들 두 가지를 제시한다. 합리적 자아에 대해서는 스미스(1999)의 연구에서 충분히 설명되고 있으며, 주요 연구는 무수히 많은 이러한 귀납적 경로를 가지고 있다. 스미스(1994)의 또 다른 주요 이론적 경로는 엄마됨의 전환 연구로 자아재형성에 초점을 두고 있다.

분석

자아와 타인의 상징적 심리적 관계는 임신 동안 사회적 사건에 의해 촉진되고 강조되고 있다. 개인이 삶의 주요 전환기에 맞딱드렸을때 자아와 타인의 상징적 관계는 전환 과정동안 개인적 발달을 촉진한다. 이 연구의 참여자들은 자아와 타인 간의 관계를 반영하는 상당한 증거를 보여주고 있다. 이는 특별히 주목할 내용으로 의미 있는 사회적 모임에 참여한 이후이다. 다음의 구절을 통해 제시하고 있다(Smith 1999).

클레어(Clare)는 의붓딸의 결혼식에 다녀왔고 그녀의 일기 마지막 부분에 다음과 같이 썼다:

나는 남편인 폴(Paul)이 리셉션에서 그들 결혼 관계에 대한 이야기를 하였을 때 놀라워다. 로라(Laura)와 마크(Mark, 폴이 이전 결혼 생활에서 낳은 아이들)가 행복하고 이를 받아들이는 것은 나에게 중요하다.

그러므로 이 가족의 결혼은 가족들 간의 연계를 주목시키고 있으며, 네트워크는 복잡하다. '우리의 모든 관계'는 서로 엮여 있다. '두 번째 결혼'은 여러 가지 관계로 언급되고 있다.

친구의 결혼식에 참여하는 것은 디에나(Diane)에게 상당히 다른 영향을 미친다:

지난 밤 나와 여자 친구 케이트(Keith)는 친구의 결혼식에 갔다. 나는 그가 친구에게 말을 걸었을 때 매우 질투심이 났다. 내 직감으로 둘 사이에 무슨 일이 있다고 느꼈다. 오늘 케이트와 이야기한 후 나는 내가 얼마나 편집증상이 있는지를 알게 되었다. 케이트는 내가 그에게 여전히 매력적이고 멋있는 여성이라는 말을 언급하지 않았다. 물론 그는 오늘 내게 매우 세심하게 배려하였고 내가 느꼈던 감정이 어처구니없다는 것을 느꼈다.

이러한 상황은 클레어가 느낀 연계성보다는 디에나가 타인으로부터 느낀 분리를 인식한 것이다. 위의 두 가지 사례의 공통점은 대상자들이 겪은 사회적 사건을 통해 자신과 배우자와의 관계를 반영하고자 한 것이다.

마찬가지로 이러한 공개적인 사건은 여성이 어머니가 되면서 정체성이 성장하고 있다는 인식을 위한 포럼으로 작용할 수 있다. 클레어는 임신 7개월 때 다음과 같이 일기에 썼다:

나는 폴에게 부모작품 세션 중의 한 프로그램에 참여하도록 하였다. 어떤 측면에서 보면 나는 이러한 과정을 거치는 것을 공식적으로 재확인하기를 원했다. 이것은 마치 내가 달려가서 가까스로 그 경험을 따라잡은 것처럼 느낀다.

클레어는 관계의 전념에 있어 공식적 인정을 재확인하기를 요구하였고, 아이와의 상호생산성을 원했다. 이는 폴이 이전에 이러한 과정을 겪었기 때문이다.

마지막으로 앤젤라(Angela)는 일기에 다음과 같이 썼다:

> 우리는 어제 친구의 결혼식에 갔다. 마이클(Michael)은 결혼을 한 것이 자신에게 일어난 일들 중 가장 불행한 사건이라고 농담을 하였다. 그는 나의 존재를 매우 의식하였고 우리가 서로 결혼생활을 하는 것이 얼마나 멋진 일이며 나의 임신에 대해서도 자랑스러워했다. 내가 매우 놀란 것은 그는 보통 자신의 사적 생활에 대해 거의 이야기를 하지 않는데 이러한 일을 공식적으로 발표하였기 때문이다.

클레어와 마찬가지로 배우자가 진술한 내용에 더 초점을 두기로 하였다[Smith, 1999a: 415].

따라서 각 사례를 살펴보면 패턴이 있다. 참여자들은 저마다 각자의 일기에 가족의 주요 사건에 대해 서술하였는데 이는 타인과의 사회적 접촉을 통해 이루어졌으며, 정체성을 반영하고, 가족의 역할을 반영하고 있다.

임신 중 의미있는 타인과의 심리적 관계는 엄마됨의 심리적 준비를 원활히 한다. 여성들은 임신 중에 엄마됨을 위한 발달 심리적 준비의 일환으로 타인과의 의미있는 관계를 형성한다. 자아나 타인과의 구별이 두드러지지 않고, 타인과의 대인관계에 대한 인식이 높은 엄마됨으로 인해 자아에 대한 관점이 변화할 기회가 될 수 있다는 것을 의미한다.

여기서 우리는 이러한 과정이 디에나에게 어떻게 일어났는지 보고자 한다. 그녀에게 의미있는 타인들(배우자, 남동생)은 그녀가 임신 중에 그들의 역할을 바꿈으로써 그녀가 여전히 가족 내에서 중요한 역할을 수행할 수 있었다. 우리는 여기서 그녀의 일기와 인터뷰 과정을 살펴봄으로써 그녀에게 일어난 발달과정을 살펴보고자 한다.[Smith, 1999a]

디에나는 그녀의 남동생인 데이비드와 매우 친밀하다. 그는 현재 8세로 그녀와 20세 차이가 난다. 임신 3개월 때 그녀는 자신의 남동생에 대해 다음과 같이 진술하였다:

> 데이비드와의 관계는 내가 아이를 얼마나 갖고 싶어 하는지를 반영한다.

아마도 데이비드를 돌보고 애정을 품었던 것은 그녀의 엄마됨의 상징적 준비과정이라 해도 좋을 것이다. 이 주제는 그녀의 임신 과정 동안 더욱 발전하였다.
일기에는 디에나의 진술에 중심적인 가족 주제를 소개하는 긴 서두(4개월 때)를 포함한다:

> 데이비드는 아이가 태어나기 전후로 내가 케이트와 결혼을 할 것인지 궁금해 하였다. 케이트는 그에게 서로 어떤 차이가 있냐고 물었을 때 그는 어깨를 으쓱하였다. 그러나 이러한 태도는 마치 나에게 그가 곧 태어날 아이가 잘 자랄 것인지를 궁금해 하는 듯 보였다.
>
> 오늘 나는 계단을 오를 때 머리를 부딪쳤다. 케이트와 데이비드는 즉시 나에게 달려왔다. 나는 계단에 앉아 아이같이 엉엉 울었다. 케이트는 나에게 다가와 머리를 문질러주고 상처가 없는지 살펴보았다. 나는 마치 동정을 구하는 아이와 같이 행동하였다. 그는 내게 입맞춤을 해주고 나는 곧 울음을 그쳤다. 나는 이런 일련의 행동이 내가 피곤해서 그런 것인지 아니면 관심을 구하고자 하는 것인지를 잘 모르겠다.
>
> 최근 나는 곧 태어날 아기의 방을 꾸몄다. 케이트는 데이비드를 고모인 샐리(Sally)와 같이 보내도록 주변 공원에 데려다 주었다. 당시 나는 아기가 가지고 놀 광대 인형을 만들고 있었고 저녁 준비를 하고 있었다. 그들은 시간이 지나 저녁을 먹으로 왔고 나는 저녁이 잘 되었는지 확인하러 갔다. 내가 방으로 갔을 때 케이트는 광대 인형의 머리에 씌울 모자를 자르고 있었다. 그가 나의 물건에 손을 대는 것을 보는 순간 나는 몹시 화가 났고 그에게 소리를 질렀다. 그는 내 반응에 놀랐고 나에게 웃

음을 지었다. 나는 오히려 이러한 태도에 더욱 화가 났다.

여기서 가족의 역할이 어떻게 바뀌었는지 주목할 필요가 있다. 처음 시작은 데이비드는 어른 역할, 디에나는 아이같이 행동하는 것에서 시작했다. 케이트는 아버지, 데이비드는 아이같이 행동하였다. 세 번째 문단에서 케이트는 디에나에게 꾸중을 듣는 아이로 퇴행하는 느낌을 받았다.
여기서 역할은 상호 교환적이다. 디에나는 아이이자 엄마와 같이 행동하고 케이트는 보호자, 아이, 냉소적인 어른과 같이 행동하였다. 아마도 디에나는 여기서 심리적으로 이러한 서로 다른 가족의 역할을 수행하고 있었으며, 이는 마치 자아의 모습과 의미 있는 타인과의 상징적 연결과정을 형성하고 있다. 또한 이는 다양한 타인의 관점을 취함으로써 이루어졌다. 데이비드는 엄마됨의 심리적 준비 과정에 특별한 역할을 수행하였다. 첫 번째 문단에서 그의 발언은 디에나로 하여금 그녀의 아이에 대한 태도를 생각하게 하였다. 놀이에서 그의 존재는 다른 역할을 취하는 것을 용이하게 하였다. 이러한 연결은 추후의 만남(임신 6개월)을 통해 더욱 명확히 표현되고 있다:

케이트는 데이비드를 클럽에 자주 데리고 갔다. 나는 그가 데이비드에게 관심을 쏟는 것을 보고 기분이 좋았다. 이는 마치 그가 아이를 어떻게 대하는지를 보여주는 것과 같다.

두 번째 일기는 임신 7~9개월 동안 작성된 것으로 핵가족이 상징적 핵심 단계에 들어서면서 상징적 모티브로 발달하고 있다. 이것은 다음에서 잘 나타나 있다.

엄마는 어제 유모차를 사 주었다. 나는 그것을 모두 조립하였으며 부엌에서 바퀴까지 달았다. 케이트는 이를 보고 웃었으며, 아이가 벌써 있는 것과 같다고 말하였다. 나 역시 그러했다.

케이트는 우리의 출산에 대해 매우 흥미를 가지고 있는 듯 보였다. 그는 내 배에 키스를 하고 나 역시 이에 만족하였다. 우리는 벌써 가족이 한 명 더 생긴 것과 같았다.

그래서 보고 싶은 아이는 이미 가족이 된 듯 환영 인사에 포함되어 있다. 나중에 8개월 때 또 다른 자기충족의 서정적인 도입 부분이 있다:

> 데이비드는 어제 늦게까지 머물렀다. 케이트와 데이비드는 침대에서 다투고 있었고 이는 나를 화나게 하였다. 나는 그들로 하여금 방에서 나가서 밖에서 놀도록 하였다. 내가 계단 밑으로 내려왔을 때 케이트는 채소를 준비하고 있었고 데이비드는 테이블에 앉아 그림을 그리고 있었다. 케이트는 데이비드에게 종이와 연필을 주었고 어떻게 그림을 그리는지 보여주었다. 나는 이를 보고 기분이 다시금 돌아왔다. 이러한 장면은 진짜 가족이 무엇인지 보여주고 있다. 나는 데이비드가 나를 진짜 엄마로 생각하고 있다고 느꼈다.

이러한 점에서 이 일기는 발달적, 심리적 준비 과정을 보여주고 있다. 처음에 일기에서 우리는 케이트와 데이비드가 아이와 같다고 생각하였다. 그러나 케이트는 점차 시간이 흐를수록 책임감이 더욱 커지고 아버지처럼 변모하고 있다. 혼란은 점차 사라지고 진정한 가족으로 거듭나고 있다. 디에나의 언어는 그녀의 심리적 준비과정을 잘 보여 주고 있다. 그녀가 사용한 '진정한 가족'에서 진정한 단어의 사용은 상징과 현실간의 차이를 강조하고 있다.

그래서 사건은 여러 번 반복되었지만 이야기는 점점 발달하여 새롭게 형성된 가족의 발전은 디에나의 심리적인 준비의 일부분으로 나타난다. 디에나가 임신 9개월 때 작성된 일기의 첫 부분에 핵가족에 대한 언급을 하고 있는데 비록 덜 서정적이지만 더 명료하게 새로운 의미의 가족 구성에 대한 생각이 잘 드러나 있다.

> 데이비드는 우리와 함께 있기를 원하였으며, 케이트와 보내는 시간이 더욱 길어졌다. 이는 나에게 케이트가 앞으로 좋은 아버지가 될 것이라는 직감을 주었다. 그는 물론 실수도 하지만 데이비드에게 많은 관심을 보여주고 이와 같은 행동을 취할 것

이라 생각하였다. 그는 우리들의 가정에 대해 점점 더 많은 관심을 보여주고 있다.

지금까지 케이트는 충분히 사회화되었고 좋은 아버지가 되기 위해 어떻게 행동해야 하는지 배우고 있다. 임신 9개월 때 이에 대한 간략하고 요점적인 이야기가 있다:

> 우리는 데이비드를 정말로 사랑한다. 우리 아이가 남자아이라면 데이비드와 잘 어울릴 것이다[Smith, 1999a: 419-421].

디에나의 진술을 통해 그녀는 자신의 배우자와 어린 남동생과의 가족역할 훈련을 통해 엄마가 되기 위한 사전 연습을 하고 있다고 지목하였다. 그녀의 일기는 내부적인 이야기식 형태로 진행하고 있으나 시간이 흐르면서 점점 발전하고 있다. 따라서 이러한 일련의 과정은 디에나에게 더욱 많은 자신감을 부여하고 있다.

앤젤라의 일기 역시 이러한 설명력을 부여하고 이러한 이론적 설명의 누적되는 파워에 기여하고 있다. 앤젤라의 일기를 분석한 결과 그녀는 아직 태어나지 않은 자신의 아이를 어떻게 지칭할지 불확실성을 가지고 '아기'라고 언급함으로써 모호성에 많은 관심을 기울였다. 이러한 불확실성은 임신 중에 흔하게 나타나는 정체성의 혼란과 연관이 있을뿐더러 엄마됨을 경험하는 여성들이 현실에 직면하기 전에 다가오는 기회에 대한 다양한 사례들이 제시되고 있다. 충분한 분석을 제시한 스미스(1999a)의 사례를 보자.

논의

이 연구는 임신이 엄마됨의 심리적 준비에 중요한 기회들을 제공한다. 이것이 기존의 연구와 얼마나 관련이 있을까? 안토누치(Antonucci)와 미커스(Mikus, 1988)에 의하면 임신은 여성으로 하여금 엄마로서의 정체성을 불러일으키는 기회를 제공한다. 여기서 양적연구 결과와 질적연구 결과 간의 유용한 대화의 잠재성을 나타내며 이러한 과정의 보다 역동적인 그림을 제공하고 있다.

이 연구는 또한 미드와의 대화론적 교환을 제공하고 있다. 실증적 연구 결과는 미드에게 연구 분석을 위한 설명과 틀을 제공하는 유용한 자료로서 작용하였다. 이 사례를 통해 제시한 상세한 분석들은 미드의 생각이 어떻게 임상에 명백하게 드러나는지를 보여주고 있다. 이 연구는 길리건(Gilligan, 1982)과 저겐(Gergen, 1987)의 연구, 그리고 개별성과 자율성에 대한 합리성과 연결성을 강조하는 인간 발달 모델을 지지하는 다른 연구들과도 연관되어 있다.

물론 이 연구는 완성된 분석 결과를 요약한 버전이다. 다행스럽게도 여기에서는 독자는 분석 과정이 어떻게 형성되었고 IPA의 해석적인 부분이 어떻게 작용하고 자료들이 어떻게 합리적 자아의 개념을 보여주는가를 충분히 제시하고 있다. 이 개념화의 강점은 누적적이고 독자는 완성된 분석을 읽을 수 있다(Smith 1999). 여기에서 포함하지 않은 원 연구의 다른 분석들은 현 질적연구의 해석적 가치를 보여주며, 스미스(2007)에 의해 제시되고 있다.

이 단계에서 이론적인 모델은 그것이 유도된 직접적인 인구에게 강력한 주장을 제공하고 있다. 우리는 여기에서 개인의 심리 세계를 설명하는 상세한 분석에는 사회적 상호작용과 인간 기능 이론들이 필요하다고 본다. 결과적이고 미시적인 수준의 이론화는 특정 개인들에게 충분한 설명력이 있어야 한다. 이러한 개별기술 이론화는 일차적으로 실제적인 사건을 측정하기 보다는 실제적으로 존재하는 삶의 패턴을 서술하는 것에 관심을 두고 있다.

그러나 이러한 모델은 2장의 개별기술에 대한 내용에서 제시한 것과 같이 이론적 발전을 위한 풍부한 잠재성을 제공하고 있다. 예를 들면 이러한 미시적 개별기술인 이론적 모델 작업은 근거이론 생성을 도와주는 추후 연구에서 사용되었다(Charmaz 2008; 12장, Henwood & Pidgeon, 2006).

삶의 전환기나 정체성 변화와 관련한 연구

이민과 정체성의 위협

티모티예비치(Timotijevic)과 브레이크웰(Breakwell, 2000)의 연구에서는 이민이 자신의 정체성에 어떻게 영향을 미치는지 제시하고 있다. 유고슬라비아에서 영국으로 이주 온 이민자들이 이 연구에 참여하였고 떠나온 고향에 대한 인식과 현재 살고 있는 이주 국에 대해 어떻게 생각하는지를 물어보았다. 이들의 반응은 풍부한 공감이 가는 패턴을 나타냈다.

다양한 참여자들은 이전 고국과 관련하여 다양한 범주를 나타내는 멤버십 전략을 이용하였다. 일부 참여자는 스스로 유고슬라비아 인이라고 생각하였고 이러한 사실은 정체성 결정에 중요하게 작용함에 반해 다른 참여자들은 현재 살고 있는 국가에서의 정체성을 먼저 고려해야 하고 자신의 민족 정체성을 희생해야 한다고 강조하였다:

> 나는 유고슬라비아 인이고 이에 대해 자랑스럽게 생각한다. 나는 전혀 부끄럽지 않다. 다만 세르비아 인과 몬테네그린 인이라면 이러한 정체성을 받아들이는데 문제가 있고 그들은 자신이 유고슬라비아 인이라 주장할 권리가 없다. 이들이 유고슬라비아 인이라고 할 때 나는 정말 화가 난다.

> 나는 이전에 유고슬라비아 인이라는 사실이 싫었다. 나는 조국의 전체적인 체계가 싫었고 나의 민족 정체성은 전쟁이 발발하면 참여해야 한다는 강박증을 갖게 하였다. 내가 태어난 곳, 내가 주로 먹는 음식, 내가 주로 듣는 음악들은 모두 나를 결정하는 뿌리가 된다.(p. 364)

따라서 유고슬라비아 인으로서의 정체성은 아직 분명히 확립되지 않았고 그 결과 자신의 정체성을 강화하는 일부분으로 범주의 일부분 혹은 범주에 포함되지 않은 다양한 방식을 통해 유도될 수 있다.

유사하게 새로운 이주국과의 관계는 복잡하다.

> 나는 피난민이고 이는 매우 비참한 현실이다. 여기서 내가 피난민이라고 밝히면 다른 사람들은 나로부터 멀어질 것이다. 그러나 나는 이들을 이해한다. 나는 스스로를 난민

으로서 생각한 적이 없다. 그저 잘못된 장소와 시간에서 태어난 것뿐이다. 종종 나는 TV를 볼 때 같은 처지의 사람들을 본다. 그들은 난민이고 당신은 그들과 같은 처지라는 것을 인식하고 있다.

여기서 참여자들의 정체성이 변화하고 있음을 알 수 있다. 과거에는 그의 이웃처럼 그도 난민으로 취급을 받았다. 그는 여기서 정체성의 변화에 대한 일부 부정적인 견해를 공유하고 있다. 동화 과정의 관점에서 보면 그는 자신을 정체성으로부터 거리를 두고 있다. 그러나 TV를 보면서 그는 자신과 분명히 다르게 보는 구성원으로 되어 가고 있다고 인식한다. 이 연구는 사회적 정체성과 정체성 과정 이론들을 포함하여 정체성의 복잡하고 역동적인 과정을 파악하고 정체성의 다양한 이론들과의 연관성을 나타낸다.

노숙자로서 정체성에 미치는 영향

노숙자가 된다는 것은 다른 형태의 사회적 소외감을 불러일으키며 이는 정체성에 심각한 영향을 미친다. 리그스(Riggs)와 코일(Coyle, 2002)은 사춘기와 청년기에 노숙자 경험을 한 4명의 참여자들과 심도 깊은 인터뷰를 진행하였다. 이 논문은 사례 연구로서 폴의 사례는 노숙인의 경험이 정체성에 얼마나 비참한 영향을 미치는가를 제시하고 있다. 폴은 다음과 같이 진술하였다:

거리에 있을 때 나는 내가 누구인가에 대한 인식마저 상실하였고 거리를 지나가는 사람들은 그저 나를 노숙자라 여겼다. 이들이 나에 대해 가지고 있는 인식을 받아들일 수밖에 없었다.(Riggs & Coyle, 2002: 8)

여기에서 자신에 대한 정체성은 다른 사람들이 노숙자라고 명명하게 됨에 따라 상실한다. 이러한 과정은 너무나 강력하여 개인의 정체성이 완전히 상실되기에 이른다.

노숙자가 되었을 때 나는 그저 존재감이 없는 사람이 되고 만다. 사람들은 나에게 눈을 마주치거나 말도 걸지 않았다. 이러한 모든 상황으로 나의 자존감은 나락으로 떨어졌다.(p. 8)

이러한 문제들의 일부는 장소 감각을 잃으면서 발생한다. 존(John)은 다음과 같이 진술하였다:

내가 어느 한 장소에 오래 살게 되면 그 집에 거주하면서 나름의 특성을 몸에 익히고 이것은 곧 나의 성격이 된다. 한편 다른 장소로 이주하게 되면 그 집에 가지고 있던 특성으로 가득 차게 된다.

이 연구는 노숙자의 경험이 자신의 정체성에 미치는 부정적 영향을 언급하였고 참여자들이 적용한 대처 기전을 효과적으로 진술하고 있다.

남성성, 건강 행위와 정체성

이 연구는 데 비세르(de Visser)와 스미스(Smith, 2006, 2007)에 의해 수행되었으며, 연구의 목적은 젊은 성인들의 건강 행위 패턴이 어떻게 남성성과 연관되어 있고 음주의 중요성이 남성 정체성에 어떤 영향을 주는지에 대한 연구이다. 이 연구는 런던에 사는 18~21세의 젊은 남성 성인들을 대상으로 개인 인터뷰와 포커스 그룹 인터뷰를 통해 수행하였다. 참여자들은 다양한 민족들로 구성되었다. 분석 결과 남성들은 여러 방면에서 남성성과 정체성이 서로 연관이 있다는 것을 나타냈다. 데 비세르와 스미스(2006)는 아시아계 학생인 라훌(Rahul)의 사례 연구를 제시하였다. 라훌은 접근 가능한 다양한 남성성과 협상함으로써 자신만의 남성 정체성을 형성할 수 있었다.

라훌은 그러한 차이점에 대해 다음과 같이 강조하고 있다:

나는 학생 중 99퍼센트가 백인으로 구성된 학교에 다녔다. 현재는 동양인 학생들이 많

> 은 대학생활을 하고 있지만 그 당시에는 지금의 대학교 친구들과는 다른 견해를 가지고 생활하였으며, 또한 그러한 생활이 나쁘지 않다고 생각하고 즐겼었다.(De Visser & Smith, 2006: 689)

따라서 라훌은 이중적인 차이가 있는 정체성을 갖게 된다. 우선 그는 백인과 다른 정체성을 가지고 있으며 소수의 동양 이민자와도 다른 정체성을 가지게 되었다. 이러한 차이점에 대한 소외감, 이질감을 느끼기 보다는 이러한 사실 자체를 즐기고 있었다:

> 나는 전형화되어 있는 그룹에 속해 있지 않다. 나는 개인적으로 이러한 사실을 즐기는데 사실 나는 누구와도 결합할 수 있고 다양한 문화 중 가장 최상의 문화를 즐길 수 있기 때문이다.(p. 689)

라훌은 자신의 건강 행위에 대해 이야기 할 때는 주의 깊게 다루고 있는 정체성의 유사한 전략들을 증명하였다. 따라서 자신의 음주 습관에 대해 다음과 같이 진술하였다:

> 나는 사람들과 만나 음주를 하는 것을 좋아한다. 나는 술을 많이 마시지는 않으나 그저 친구들과 즐거운 시간을 갖기를 원한다. 우리는 술을 마시러 갈 때 '오늘 미치게 마시자' 라고 이야기는 하지만 실제 그런 경우는 거의 없다.(pp. 689-690)

라훌은 남성성의 정체성에 관련한 음주 습관에 대해 자연스럽게 다양한 입장을 취해왔다. 그저 '생각없이 술을 마시는' 미성숙한 사람과는 달리 그는 자신을 성숙한 견해를 가진 사람이라고 생각하였다. 그러나 때로는 이러한 견해와 달리 스스로 정상적이라고 보지 않았으며 또한 과거에는 극도로 남성적 행위라 여겨왔던 것을 해왔지만 지금은 자제한다고 언급하였다. 따라서 라훌은 현재는 기술적으로 잠재적으로 서로 다른 남성성의 요소들을 결합하는데 성공하였다고 진술하고 있다. 그는 성숙함과 순진함, 유흥을 즐기는 생활과 지루한 생활의 중간 상태에 있다. 그는 남성성의 다른 요소들에 대해서도 유사한 숙련됨을 보여주고 있다. 이 논문은 남성성의 담론적이고 심리분석적인 연구 결과를 다루고 있다.

Section C

IPA에 대한 최근 이슈

이 섹션에서 우리는 IPA의 최근 이슈에 대해 다룰 것이다. 질적연구자는 최근 질적연구에서의 타당성에 상당한 흥미를 가지고 있다. 11장에서는 IPA가 어떻게 타당성과 관련하여 설명하고 다루는지에 대해 논의한다. 12장에서는 IPA 연구와 광범위한 심리학을 위한 핵심 주제로 기술되는 것들과의 관계를 살펴본다. 이것은 인지, 언어, 체화를 포함한다. 우리는 또한 다른 현상학적, 해석학적 접근법과 관련하여 IPA를 고려할 것이다. 마지막으로 13장에서는 미래를 위한 결론적 논평과 생각들을 제시할 것이다.

11장

타당성 사정

이 장에서 우리는 IPA의 타당성과 질적인 측면을 제시할 것이다. 우리는 여기서 IPA 연구가 루시 야들리(Lucy Yardley)가 제시한 질적 심리학과 타당성을 가이드하는 기준을 어떻게 충족시킬 것인가를 고려하고자 한다. 여기서 우리는 IPA 연구에서 질을 고려하는 강력한 방법으로 독립적인 감사추적에 대해 언급할 것이다.

질적연구에서의 타당성과 질(quality) 사정

질적연구의 질 사정에 대해 질적연구자들 간에 많은 논의가 이루어져 왔다. 이것은 양적연구에 적용된 타당성과 신뢰도를 위한 기준으로 질적연구를 평가하는 것에 대한 불만족에 의해 비롯된 것이라 할 수 있다. 많은 질적연구자들에게 타당성과 질은 중요한 요소이지만 질적연구는 그 연구를 적합한 것으로 인정하는 기준과 관련하여 평가해야 한다.

질적연구에서 질과 타당성을 사정하기 위한 지침으로 조사자, 심사자, 편집자에 의해 쉽게 사정될 수 있는 체크리스트들로 질적연구가 발전되어 왔다. 이러한 지침은 사정 절차가 단순해지고 처방적으로 되면서 상세한 질적연구의 형태가 점차 상실되어 가는 위험을 나타낸다. 질적 심리 연구의 질을 사정하기 위한 일반적인 지침으로 두 가지 접근법이 선호되고 있으며, 이 접근법은 더욱 정교하면서 다방면의 입장을 취하고 있다(Elliott et al., 1999; Yardley, 2000, 2008).

첫 번째 제시하는 기준은 다방면의 범위를 취하고 질적인 연구를 형성하는 다방면의 방법을 제시한다. 둘째 질적연구의 특정 이론적 오리엔테이션과 관련이 없는 기준을 제시한다. 이 두 가지는 접근 가능한 형식으로 이 장에서는 야들리의 기준에 초점을 두고자 한다.

Yardley의 기준은 IPA를 어떻게 충족시킬 수 있는가

루시 야들리(2000)는 질적연구의 질을 사정하는데 있어 4가지의 광범위한 원칙을 제시하고 있다. 우리는 이들 각각을 살펴볼 것이며 IPA가 이들을 어떻게 진술하는가를 살펴볼 것이다. 첫 번째 원칙은 맥락에 민감해지는 것이다. 야들리는 좋은 질적연구는 맥락에 민감해야 한다고 주장하였다. 그녀는 이러한 민감성을 나타낼 수 있는 다양한 방법들을 제시하였다. 예를 들면 연구 주제와 관련한 선행문헌과 참여자의 자료를 통해 사회 문화적 배경에 대한 민감성을 보여줄 수 있다.

IPA 연구자들은 연구 초기 단계에서 맥락에 대한 민감성을 제시하고 있다. 종종 방법론으로 IPA를 선택하고 선택한 근거는 개별기술성과 특별한 내용에 친숙해지면서 맥락의 민감성에 초점을 두고 있다. 왜냐하면 IPA는 특정한 삶의 경험을 공유하는 참여자들을 목적적 표본을 통해 선정하기 때문에 주요 정보제공자와의 관계 형성에 있어 지속적인 개입을 해야 하고 다른 종류의 표본보다 접근하는데 더 어려울 수 있다.

맥락에 대한 민감성은 인터뷰 상황에서 자료수집의 상호작용적인 특성을 인식함으로써 파악할 수 있다. 좋은 IPA 연구를 수행하기 위해서는 기술, 인식, 몰입이 요구된다. IPA 분석은 좋은 자료수집에서 비롯되며 이는 인터뷰 과정 동안 충분한 공감을 보여주고, 참여자를 편안하게 해주고, 상호적인 어려움을 인식하고, 연구에서의 숙련가가 실제적으로 경험이 많은 숙련가와 만나 복잡한 파워 플레이를 협상하는 것 등을 포함한다. 4장에서 제시된 Terrain을 통해 성공적으로 협상하고 좋은 인터뷰를 산출하는 연구자는 분명히 맥락에 대한 민감성을 제시할 것이다.

5장에서 제시한 맥락에 대한 민감성은 분석 과정을 통해 지속적으로 이루어졌다. 참여자들이 어떻게 그들의 경험을 이해하는가 하는 것은 그들이 무엇을 나타내고자 하는 것에 대한 주의 깊고 숙련된 주의를 요구한다.

독자나 심사자의 관점에서 보면 대부분의 민감성은 간접적으로 평가된다. IPA 연구는 연구자에게 연구를 산출하기 위해 진술된 맥락의 민감성 정도를 보여줄 것을 요구한다. 그러나 이것은 서면보고나 논문 그 자체를 통해 명백하게 드러날 수 있다. IPA 연구가 민감성을 보이는 가장 강력한 맥락은 자료이다. 왜냐하면 그러한 작업은 참여자로부터 직접 수집된 자료를 통해 분석이 이루어지고 분석한 주장에 근거하여 나타나기 때문에 강력한 IPA 연구는 수행되고 있는 원 자료를 통해 민감성을 제시할 것이다. 따라서 바람직한 IPA 연구는 저자가 제기한 주장을 확립하고 독자에게 연구의 해석을 납득하도록 돕기 위해 참여자들의 진술을 인용 그대로 옮긴 상당한 자료들을 필요로 한다. 또한 바람직한 IPA 연구는 제기되고 있는 논쟁을 해결하기 위해 참여자의 자료를 통해 추출한 인용 어귀 그대로를 상당히 가지고 있다. 그렇게 함으로써 참여자들의 목소리를 제시하고 독자들에게 제공한 해석을 확인하도록 허용한다. 좋은 IPA는 주의 깊게 쓰였고 이미 분석된 표본을 보면 적절성을 주장하며, 해석은 읽을거리로 가능하고, 더 많은 일반적인 주장들을 주의 깊게 제시하고 있다.

연구자들은 또한 선행문헌에 대한 인식을 통해 맥락에 대한 민감성을 나타내며, 이것은 차례로 실체적이거나 이론적이 될 수 있다. 여기에서 실체적이라 함은 연구 조사할 주제와 관련한 것이고 이론적인 것은 연구 방법 그 자체의 토대와 관련한 것이다. IPA 연구와 관련한 실체적 문헌은 연구의 방향을 알려주는데 도움이 되고 연구 결과는 항상 논의에서 관련 문헌을 통해 고찰되어야 한다. 여기에서의 논의는 연구 서두에서 제시하지 않았던 문헌들과의 대화를 포함할 것이다.

야들리의 두 번째 연구 원칙은 헌신과 엄격성이다. 헌신은 여러 가지 방법으로 제시되고 있다. IPA 연구에서 헌신은 연구 과정에서 자료수집과 분석 동안 어느 정도 관심을 가지고 주의를 기울였는가 하는 것이다. 따라서 IPA 연구에서 심층적인 인터뷰를 수행하기 위해서는 연구자는 연구 참여자에 대한 상당한 관심과 시간 투자를 필요로 하며, 참여자가 무엇을 말하는지에 대해 주의 깊게 경청할 필요가 있다. 우리는 IPA 연구자가 경험적 질적연구를 심도 있게 수행하고 연구 수행을 위한 특별한 기술과 이러한 기술을 효과적으로 이용하기 위해 많은 노력이 필요하다는 것을 알고 있다. 이러한 기술의 복잡한 특성은 즉 누군가 IPA가 야들리의 기준을 어떻게 규명하는가에 대해 일치성을 파악하기 시작한다는 것을 의미한다. 연구 과정의 몇 가지 요소를 위해 헌신을 제시하는 것은 맥락의 민감성에 대한 제시와 유사한 의미로 사용된다.

엄격성은 연구가 얼마나 철저하게 수행되었는가를 의미한다. 예를 들면 연구 질문에 적합한 표본을 구했는지, 인터뷰의 질은 어떠했는지, 연구 분석의 완성도는 어떠했는지 등을 들 수 있다. 따라서 표본이 연구 질문과 일치하도록 조심스럽게 선정되어야 한다는 것을 예상할 수 있다. IPA를 위한 자료는 항상 완전한 심층적인 인터뷰를 통해 얻어진다. 좋은 인터뷰를 수행하는 것은 위에서 제시한 엄격성뿐 아니라 헌신이 있어야 한다. 여기서 우리는 밀접성과 분리성 간의 균형을 유지해야 할 필요가 있으며 동시에 참여자들의 진술에서 중요한 단서들을 효과적으로 선별하고 더욱 심층적으로 진행해야 한다. 초보 연구자에게 이러한 과정은 매우 어려우며 적절한 훈련이나 감독을 통해 질적연구를 엄격하고 철저하게 수행하도록 한다.

5장에서 제시하였듯이 분석은 철저하고 종합적으로 수행해야 하고 IPA 연구에서는 특히 충분한 개별기술적인 개입이 있어야 한다. 분석은 충분하게 해석적이어야 하고 연구하는 바가 무엇을 의미하는지 해석에 대한 단순한 진술을 넘어서는 것이어야 한다. 바람직한 IPA 연구는 독자들에게 연구 참여자들이 공유하는 주제에 대한 중요한 점을 시사한다. 4명의 참여자들을 대상으로 수행한 연구 결과 3가지의 주요 주제들을 도출한 연구를 상상해보자. 여기서 참여자들의 수는 연구자들에게 감당할 수 있는 것이기에 우리는 각각의 참여자들이 각 주제를 도출한 것으로 예측할 수 있다. 그러나 연구 규모가 보다 많은 수의 참여자들을 대상으로 한다면 각 참여자들이 각 주제를 하나씩 도출할 여유가 없을 것이다. 이러한 경우 6장에서 제시하였듯이 연구자는 참여자에 의해 제시된 각 주제들을 적절하게 선별해야 할 필요가 있다. 여기서 선별된 주제는 참여자들이 실제 진술한 인용구를 통해 뒷받침되고 있다고 예상할 수 있다.

야들리의 세 번째 원칙은 투명성(transparency)과 일관성(coherence)이다. 투명성은 연구 논문에서 연구 과정이 단계별로 얼마나 명료하게 진술되었는가를 일컫는다. IPA 연구자는 참여자들을 어떻게 선정하였고 인터뷰 일정이 어떻게 구성되었으며 인터뷰는 어떻게 수행되었고 분석 과정에 있어 어떠한 단계를 거쳤는지를 주의 깊게 진술해야 한다. 여기서 도표가 각 참여자들의 특성과 인터뷰, 분석 과정 요소들을 상세하게 진술하기 위해 이용될 수 있다.

질적연구의 일관성은 연구 논문을 읽은 독자들에 의해 여러 방면에서 판단될 수 있다. 따라서 각 초안이 완성될 때 독자의 입장에서 그 연구를 상세하게 읽어보는 것은 매우 중요하다.

연구 논문이 일관적인 주장을 제시하고 있는가? 하부 주제들은 논리적으로 유기적으로 연결되는가? 연구의 모호성이나 모순들은 명료하게 다루어졌는가? 자료상에 모순점이 있어서는 안 된다는 것은 아니지만 이것은 단락의 풍성함을 드러낸다. 분석 상에 있어서 모순점이 있다는 것은 그 자체로 모순이 있다는 것이다. 좋은 IPA 연구는 주의 깊은 서술과 초안 작성과 여러 번의 반복 교정이 요구된다. 6장에서 보듯이 분석과 전반적인 논문 저술, 반복적인 교정, 분석이 진행될수록 더욱 명확해진다.

야들리에 의하면 일관성은 수행된 연구와 연구 수행을 위해 도입된 이론적 가정 간에 잘 들어맞는 정도를 가리킨다. 따라서 IPA 연구에서 주장하는 바를 읽을 때 다른 질적연구 접근법에서 기대하는 바를 고수하기 보다는 IPA 기초 원칙에 더 일관되게 고수한 것이라고 예상할 수 있다.

또한 연구가 IPA방식으로 수행 되었던지 혹은 연구의 기준으로 IPA를 취하였다면 현상학적이고 해석적 민감성은 보다 명백해질 것이다. 따라서 연구 논문은 핵심 주제로서 참여자들의 경험을 의미 있는 영역으로 내포해야 하고 연구자는 연구에서 다루는 사물 자체에 대한 헌신을 보여주어야 한다. 동시에 연구 논문은 그 나름의 뉘앙스를 가지고 본질적으로 해석적인 활동으로서의 IPA에 대한 인식을 명백하게 드러내야 한다. 독자는 연구자가 연구 참여자들의 경험을 이해하고자 하는 바를 이해하려는 시도로서의 입장을 취해야 한다는 것을 인지해야 한다. 이러한 방법으로 독자는 연구가 IPA의 원칙에 따라 수행되었다는 확신을 얻을 수 있다. 이러한 원칙들의 증거가 논문 내에 제시될 때 완성된 연구 프로젝트의 근거로 작용할 수 있을 것이다.

물론 연구가 다른 접근법과 혼합하여 수행될 가능성도 있다. 이러한 경우 저자는 접근법이 어떻게 도출되었고 자기가 수행하는 연구를 위해 어떻게 이들이 혼합되었는지를 명료하게 진술할 필요가 있다.

야들리의 마지막 원칙은 영향과 중요성이다. 그녀는 여기서 연구의 각 부분이 잘 수행되었을지라도 연구에 대한 진정한 타당성은 독자가 그 연구 결과에 대해 얼마나 흥미를 가지고 있는가에 달려있다고 진술하였다. 따라서 이것이 진정한 IPA 연구이고 IPA 연구자는 이러한 점을 염두에 두어야 한다.

독립적인 감사추적

독립적인 감사추적은 질적연구의 타당성을 고찰하는 강력한 방법이라 할 수 있다. 인(1989)은 연구의 타당성을 점검하는 한 가지 방법은 누군가 초기 자료로부터 최종 자료까지 증거의 체인을 추적하는 방식으로 모든 자료들을 수집하는 것이라고 하였다. 따라서 누군가 IPA의 인터뷰를 생각하고 있다면 경로는 다음과 같다: 연구 질문에 대한 초기 노트, 연구 프로포잘, 인터뷰 일정, 오디오 테이프, 필사물, 주제들의 도표, 다른 수단, 초안 논문, 최종 논문.

연구자가 이런 경로를 따르는 것은 그 자체로 바람직한 원칙이다. 자기 자신을 다른 사람의 입장이 되어 최종 논문을 이해하고자 할 때 논문에서 주장하는 일관성과 엄격성은 초기의 원 자료에서 최종 논문까지의 점검을 통해 확인할 수 있다. 이러한 수준에서 감사추적은 가설적이고 가상적이다. 연구자는 이러한 점에서 자신의 연구를 수행할 때 타인이 점검하듯이 자료들을 수집할 수 있다.

물론 누군가 더 나아가 독립적인 감사추적을 수행할 수 있다. 이들의 역할은 최종 논문이 증거의 체인을 통해 논리적인 단계별 과정을 밟는지와 수집된 자료가 일관적이고 논리적으로 타당한지를 점검하는 것이다.

독립적인 감사추적은 개방형으로 종결된 자료들을 수량화하는데 일반적으로 사용되는 평가자간의 타당성과 같은 것이다. 독립적인 감사추적자는 수집된 진술들이 신뢰성이 있는지를 확실히 하는 것이다. 이것은 질적연구의 특성을 말해준다. 독립적인 감사추적의 목적은 사실을 나타내는 단일 진술들을 생산하는 것도 아니고 합의를 구하는 것도 아니다. 대신 독립적인 감사추적은 타당한 진술들과 관심사들의 가능성을 허락하는 것이고 이러한 진술들이 어떻게 종합적이고 투명하게 생산되는가를 보여주는 것이라 할 수 있다.

독립적인 감사추적은 다양한 수준에서 이루어질 수 있다. 연구에 참여하지 않은 다른 연구자로 하여금 연구의 초기 자료에서부터 최종 논문까지 완성된 형식을 거치게 함으로써 연구를 검토하게 할 수 있다. 다른 측면에서 본다면 감독하는 교수는 자신의 학생들의 연구에 대해 연구 참여자와의 인터뷰에서 수집된 필사물과 연구 하위 주제의 범주 등을 살펴봄으로써 소규모의 감사추적을 수행할 수 있다. 여기서 교수는 학생들의 인용글귀와 적용된 접근법이 전체 맥락과의 관계에서 어느 정도의 타당성을 가지고 있는지를 점검할 수 있다. 이러한 조기 훈련 단계 동안 담당 교수는 학생들에게 필사물을 읽고 흥미 있고 중요하게 생각하는 것에 대한 추가적인 노트를 작성하도록 요구할 수 있다. 이것은 초기 연구자에게 있어 질적연구를 위한 바람직한 실습이 될 것이고 자신만의 기술을 발전시키도록 하는데 도움이 된다. 따라서 우리는 독립적인 감사추적을 야들리의 원칙과 같은 방법으로 바라볼 수 있을 것이다. IPA 연구는 연구의 타당성을 증명하도록 도와주기 위해 다양한 범위의 기회를 제공하는 유연한 창조물이다. 이처럼 가상적인 감사추적을 수행하는 것은 연구의 질과 타당성에 대한 상당한 헌신을 제공한다.

결론

IPA 연구자들은 연구 수행 시 연구의 질과 타당성을 심각하게 고려해야 하고 몇 가지 방법이 이러한 점들을 규명하는데 돕는다. 물론 이 책을 저술한 가장 중요한 이유는 연구자로 하여금 높은 수준의 IPA 연구를 수행할 수 있도록 도와주는 것이며, 수준 높은 연구의 지표들을 제시하는 것이다.

다음의 두 가지를 고려하는 것은 중요하다. 첫째 IPA 연구는 창조적인 과정이다. 이것은 단순히 책에서 제시된 규칙을 그대로 따르는 것만이 아니다. 타당성을 위한 기준은 유연하게 적용되어야 할 필요가 있다.

둘째, 우리는 올바른 균형을 이루어야 할 필요가 있다. 현재 많은 IPA 연구들이 있다. 이러한 시점에서 우리는 연구자로 하여금 성공적인 연구를 수행하도록 촉진해서 보다 질적인 심리 연구들이 더욱 가시화되도록 할 수 있다. 무엇이 더 좋은 연구를 만드는가? 우리는 연구 집합체들을 이러한 평가를 위한 유용한 출처로 생각할 수 있으며 이는 IPA 연구가 타당성을 위한 기준을 어떻게 충족하는가에 대한 바람직한 실무의 근거를 제시하는데 도움을 줄 것이다.

우리가 올바른 균형을 이루는 것에 대해 말할 때 이것은 더 높은 수준의 연구를 지향하는 것과 충분히 그 연구가 수행되었다는 것을 인지하는 것 간에 균형을 이루어야 함을 의미한다. 연구 해석의 수준을 고려하는 것과 IPA를 수행하는 연구자에게 무엇을 기대할 수 있는가는 5장에서 이미 언급한 바 있다. 초보 질적연구자에게 있어 무엇이 충분하게 바람직한 연구를 만드는지를 아는 것은 가장 어려운 일 중의 하나이고 여기서 지도 교수의 역할이 중요하게 작용한다. 추후에 우리는 IPA 연구의 두 가지 유형을 살펴볼 것이다. a) 이 장에서 제시된 기준의 유형들을 충족한 것으로 보이는 초보 IPA 연구자에 의해 수행된 연구로 연구의 헌신과 엄격성이 잘 나타나 있으며 충분히 바람직하다고 생각되는 연구와 b) 충분하게 바람직하다고 생각되는 것보다 더 질 높은 연구를 수행하기 위해 경계선을 뛰어넘는 독특한 IPA 연구에 기여하는 연구이다.

12장

IPA와 다른 연구 접근법

이 장에서는 2, 3장에서 소개한 심리학에서의 IPA위치와 관련된 쟁점과 질적 심리학에서 다른 연구 접근법들과의 관계를 살펴볼 것이다. 또한 이 책의 나머지 부분에서 다양한 관점에서 제기되는 쟁점들을 다룬다.

처음부터(Smith, 1996) IPA 연구는 상호통합적인 접근법으로 인식하고 있었다. IPA 연구는 연구자에게 참여자의 진술에 대한 분석적인 해석을 발전시키도록 도우며, 이것은 참여자 자신의 납득할만한 이해와 개념을 명료화하고 나아가 이들을 넘어설 수 있도록 촉진한다(Larkin et al., 2006, Smith 2004). 따라서 IPA 연구의 핵심은 2장에서 제시된 3가지 주요 원칙에 충실해야 한다. 연구는 참여자의 현상학적 경험인 사물 그 자체를 조사하는 것에 초점을 두어야 한다. 이것은 참여자로부터 수집된 개인적 구술 자료와의 강렬한 해석적 개입을 요구한다. 각 사례는 분석 과정의 부분으로서 상세하게 검토된다. 이러한 세 가지 원칙들이 고수되었을 때 IPA 연구자들은 상당한 해석적 범위를 도출할 수 있고 다른 이론적 입장과 연결 지을 수 있을 것이다.

특히 응용 심리학자에게(Brocki & Weardon, 2005; Reid et al., 2005) IPA의 주요 관심사의 하나는 연구 참여자들의 이해와 주요 심리학의 이론적 틀 간의 연결고리를 만들기 위한 능력이다. 다른 질적연구 접근법과의 풍부한 이론적 연결은 IPA 연구자들이 지금 개발하고 노력하는 부분이다. 우리는 이미 섹션 B에서 연계가 되는 유형들의 사례를 보았다. 이 장에서는 IPA와 심리학의 광범위한 범위인 인지, 언어, 문화, 내러티브, 체화(embodiment), 감정 내에서 다양한 핵심 구조와의 연관성을 가지고 구성할 것이다. 여기서 우리가 논의하는 것의 맥락은 2, 3장의 것과는 다른데 거기에서는 주로 이론적 개념화와 연구 의사결정을 일차적으로 다루고 결과적으로 독자에게 무엇이 IPA를 더욱 구별하게 하는지를 이해하도록 도와주는 것에 목적을 가졌다. 반면 이 장에서는 더욱 통합적인 심리학의 가능성을 향한 특징과 연계성을 고려하는 것으로 시작할 것이다. 이것은 광범위하고 포괄적인 작업이 될 것이다.

이 장의 마지막 부분에서는 IPA와 현상학적 심리학의 몇 가지 다른 접근법들과의 관계를 고찰할 것이다. 또한 접근법들 간에 중복이 있다는 측면에서 IPA와 근거이론과의 관련성에 대해 고찰할 것이다.

IPA와 심리학에서의 핵심 영역

인지

처음부터 IPA는 인지에 대한 관심사를 포함하고 있다(Smith, 1996). 이것이 의미하는 것은 무엇이며 어떻게 현상학과 해석학이 연관되는가? 이 책에서 보았듯이 IPA는 참여자들이 어떻게 그들 자신의 경험을 이해하고 의미를 두는가에 관심을 둔다. 이해 형성은 핵심적인 인간 활동이고 연구 대상자들이 연구자와 함께 공유하는 것이며 따라서 이는 이중적인 해석학이라 할 수 있다. 즉 연구자는 참여자가 사물에 대해 이해한 것을 이해하려고 하는 것과 같다. 그러나 현상학에 대한 일부 연구 논문은 즉각적인 이전 성찰적(pre-reflective) 경험에 강조를 두는 것 같다. 이러한 사실이 IPA의 인지에 대한 관심사에 적합한가?

의식 흐름의 본래적 경험은 현상학적 사고에서 중점적으로 다루어지는 부분이다. 즉각적인 경험의 이러한 형태의 사례로는 시골의 한 길가를 만족스럽게 걸으면서 한 발자국씩 앞으로 전진 하면서 지속적이지만 우리가 움직임에 따라 시각적, 청각적인 자극 흐름이 변화하고 있는 것이라 할 수 있다. 이렇게 걸으면서 나뭇잎이 떨어지고 새들이 지저귀는 소리를 들으면서 주변의 나무들을 흘깃 보게 된다. 그러나 주변의 이러한 소음들은 정확하게 기억되지 않고 집중되는 것도 아니다. 이것은 앞의 1장에서 논의한 딜타이의 포괄적인 경험의 흐름의 예에 불과하다.

많은 현상학적인 논문은 대부분의 경험에 기본적인 이전의 성찰적인 특징에 관심을 두고 있다. 2장에서 메를로-퐁티가 기술한 손이 닿는 단계에서 접촉으로 나아가는 과정이 될 것이다. 또한 대부분의 우리의 삶은 일상적인 종류의 경험으로 가득 차 있으며, 그 경험에 대해 생각해보지 않은 것이다. 현상학적인 분석은 이러한 당연하게 여겨지는 경험을 명확하게 분석하는 것이다.

그러나 현상학에서 다루는 내용들이 단지 기초적이고 즉각적이고 조정이 되지 않은 영역만을 다룬다고 여기지 않는 것은 중요하다. 우리가 2장에서 다루었던 것과 같이 하이데거와 사르트르는 우리에게 중요하게 다가오는 사물에 주의를 기울였다. 이를테면 우리의 현재 삶을 구성하는 사람, 사물, 장소, 관계들이 그것이다. 후설은 인간의 삶에 관여하고 있는 일련의 정신적인 과정에 상당한 흥미를 가졌다. 우리에게 더욱 중요한 것은 삶의 목표, 관계, 개인적 혹은 전문적 계획, 그것들을 촉진하고 방해하는 요소들에 더 많은 주의를 기울이는 것이다. 이러한 영역에 도달했을 때 우리는 자연적으로 상당한 정신적 활동에 참여하게 된다. 현상학은 또한 참여자들에게 의미 있게 다가온 경험에 흥미를 가지고 있으며, 이러한 경험은 단순한 경험이 아니라 중요성을 지닌 '경험'으로 인식되는 것이다.

IPA 연구가 주로 관심을 가지는 분야는 더 크고 의미 있게 다가오는 경험으로 이러한 경험은 개인이 숙고하고 어떠한 일이 일어났는지 이해하고자 노력하는 것이다. 각 경험은 이 책의 Section B에서 개인에게 일어나 주요 사건, 어떠한 사건이 존재론적인 의의가 있는지, 어떠한 사건이 상당한 양의 정신적 활동을 유발하는지 등의 순서로 자세하게 진술되어 있다.

그렇다면 이전 성찰이란 무엇을 의미할까? 그렇다면 현상학은 pre-reflective와 reflective한 사건에 모두 관심이 있는 것일까? 정답은 당연히 그러하다는 것이다. 우리는 일상적인 경험의 자연스러운 태도를 숙고하며, 이들은 현상학에서의 연구주제로서 보다 광범위하고 포괄적인 견해를 갖기 위해 pre-reflective, reflective한 활동을 모두 포함하고 있다. 우리는 여기서 개인의 자연적 태도 내에서 자연스럽게 발생하는 비공식적 혹은 직관적인 성찰로 기술되는 것과 연구자가 현상학적인 연구를 수행하면서 생성되는 공식적이고 현상학적인 성찰 간의 차이를 구별하고자 한다. 여기 제시된 두 가지 현상학을 다루는 철학자들의 사고가 이를 이해하는데 도움이 될 것이다. 후설과 모한티(Mohanty, 1975)의 책을 살펴보면 다음과 같다:

> 나타슨(Natanson)은 자연적인 태도에 이미 성찰을 포함하고 있다고 제시한다. 여기에 한 사람이 인식하는 것을 자연스럽게 인식하고 있다. 우리의 이것을 의식적인 삶의 reflexivity라고 부른다. 그러나 pre-reflective reflexivity와 pre-reflective 경험을 reflective하게 응시하는 것 간의 차이를 구별할 필요가 있다. 또한 우리는 자연적인 삶에 일상적이고 자연스럽게 관여하는 reflective와 철학이 요구하는 의도적이고 방법론적으로 reflection을 조절하는 것 간에 구별해야 할 필요가 있다. 이러한 두 가지 reflection은 일상생활의 영역에 자리잡고 있다.(p. 543)

이것은 복잡하다. 그러나 우리가 이야기하는 현상 또한 복잡하다. 모한티는 일상생활은 성찰을 포함하며, 자연적 태도 내에서 두 가지 층의 pre-reflective reflexivity와 pre-reflective 경험을 reflective하게 바라보는 2가지 태도를 소개하고 있다. 〈도표 12.1〉에 더욱 자세하게 진술하였고 이전 현상학적인 성찰에 부수적인 단계를 추가하였다.

〈도표 12.1〉은 우리에게 reflection의 폭이 의미하는 바를 보여주고 있다. 여기서 주장하는 것은 비성찰적인 자연적 태도와 성찰적인 현상학적 태도간의 이분법적인 차이에 강조를 두려는 것이 아니라 상호 관련된 활동의 폭이 넓다는 것이며, 이는 단계들의 순서를 나타내고 각각의 단계는 성찰의 증가된 정도를 나타내고 있다. 표에서 보면 1~3번 단계에서 일상생활의 자연적인 성찰과 4번 단계의 현상학적인 성찰 간의 경계가 있다. 그러나 영역이 이분법으로 구분되기보다 단계로 구성되었다는 것은 이러한 현상학적인 성찰이 일상생활의 성찰

과 어느 정도 관련이 있다는 사실을 제시하고 있는 것이다.

〈도표 12.1〉 성찰의 단계

1. pre-reflective reflexivity. 사르트르는 가장 즉각적인 경험의 흐름에서조차도 우리가 의식하는 것을 의식하고 있기 때문에 최소 수준의 인식 수준이 있다고 주장한다. 시골길을 걸으면서 나는 경험의 흐름을 방해하지 않는 최소 수준의 인식을 가지고 있지만 그것은 나에게 인식이라고 조차 입력되지 않는다.
2. pre-reflective 경험을 reflective하게 바라봄. 이것은 우리가 공상, 상상, 기억에 관여하게 됨에 따라 pre-reflective한 것에 대해 직관적이고 간접적인 성찰을 포함한다. 거리를 걸으면서 내 왼쪽 어깨 부분에 비추는 햇살을 의식하고 작년에 지중해에서 수영을 했던 기억을 상기시킨다.
3. pre-reflective에 대해 주의깊은 reflection. 내 다리에 점차 통증을 느끼고 무엇에 문제가 있는지 생각하기 시작하였다. 내가 석 달 전에 있었던 통증이 재발된 것인지, 증상을 멈추기 위해 무엇을 해야 하는지, 앞으로도 많은 통증 기간 동안 물리치료사를 방문해야 하는지, 만약 그렇다면 내 몸에 무엇이 발생하고 있고 내 삶의 다른 영역에 의의가 있는지, 여기에서 경험은 의미가 있고 주의가 요구되는 만큼 중요성을 가진 경험이 되는 것이다.
4. 의식적으로 조절된 reflection. 이것은 현상학적인 성찰이다. 후에 내 사무실에서 나는 아침에 일어난 사건들을 상기하기 시작하였다. 나는 의식적으로 사건들의 연속과정을 다시 떠올렸고 이러한 사건에 대한 나의 pre-reflective한 reflection의 내용에 대해 분석을 수행하였다. 분석은 나에게 무슨 일이 일어나고 있는가에 대한 자연스러운 성찰에 대해 현상학적인 성찰을 나타내고 있다.

'현상학적'이라는 것은 다른 말로 일상생활에서의 경험에 질적인 면을 부가하여 그것을 연마하고 더 확장시키고 특별한 정도의 결정과 엄격성을 적용하는 것을 의미하기도 한다. 따라서 이러한 메트릭스에 영향을 주는 요인은 개인별로 다양하며, 개인마다 다른 수준으로 다른 단계마다의 근거를 제시하고 있다. 우리 대부분은 단계 4에서 제시하고 있는 공식적이고 종합적인 성찰에 참여하지 않다.

우리는 〈도표 12.1〉이 개인적으로 자신의 성찰을 실행하기 위한 폭을 제시하고 있다고 인식한다. 이러한 사례는 후설이 자신의 현상학적인 조사를 위한 과정을 기술하는 방법과 유사하다. 그러나 2장에서 제시한 바와 같이 심리학적인 연구를 수행하는 것은 다른 사람과 연구자를 개입하게 하고 이들을 반영적인 고리에 진입시킨다. 연구가 직면하는 내에서 연구자는 참여자들이 자신의 성찰을 설명하도록 더욱 촉진시킬 수 있을 것이다.

이것은 복잡성의 또 다른 종류로서의 복잡한 세트를 소개하고 있다. 우리가 여기서 말하고자 하는 것은 의미 있는 일련의 사건들로 인해 자극을 받은 참여자들은 자연적으로 그리고 의식적으로 2, 3번 단계에서 기술된 성찰의 형태에 개입할 것이다. 현상학 연구자가 인터뷰하였을 때 참여자들은 이미 자신이 수행한 reflection의 일부를 진술할 것이다. 그러나 인터뷰 진행자는 참여자의 진술을 통해 부가적인 새로운 reflection을 유발할 것이다. 이러한 reflection의 일부는 상대적으로 남의 시선을 의식하는 것은 아니지만(2, 3단계) 이들 중 일부는 현상학적인 reflection의 형태가 될 것이다(4단계).

따라서 인터뷰 진행자는 참여자에게 자가의식적인 현상학적 성찰을 촉진하고 있다. 예를 들면 내가 현상학 연구에 참여한다면 연구자는 나에게 〈도표 12.1〉에 진술된 경험을 생각해 보도록 요구할 것이다.

> 햇볕이 내리쬐는 지중해에서 수영을 하고 있는 장면을 생각해보자. 어떤 연관성이 발생한 시점이 있었는지 이야기해 보자. 이 두 사건에서 감각적인 연관은 무엇이었는가? 이러한 연관에 있어서 어떠한 정서적 질이 부가되었는가?(2단계 reflection에 대한 4단계 reflection)

> 당신이 다리가 아팠었던 경험으로 나를 인도해보자. 당신은 그 통증이 어떤 시점에 이르렀을 때 문제라고 인식하였고 어떠한 특정 사건이 당신을 걱정하게 하였는가? 당신이 그 당시에 지각한 감각이 다리 부상을 당했을 때의 감각과 어떻게 비교될 수 있는가? 당신이 걱정하는 바는 어떠한 형태를 취하는가—그것의 내용과 질, 빈도는 무엇인가?(3단계 reflection에 대한 4단계 reflection)

여기에서 참여자가 이전에 남을 의식하지 않았던 성찰은 참여자와 연구자에 의해 의식적인 성찰을 위한 자료가 된다.

추후에 연구자는 참여자들의 단계화된 성찰 세트 기록을 글로 옮긴 것에 대해 4단계의 완전하고 반영적이고 현상학적인 분석을 수행할 것이다. 이것은 이중적인 해석학에 개입하는 IPA 연구자의 진술과 연관되며, 연구자가 참여자들에게 일어난 사건을 이해하고자 하는 바(3,4단계)를 이해하는 것에서(4단계) 발생한다.

〈도표 12.1〉의 3단계는 IPA 분석을 위한 자료들이 일차적으로 위치하는 곳이며, 여기에서의 성찰은 참여자들이 자신에게 무슨 일이 일어났는지 성찰하고 이를 이해하고자 하듯이 자연적으로 발생한다. 또한 후설은 이러한 자연적인 성찰에 어떻게 집중적으로 관심을 두는 가에 대한 인용문을 제시한다(2,3단계):

> 난 관찰하는 동안 어떤 것을 인지한다; 나의 기억 속에 종종 어떤 것에 바쁜 태도를 취하면서; 유사 관찰을 하는 동안 나는 환상 세계가 무엇과 같은지 독창적인 환상을 따른다. 혹은 나는 성찰하고, 결론을 이끈다; 난 판단을 미루고 어쩌면 판단하는 것을 자제한다. 난 기쁘거나 기쁘지 않으며, 난 기쁘거나 슬프다, 바라건대 난 어떤 것을 할 것이다; 아니면 다시 난 기쁜 것이나 바라는 것을 자제하며, 기꺼이 시도한다. 그런 행동 속에 난 참여하며, 실제로 거기에 있다. 돌아볼 때 난 거기에 있는 인간으로 나 자신을 받아들인다.

이것은 자연적인 태도 내에서 우리는 기억할 수 있고 환상을 품을 수 있으며 성찰하고 판단을 내리고 결론에 도달할 수 있다는 것을 암시한다. 이러한 모든 것은 정신적, 인식적 과정의 사례들이다. 즉 우리는 IPA가 의식 과정에 초점을 두고 있다고 말하면서 의미하는 바인 것이다. 이러한 인식은 우리의 자연적 태도에서 성찰적인 활동인 비공식적이고 직관적인 영역 내에서 발생한다. 이것은 역동적이고 다차원적이고 정서적이며 세상과 복잡하게 연관된 것이어서 이러한 인식은 현상학적인 연구의 핵심을 이룬다고 주장할 수 있다.

IPA와 인식에 대한 특정한 맥락이 있다. 조나단이 그의 논문 '인식과 담론 간의 분리를 넘어서'에서 보면(Smith 1996) 그는 특정한 지적 상황에서 논문을 저술하고 있다. 담론 분석(Discourse Analysis, DA)은 심리학에서 지배적인 실험적 패러다임을 설명할 수 있는 성공적이고 급진적인 접근법으로 제시하고 있다. 이러한 담론 분석은 심리학의 주요 흐름에서 분리된 지표로서의 인식을 삭제하는데 핵심적인 심리학의 한 가지 사례가 될 것이다.

영국의 사회 심리학에서 두 가지 핵심적이지만 완성되지 않은 패러다임으로 실험적인 사회심리학의 사회 인지적 모델과 담론 분석이 있다. 동시에 조나단은 세 번째 방법을 제시하였는데 이는 덜 분리적인 방법으로 정신작용에 연구 초점을 두는 실험적 심리학이다. 이 심리학은 심리학의 주류와 형식에 연관성을 두나 더 많은 인간의 역동적인 과정 모델을 제공하고, 담론 분석의 미시적인 질적 분석과도 연관되어 있다.

우리는 인식이 현상학적 연구의 중요한 영역이거나 아니면 영역이 될 수 있다고 주장하지만 이는 인식이 주류 심리학에 의해 연구를 어떻게 수행하는가에 대한 비전을 공유한다는 의미이기도 하다. 우리는 앞에서 의미를 형성하고 이해하는데 있어 복잡하고 뉘앙스를 가진 과정으로 이해하는 인식에 관심을 가졌다. 이는 브루너(Bruner, 1990)가 인지 심리학 모델에서 핵심적으로 간주하는 활동들이다. 인지의 개념화는 모순적이고 정서적이며 상징적이어서 복잡하고 가변적이나 인지와 다를 바 없다. IPA의 관점에서 더욱 포괄적으로 보면 현상학에서의 인식은 분리된 기능과 고립되어 있지 않고 사람들의 진술과 이야기를 구성하는 언어, 궁극적으로는 의미 부여를 통해 간접적으로 사정되고 있다.

따라서 심리학의 인식 형성의 주도적인 모델에 직면하여 우리는 두 가지 선택에 직면하게 된다. 우리는 개념적 틀을 통해 구성을 수행하거나 이용할 것을 선택할 수 있지만 한편으로 주류 패러다임과는 다른 방법을 이용할 수 있다. 우리는 용어가 상당한 지적 영향력을 가지고 있다고 느끼며, 그것을 다시 인정하거나 심리학에서는 그것의 중요성을 강화하기 원하기 때문에 우리는 후자의 활동 경로를 선택하게 된다.

물론 인식은 주류 심리학과 IPA와는 다르게 수행된다. 많은 실험 심리학의 목적은 사고의 내용 혹은 의미를 이해하기보다는 과정으로서의 인식에 직접적인 초점을 두었다. 인지 심리학은 특정 가정(예: 측정할 수 있는 행동 반응으로부터 인지적인 과정을 이끌어내는 것), 은유(예: 컴퓨터로서의 마음, 결과적으로 인식의 정보 과정), 방법(예: 일차적으로 실험적이거나 설문지), 경계선(예: 감정으로부터 인식의 분리)들을 수반하는 경향이 있다. 이 영역은 실험 심리학보다 명백히 더 광범위하고 복잡하지만 이 장의 목적에 비추어 볼 때 더 단순한 특징을 가지고 연구를 하는데 도움이 될 것이다.

그러나 사람들의 해석적 활동은 여전히 인지 심리학의 특정 측면과 통합되어 있다. 이는 특정적으로 사회 인지 모델, 기억 연구와 응용 인지 심리학에서의 사례를 의미한다. 예를 들면 편견에 대한 연구에서 현저함(salience)과 기폭제(priming)와 같은 개념들을 생각해 볼 수 있고, 기억의 재구조적인 요소들 혹은 신념, 태도, 행위 간에 추론할 수 있는 복잡한 관계를 생각해볼 때 이러한 모든 것은 이해 형성에 관한 것이고 더욱 개방적인 실험적 심리 조사로부터 통찰력을 통해 다시 검토할 수 있는 것이다. 따라서 우리는 개념적으로 IPA 연구에서의 형식과 인지 심리학의 일부분을 언급할 때 서로 건설적이어야 한다고 주장한다. 이에 대한 내용은 추후에 좀더 살펴보고자 한다.

이것은 실용적으로 혼합 방법 연구와 프로그램이라는 측면에서 실행된다(Flowers et al., 2003, 1997; Michie et al., 2004; Newton et al., 2005, 2007). 혼합 연구의 강점은 IPA 연구가 양적연구방법과 같이 어우러질 때 IPA가 제시하는 통찰력과 영향력들의 조합에 달려 있다. 따라서 현상학 연구는 양적연구 결과를 이해하고 설명하기 위해 사용될 수 있다. 예를 들면 뉴턴(Newton, 2005) 등이 수행한 연구의 양적 부분은 대체로 심리적인 중재가 효과적이었다는 데 초점을 두고 있다. 그의 다른 연구 논문에서는(Newton et al.,2005) 현상학적인 분석이 독자와 연구자에게 심리적 중재가 어떻게 작용하는지 연구 참여자의 관점으로부터 이해하도록 도움을 준다. 그러나 여기서 IPA는 덜 전형적인 참여자들 즉, 통계 분석에서 쉽게 제외될 수 있는 경험의 일부를 보여준다. 이 두 가지 논문에서 연구된 심리적인 중재는 일부 참여자들에게 성공적으로 수행되었으며 IPA 연구는 실제로 이러한 연구 과정에서 실험적, 합리적, 맥락 적으로 효과적인 설명을 이끈다.

주제에 대한 상호보완적인 견해의 잠재성을 고려해 볼 때 여기에 더욱 명백한 이점이 있으며, 이는 순수하게 실용적인 것이다. 혼합연구 접근법은 단일 설계에 비해 실무나 정책적인 면에 있어서 변화를 가져다 줄 더 많은 가능성을 가지고 있으며, 질적연구에서 더욱 두드러지게 나타난다. 그들의 위치는 '증거의 위계서열'에서 아직 충분하게 이해되지는 않았지만 양적연구는 연구 설계, 측정, 통계적 분석이 충분하게 충족되지 않는 환경에서도 더 좋은 증거를 제공할 수 있다고 본다. 양적연구 역시 질적연구의 관점을 통해 충분한 혜택을 얻을 수 있는 것으로 나타났다. IPA는 연구자로 하여금 그들의 양적연구 결과를 해석하는데 도움을 주고 여러 독자들에게 결과를 제시하기 위해 사건이나 과정의 경험과 다양한 결과들의 개인적 의미에 대한 통찰력을 제공한다. 이것은 성적인 의사결정에 대한 폴의 연구 결과에서 매우 효과적으로 예시화되어 있다.

여기서 성공을 위한 핵심은 IPA요소가 적어도 연구의 설계와 자원에서 동등한 파트너로 여겨져야 한다는 것이다. 폴의 연구에서 보면 IPA요소는 일차적인 요소로 나타나고 있다. 연구 설계의 질적 요소들은 단지 탐색적이거나 부수적인 상태였고 연구를 통해 변형하고 설명하는 잠재성을 가지고 있다는 것에 상당히 제한되어 있었다.

우리는 IPA에서 인지의 위치에 대한 논의가 확장되어 IPA의 인지에 대한 개입이 문제가 있다고 본 윌리그(2001)과 랭그리지(2007)의 염려를 설명하는데 도움이 되기를 바란다. 우리는 여기서 보통 주류 인지심리학에서 언급하는 것보다 더 광범위한 인지 모델을 어떻게 적용하는지를 제시하였다. 여기서 언급하는 인지는 일상적인 경험의 부분을 구성하고 따라서 현상학적인 연구의 초점을 형성하는 성찰적인 활동의 다양한 층을 포함한다. 그것은 또한 추가적인 공식적 성찰과 연구자에 의해 수행된 다른 활동들을 포함하는데 그들이 해석 현상학적 분석을 수행하기 때문이다. 〈도표 12.2〉에는 인지의 범주에 포함되어 있는 IPA의 내용과 과정을 기술하는 일련의 용어 목록을 제시하고 있다.

〈도표 12.2〉 인지와 IPA

IPA'대상'으로서 일상적인 인지

이전 성찰적인 반성
직관적인 성찰
자각
의식
뜨거운 인식
반추
이해 형성
의미 형성

IPA를 수행하기 위한 과정으로서 자아의식적인 인지

분석
해석
이해 형성
이론과의 공식적인 연계

앞서 지적하였듯이 우리는 인지를 구획된 활동으로 여기지 않으며, 역동적이고 정서적이고 상징적이다. 해석적 현상학적 심리학과 표준 인지심리학의 관심 분야는 다양한 종류의 지식을 갖고, 다양한 주장을 하고, 다양한 영역의 정의를 내리는데 있어서 명백하게 다르지만 몇 가지 핵심적인 측면에서는 서로 중복된다. 또한 우리는 이 책에서 다루고 있는 가장 명백한 접점은 이해와 의미를 형성하기를 원한다는 것이다. 사람들은 의미를 만든다. IPA 연구자에게 사람들을 이해하기 위한 활동으로 대화, 일기, 그룹 토의 등은 세계와의 관계를 배우기 위한 기초이다. 이러한 관점에서 보면 IPA 연구는 명백하게 인지 심리학에 대화를 건넨 것이다. 특정 맥락 내에서 규명될 수 있는 경험으로 사건, 과정 혹은 관계 등이 특정한 사람들에게 무엇을 의미하는가에 대한 설명을 발전시켰기 때문에 우리의 분석은 심리학으로부터 기존의 이론적 설명과 연관될 수 있다.

언어, 문화, 이야기

의미 형성은 어떤 특정한 맥락인 인터뷰와 같은 상호작용이 이루어지고, 대학이나 병원과 같은 특정 환경에서 특정 종류의 명백한 이야기, 담화, 은유 등과 같은 자원을 이용하여 일어난다. 문화는 효과적으로 의미 형성을 위한 효과적인 기본 틀이다(Much, 1995). 따라서 IPA의 일차적 목적은 경험을 이해하는 것이면 어디든지 존재하지만 필연적으로 문화와 언어로 항상 연계되어 있다. 2장에서 제시하였듯이 이러한 개념들은 현상학과 해석학 철학자들에게 익숙한 것이다. 더욱이 하이데거가 언어를 '존재의 저장고(house of being)'로 기술하였을 때 그가 제시한 경험에 대한 해석은 항상 언어에 의해 형성되고 제한된다고 기술하고 있다. 9장의 사례 연구에서 살펴보았듯이 빈스방거의 기본 토대로서의 은유에 대한 시각은 연구 참여자들의 경험과 생활 세계를 더 잘 이해하기 위해 참여자들이 이용하는 유사성(헐크의 삶)에 적용하고 있다.

이와 유사하게 하이데거가 현 존재(dasein)에 대해 세계에 던져진 존재라고 기술하였을 때 그는 문화적 사물과 자원들 간의 관계를 이해하기 위해 은유를 사용하고 있다. 물질적, 사회적, 문화적 세계는 우리를 선행하고, 우리가 무엇을 할 수 있는지, 어떤 존재인지, 무엇을 주장할 수 있는지를 제한하는 존재이다. 우리의 경험에 대한 이해는 타인과의 다양한 관계가 서로 촘촘하게 짜인 것이라 할 수 있다. 이러한 입장과 광범위하게 일치되는 문화적응과 공통주관성에 대한 설명은 상징적 상호작용주의(Mead, 1934), 발달심리학(Trevarthen & Aitken, 2001), 문화심리학(Cole, 1996)을 통해 도출될 수 있다. 이들은 인간을 이해하는 상황적이고 관련된 특성이 어떻게 일어나는지에 대한 설명을 제공하기 때문에 매우 중요하다고 할 수 있다.

따라서 IPA 연구는 부분적으로 사람에 대한 개인의 문화적 위치에 대한 것이고 연구 참여자들이 경험한 주장을 이해하고자 하는 것이다. 또한 특정한 문화적 역량의 수준을 필요로 한다. 이것은 우리가 꼭 문화적 내부자여야 한다는 것을 의미하는 것은 아니지만 우리가 참여자들의 언어를 적절하게 이해하기 위해 우리 스스로 작업을 해야 할 필요가 있다는 것이다.

그러나 이것은 IPA 연구가 담론 분석과 같이 해체적인 목적을 갖는다는 것과 같지 않다. 담론적인(discursive) 접근은 현재 다양한 인식론과 방법론적 입장을 가지고 있으나(Wetherell et al., 2001 참조) 일차적인 관심사가 푸코 이후 파워나 상호작용에 따라 느슨하게 범주화될 수 있다(Burkitt 1999). 푸코식 담론 분석(FDA) 사례에 있어 담론은 지식체로서 이해되고 이러한 지식체는 구성적으로 다루어진다. 담론 분석의 다른 주요 경향은 민족 감각적 방법론의 전통 내에서 광범위하게 발전하였으며 이를 담론 심리학(DP)이라고 일컫는다. 여기에서 담론은 의사소통을 주고받는 상호작용을 의미하는 것으로 이해되고 따라서 담론 심리학은 상호작용적인 결과를 맺기 위해 가능한 문화적 자원들의 사용에 보다 많은 관심을 갖는다(예: Potter & Wetherell 1987).

우리는 IPA에서의 담론 분석에 대한 앞의 두 가지 접근법이 IPA와의 몇 가지 관심과 흥미를 공유하지만 이런 접근법은 명백히 사회적 구조이론으로 강력한 것이며, 헌신을 가지고 출발한다. 즉 연구 주제가 어떻게 다양한 접근법에 의해 개념화될 수 있는지에 대한 방법을 보자. 라킨 등(2006)의 사례를 통해 이 연구에서 사랑은 이러한 다양한 접근법에 의해 개념화되고 있다. 사랑에 대한 담론 심리학 연구는 사랑을 구성하는 다양한 요소가 특정한 형태의 사회적 상호작용을 통해 발생하듯이 이들을 규명하는 것에서 시작할 것이고 상호작용의 부분적인 상황 내에서의 이러한 구성들의 기능에 초점을 둔다. 푸코식 담론 분석 접근은 이들이 더 광범위한 문화적 환경에서 사랑을 구성하는 지식체에 접근할 수 있지만 지식적인 텍스트와 같은 상호작용에 대한 기록을 위협하는데 더 익숙하다. 즉 FDA 접근의 주요 초점이 수행적이고, 주제는 담론 행위의 패턴을 규명하는 상호작용에 있다. 또 다른 한편으로 주요 초점은 구조적인 것이고 주제는 담론적인 구조를 규명하는 지식에 있다. 이 두 가지 사례에서 담론적인 표현은 분석의 단위이다.

그러나 IPA 연구자에게 주요 연구초점은 해석적이고 개별기술과 맥락적인 것이어서 특정 맥락에서의 특정 개인을 위한 의미의 해석에 관심을 둔다. 경험은 주어진 현상에 대한 개인의 연관성을 간략하게 이르는 사랑과 같은 현상이 주요 주제이고, 주제의 의미들은 분석의 단위가 된다. IPA는 개인의 특정 현상에 대한 경험을 이해하기 위해 사용될 수 있다. 즉 사랑과 관련된 개인의 성격

즉, 경험, 문화, 언어, 현장 등을 나타내는 것이다. 따라서 IPA를 통해 우리는 개인의 특정한 맥락 속에 현재의 주관적인 참여 형태 혹은 친밀한 관계를 지속적으로 개입하는 그들의 세계를 엿볼 수 있다. 이러한 참여 형태는 많을 수도 있고 심지어 역설적일 수도 있으며, 단일하거나 정체되어 있지 않다.

이를 명료화하기 위해 IPA 연구가 사회적 상호작용을 지지하나 담론적 심리학과 FDA만큼 강력하게 지지하지 않다는 것을 지목하는 것은 가치가 있다. 10장에서 관계적인 자아와 관련하여 언급하였듯이 미드(1934)는 강력한 이론적 근거가 되고 있다. 미드는 인간이 이미 존재하고 있는 문화적 힘에 의해 형성되면서도 개인적으로 발달할 수 있는 부분으로 상징적 혹은 인지적 활동을 통해 사물을 다시 구성하여 재형성 할 수 있는 가능성을 제시하고 있다.

> 자아가 형성된 후 어떤 의미에서 스스로에게 형성된 자아의 사회적 경험을 제공한다. 또한 우리는 생각할 수 있고 타인과 의사소통하듯이 대화할 수 있는 절대적으로 고독한 자아를 인식할 수 있다.

따라서 마음은 사회적 현상으로 시작되지만 그러한 과정을 통한 부산물은 더 나은 발전과정에 본질적 요인이 되거나 기여 요인으로 되면서 특이한 것은 없다.

미드의 연구는 일반적으로 심리학에서는 간과되고 있지만 최근 다양한 이론적 관점에서 보면 공감되는 부분이 있다.

> 자아 정체성은 개인이 소유하고 있는 개별적인 특성이 아니고 심지어 집단의 특성도 아니다. 자아정체성은 자서전이라는 측면에서 개인에 의해 성찰적으로 이해되는 자아이다. 여기서 정체성은 시간과 장소를 통해 연속성을 상정한다. 그러나 자아정체성은 개입에 의해 성찰적으로 해석되는 그러한 연속성이다.

IPA 연구 관점에 유용하게 연결되는 이론적인 모델을 살펴보기 위해 스미스

(1994, 2003)의 연구를 보자.

IPA는 맥락이 어떻게 개인의 경험과 연관되어 있는지에 대한 관심사항을 통해 특히 푸코식 담론 분석에서의 풍부한 관련성을 위한 잠재성을 가지고 있는 것으로 보인다. IPA 연구가 개인이 참여하는 맥락을 통해 상세한 설명을 제공하고 있지만 FDA 연구는 맥락 자체의 분석을 제공하며 따라서 이러한 경험을 이해하기 위해 개인이 다루는 가능한 자원들을 소개한다. 많은 IPA 연구들이 이러한 경향에 따라 발전해왔다(Chadwick et al 2005; Flowers et al. 2000; Johnson et al 2004, Larkin et al in press). 이러한 연구들은 두 가지 접근법을 연결하는 수준에 따라 다양하게 나타나지만 전체적으로 이러한 연결은 함축적으로 남아있다. 이러한 접근법이 잠재적으로 상호보완적인 형태에서 사회적 세계관으로 다가가는 방법임을 고려해 볼 때 이들 간의 관계에 보다 명료한 표현을 하는 것은 가치가 있다.

IPA는 다양한 형태의 내러티브 분석과 강력한 지적 연관성을 갖는다. IPA는 의미 형성에 중점적으로 연관되어 있고 이야기 구조는 의미 형성의 한 가지 방법이다. 해석적 의미 형성을 구축하기 위한 노력으로 브루너의 이야기 모델(1987)은 IPA의 프로젝트에 가깝다. 이야기 심리학이 사회적 구조주의를 통해 발전하였지만 발전하는 동안 현상 심리학의 여러 요소들과 연관되어 있다. 이것은 특히 삶의 경험을 이해하기 위한 매커니즘으로 이야기에 흥미를 가지고 있는 연구자에 적합하다. 예를 들면 인생의 내러티브 연구 시리즈를 제시하였던 크로슬리(Crosseley)와 리스만(Reissman), 다양한 연구자에 의해 수행된 대부분의 연구들은 경험적 학문의 원동력을 가지고 있다. 이러한 연구자들은 일차적으로 다양한 사건을 다루는 사람들의 이야기에 흥미를 가지고 있었기에 시간이 흐르면서 경험적 이야기나 담론 사용에 흥미를 가지고 있던 IPA 연구자들과 긴밀한 교류를 할 수 있었다.

예를 들면 여성들의 분노와 공격성의 경험을 다룬 이터우(Eatough)와 스미스(2006)의 연구에서 저자들은 참여자의 분노 상태에 따른 카운슬링 효과의 영향을 이해하기 위한 핵심적 요소로서 참여자들의 진술변화를 논의하였다. 연구자들은 참여자들이 자신의 분노의 근원으로서 생화학적인 요소로 지목한 진술들을 오랫동안 유지하고 있는 것을 관찰하였기 때문에 추후에 카운슬링에 비추어 자신의 이야기를 재 진술하는데 어려움이 있다는 것에 어려움을 가졌다. 이러한 재구조의 기능은 여러 카운슬링 프로그램과 심리치료 접근법의 핵심적 요소이다. 이들의 기저에 있는 원칙은 담론에 대한 것으로 참여자들은 자신의 삶의 경험을 더욱 생생하게 하기 위해 자신의 경험을 다시 해석하도록 격려를 받는다.

따라서 우리는 대상자의 삶의 이야기를 말하는 것은 개인적으로 매우 의미있는 것이고 미드가 언급하였듯이 자신의 정체성을 갖는 것이 무엇인지의 핵심적인 지표로 진술될 수 있다는 것을 주장한다. 이터우와 스미스(2008)는 다음과 같이 진술하였다.

> 사람들은 자신의 삶에 대해 진술할 때 문화적으로 의미가능한 접근에서 끌어낼 수 있는 것보다 더 많은 것을 이끌어낸다. 사람들은 자신의 체면을 세우고, 설득하고, 합리화하면서 이야기와 함께 전체적인 사물의 것을 다루기를 원한다. 그러나 여기에는 특별한 부분적인 상호작용을 초월하는 그 이상의 것이 있다. 로젠왈드(Rosenwald, 1992)는 다음과 같이 진술하였다. '삶이 그저 이야기에 지나지 않는다면 이야기는 진술되는 상황에 의해서만 영향을 받으며 따라서 개인은 생동감이 없는 상황이나 파괴된 삶을 선언할 수 없다.' 개인적 진술은 우리의 삶을 만드는데 있어 과거와 미래를 연결함으로써 인간의 잠재성과 발달과 연관되어 있다.

물론 담론 연구자들은 사람의 이야기 구조에 더욱 흥미를 가지고 인간의 경험에 근거하여 제한과 기회들을 탐구하는데 목적을 갖는다(Gergen & Gergen, 1988). 이것은 구조주의자들의 연구 영역과 더욱 가까운 것이며, 담론 분석에서의 공통점을 공유하고 있다. 그러나 우리는 이러한 연구와 IPA간의 풍부한 상호교류의 잠재성을 볼 수 있다. 예를 들어 스미스(1994a)의 논문을 보면 여성의 엄마됨으로 전환하는 재구성적인 이야기가 개인적인 성장이나 연속성의 궤도에 어떻게 긍정적으로 표출되고 있는가를 제시하고 있다.

체화(embodiment)와 감정

체화 현상은 최근 심리학에서 비판적이고 질적인 연구 접근법을 통해 다시 제기되고 있고(Finlay & Langdridge, 2007; Nightingale & Cromby, 1999) 일반적으로는 인문학에서 활발하게 제기되어 왔었다(Burkitt 1999, Wider, 1997). 이들 연구의 대부분은 현상학 연구와 2장에서 간단하게 언급되었던 메를로-퐁티의 철학에 의해 다시 강조되고 있다. 이러한 발전은 신체에 대한 적절한 설명을 위해 개인의 경험적, 사회적, 정치적 우위를 인식하는 사회 구조주의의 능력 부족에 의한 부분적 반응으로 나타난 것이다. IPA 연구가 이러한 분야에서 두드러지고 있는 것은 IPA 연구자들이 체화의 중요성에 대한 의의를 제시하고 있기 때문이다.

현상학자에게 인간은 주요 초점이기 때문에 체화는 오랫동안 주요한 관심 분야였다. 이러한 관심의 다양한 차원이 애인리(Ainley, 1989)에 의해 효과적으로 포착되고 있다.

> 개인의 세계와 자아에 대한 경험은 자신의 신체와 얽혀있다. 신체는 자신을 사물과 타인의 세계에 연결한다. 개인과 자신의 신체와의 결합은 신체에 대한 어떤 것이 빗나갔을 때 가장 명확해진다. 대부분의 사람들은 그러한 현상을 겪을 때 자신의 신체가 능력이 있는 것인지 혹은 한계가 있는 것인지와 관계없이 자신의 존재와 신체를 갖는 것을 인식하게 된다.(p. 21-22)

이것을 촉발하는 것은 신체가 외관 혹은 생리학적 측면보다 더욱 의미가 있다고 보지만 그럼에도 불구하고 이러한 사실적인 측면에 의해 제한을 받는다. 그러나 이러한 한계들은 복잡하고 맥락적이다. 신체는 유전학적, 생물학적, 생리학적인 것뿐만 아니라 표현적이고 경험적인 측면에서 서로 다르다. 래트너(Ratner)가 관찰하였듯이 감정에 대해 기술할 때 이러한 차이점들은 생물학으로 줄어들 수 없으며, 어떤 의미도 가질 수 없다고 하였다. 즉 생물학적인 과정인 호르몬, 신경전달물질, 자율신경 반응 등이 기저를 이루지만 정서적인 특징이나 표현을 결정하지는 않는다. 특정한 특징과 표현은 주로 문화적인 과정이나 요인에 의해 결정된다. 신체는 문화적인 것과 생물학적인 총체이며 브루너(1990)가 지적하였듯이, 개인의 문화적, 생리적 세계와의 연관성을 통해 의미있게 형성된 잠재성과 제한성의 집합으로서 생물학적인 신체를 생각하는데 도움을 준다.

끝으로 메를로-퐁티는 인간을 신체-대상으로 진술하고 있는데 이는 우리의 고의성은 신체로부터 출발하기 때문이다. 우리는 부엌에서 불을 밝히는 스위치를 어떻게 찾아내고 켜는지를 상징적으로 체화된 앎을 가지고 있다. 예를 들면 몇 가지 중요한 사회적 판단 혹은 신체적 질병을 통해 우리 스스로를 신체-대상으로 인식하는 것은 매우 힘들고 어려운 과정일 수 있겠지만 또한 우리의 경험을 분명하게 한다.

심리학자들에게 체화된 경험을 이해하는 것은 매우 중요하며, 신체의 환원주의적인 설명과 연관시킬 수 있는 것 또한 중요하다. IPA 연구자들은 대부분 신체에 초점을 두며 특히 신체가 잘못되어 나타날 때 더욱 그러하다. IPA의 특정 연구 과제는 개인이 어떻게 상징적으로 체화된 경험을 이해하는가를 탐구하는 것이다. 7장에서 이미 이에 대해 자세하게 제시하였다.

이는 개인과 신체가 문자 그대로 현상학적으로 거의 동일하다는 것이 아니다. 상징적인 체화는 신체적인 한계를 넘어선 신체감각이다. 랭그리지(2007)는 하이데거의 육신(physical)과 신체(개인의 체화 감각) 간의 구별은 여기서 시작해야 유용하다고 진술하였다. 후자는 신체의 생리학적인 것을 초월하는 신체의 심리적 혹은 현상학적인 의미이다. 예를 들면 춤을 추는 우리의 동작은 신체의 한계를 넘어서고자 한 상징적 체화의 의미로서 파악될 수 있다. 메를로-퐁티는 이러한 의미에 대해 '의식적인 것이 문화적 세계에 침투되어 습관을 갖게 되는 것처럼 의식적인 것이 신체적 세계에 침투되어 신체를 갖는 것이다.'라고 하였다.

신체는 완전한 순환을 나타낸다. 즉, 신체는 경험이 어떻게 신체적, 문화적 세계와 연결되어 있는가를 상기시켜준다. 현상학 연구로 알려진 분야(Gallagher & Varela, 2001)를 통해 우리는 IPA 연구와 상징적으로 체화된 인지의 발전 영역 간에 연관되어 있음을 안다. 여기서 인지는 의미 형성의 체화되고 상호 주관적인 과정으로 이해되고 있다. 인지는 IPA에 대한 이해를 잘 받아들일 수 있는 사고의 모델이며, 여기에서 IPA 연구자들은 생리 현상학에서 경험적 연구를 발전시키는데 긍정적이고 상호보완적인 기여를 할 수 있을 것이다(Gallagher & Sorensen, 2006).

신체는 또한 우리에게 정서를 상기시킨다. 정서는 절대적으로 인간의 경험과 심리학자들의 상호주관적인 행위를 이해하는데 필수적인 요소이다. 현상학적인 관점에서 보면 정서와 인지는 세계와의 연관이라는 측면에서 서로 밀접하게 연관되어 있다(Damasio, 1995). 더욱이 정서는 문화적, 생리학적으로 영향을 받는 실체의 개인적 반향에 대한 강력한 지표이다. 낸시 초도로(Nancy Chodorow, 1999)는 다음과 같이 기술하였다.

> 정서적 언어와 개념은 개인적 반향과 의미를 가지고 있어야 한다. 사고와 감정이 서로 얽혀있다는 것과 사고는 문화적으로 특별한 언어로서 고려되고 있다는 것은 어떤 사적인 감정을 의미하고 있거나 혹은 어떠한 특정한 사고가 공적인 문화적 의미만을 가지고 있다는 것이 아니다. 문화적으로 인지될 수 있는 생각이나 감정 표현들은 생각이 결부된 감정들과 감정이 결부된 생각 역시 대인관계나 문화적 관계의 집합 내에서 개인의 심리적 삶이 창조되듯이, 개인의 경험에 의해 서로 얽힐 수 있다.

정서는 상징적으로 체화되고 상호주관적인 특성과 문화적이고 인지적 차원을 가졌으며 IPA 연구의 다방면 분야로서 여성의 분노, 중독으로부터의 회복, 위험에 대한 사회적 관계적 의사결정, 인생의 고통스러운 사건에서의 반응, 만성적이고 급성적인 질환에 대한 대처에서의 반응 등에서 중요하고 반복적으로 나타나고 있다. 자아 정체성의 발전에 따른 정서적인 경험은 아마 IPA 연구 영역에서 가장 두드러지게 대두되는 주제라 할 수 있다.

IPA 연구와 다른 현상학 접근법과의 관계

IPA 연구는 심리학에서의 현상학적인 접근을 통한 명확한 진술뿐 아니라 특정 형태의 현상 심리학이나 현상학적인 인문학 분야를 발전시켰다. 이 연구 분야의 일차적 연구자들은 애쉬워스(2003), 달버그 등(Dahlberg et al, 2008), 핀레이(Finlay, 2008), 지오르지(Giorgi, 1997), 홀링(Halling, 2008), 토드레스(Todres, 2007), 반 메넌(Van Manen, 1990) 등을 들 수 있다. 우리는 이것을 연구 접근법의 한 부류라고 이해하며, 모든 요소들이 현상학의 기본 원칙을 공유하지만 각 요소들은 특정한 방식으로 설명되는 불분명한 부류라 할 수 있다. 우리가 여기서 할 일은 위의 각기 다른 요소들을 설명하기보다는 현상학 연구의 일반적 개념적 지도 내에서 IPA 연구의 위치를 이해하기 위해 앞에서 제시한 요소들의 일부와 IPA를 비교하는 것이다.

첫째 현상학적 심리학 연구를 가장 오랫동안 진행해온 아메데오 지오르지(Amedeo Giorgi)의 연구를 IPA 연구와 관련하여 생각해 보는 것은 도움이 되며, 이 두 접근 간의 공통점과 차이점을 살펴볼 것이다. IPA에 대해 지오르지는(Giorgi & Giorgi, 2008) 심리학을 위해 현상학적인 접근을 조작화하는 시도를 하고 있으며 철학에서 심리학으로 이동할 때 필요한 전환을 명료하게 진술하고 있다.

IPA와 지오르지의 접근법간의 중요한 차이점은 지오르지는 후설의 현상학적 방법을 가능한 충실하게 따르는 것을 시도하는 반면 IPA 연구는 현상학의 보다 광범위한 총체로부터 이끌어내되 특별한 버전을 조작하고자 시도를 하지 않는다. IPA 연구가 공공연히 해석적이라면 지오르지(1997)는 자신의 연구가 기술적이라고 강조하고 있다.

지오르지의 방법은 일차적으로 경험에서의 공통적인 진술을 발전시키는데 관심을 두고 특정 현상에 대한 완전하고 통합적인 청사진을 그린다. 반대로 IPA 연구는 사례에 대한 수렴과 발산의 상세한 분석을 제공하는 개별기술 목적을 가지고 있으며 각 특정 개인의 느낌과 풍부함을 포착하고자 한다.

지오르지의 현상학적 심리학과 IPA간에는 다른 강조점을 두고 있기 때문에 두 접근법을 사용한 연구 결과는 다소 다르게 보이는 경향이 있다. 지오르지의 연구 결과는 거의 제 3자의 이야기 형식을 취하고 있으며 현상을 위한 일반적 구조의 개요를 서술하는 종합적 진술문에 가깝다. IPA 연구 결과는 보통 개별 기술적이고 해석적 진술의 형식을 취하며 대상자들의 진술로부터 추출 가능한 내용과 얽혀있다.

IPA 연구는 해석적 현상학을 조작하기 위한 시도만을 하지 않고 관련된 접근법과 상당한 공통점을 공유한다. IPA 연구와 관련하여 반 메넌(1990)은 현상학과 해석학을 유도하였고 연결하였다. 반 메넌은 일상 관행의 현상학적인 탐구에 관심을 가졌으며 그가 어떻게 현상학적 접근법을 교육학과 육아법에 적용하는가에 대한 상세한 예시를 제시하였다. 그는 해석적 현상학의 접근법이 인간의 삶의 맥락 내에서 이들을 어떻게 이해하는가에 초점을 두는 교육학과 간호학 연구자들에게 특히 관련이 있다고 진술하였다. 반 메넌은 또한 현상학적 연구 시도로서 글쓰기를 중점적으로 강조한다. 이러한 접근법은 하이데거에 의해 특별히 영향을 받았고 일차적으로 간호학에서 이러한 접근법을 적용하여 진술한 배너(1994)가 편집한 책에서 예시화되고 있다.

심리학에서 현상학적 접근법에 대한 모음집에서 새로 추가된 것은 핵심적인 내러티브 분석으로 랭그리지(2007)에 의해 명료하게 진술되고 있다. 리쾨르는 핵심적인 내러티브 분석을 주요하게 다루고 있으며 분석에 대한 의심적인 해석과 핵심 이야기를 포함하는데 목적을 두고 있다. 후자는 사회적 이론의 렌즈를 통해 텍스트를 심문하는 것을 포함한다. 따라서 분석에서 강조하는 것은 IPA의 강조 내용과 다르다. 이 접근법을 사용한 연구들을 살펴보는 것은 흥미로울 것이다.

IPA 연구와 근거이론

마지막으로 우리는 근거이론을 살펴볼 것인데 근거이론은 IPA 연구를 고려하는 사람들에게 주요한 대안으로 제시되고 있는 방법이다. 근거이론은 강력하고 학문 분야를 초월하는 정체성을 가지고 있다. 따라서 이것은 꼭 경험적이거나 심리적인 것이 아니며 이러한 방법으로 사용될 수 있다. 근거이론은 IPA보다 더 오래전에 이용되고 있으며 그 결과 상당히 다양한 형태로 존재하고 있다. 근거이론은 본래 연구자들에게 질적연구 분야와 분석에서 명확하고 체계적이며 연속적인 가이드를 제공하기 위해 발전되어 왔다(Glaser & Strauss, 1967). 근거이론은 이론의 발전을 위해 기술적인 건전한 어휘와(예: 공동 축코딩) 고도로 구조화된 절차를 통해 수행된다. 이러한 특성들은 아마도 낙관론에 의해 주도된 사회 과학적 학문에 질적연구를 위한 공간을 확보하는데 상당한 기여를 하고 있다.

근거이론 연구자들은 일반적으로 특정 현상의 이론적 수준의 진술을 생성하고자 하며, 종종 IPA와 비교해 볼 때 상대적으로 대규모의 표본을 요구한다. 이 접근법에는 여러 가지 버전이 있지만 구조주의 근거이론(예: Charmaz, 2006)이 아마도 심리학 연구에서 가장 널리 사용되고 있다. 근거이론의 다른 부류와 비교하여 구조주의 근거이론은 과정에 대한 상당한 유연성과 더 명확한 인식론적 입장을 취하는 것으로 보인다.

IPA 연구와 근거이론이 할 수 있는 것 간에는 탐구에 있어서 광범위한 귀납적 접근법을 취하는 등 상당히 중첩되는 부분이 많다. 그러나 전체적으로 IPA 연구는 소수의 연구 대상자들을 통해 이들의 수렴(convergence)과 발산(divergence)에 강조를 두고 삶의 경험의 보다 상세하고 미묘한 차이가 있는 분석을 제공한다. 반면 근거이론은 더 많은 표본을 대상으로 보다 개념적인 설명적 수준으로 이끌고 나가며 개인적 진술은 성과적인 이론적 주장을 제시하기 위해 유도될 수 있다. 물론 근거이론의 주요 목적은 근거이론이라고 의도하는 많은 연구가 실제에 있어서 근거된 분석 이상이라는 것을 의미한다. IPA 연구는 지속적인 근거이론연구로 이끌어낼 수 있다.

IPA 연구와 근거이론 간의 관계는 IPA 연구와 지오르지의 현상학적 심리학 간의 관계와 몇 가지 유사하다. 근거이론과 지오르지의 현상학적 심리학은 모두 큰 목표가 있다. 즉 근거이론은 심리학적인 현상의 중간 수준의 이론적 진술에 목표를 두며, 지오르지의 현상학적 심리학은 일반적인 구조를 산출하는 것에 목표를 둔다. 반대로 IPA 연구는 인간 삶의 실제적 단면의 상세한 탐구나 표현으로부터 발생하는 구조나 뉘앙스를 갖고 개인적 경험의 미시적 분석에 관심을 갖는다. 이것은 부분적으로 일반화의 관심이나 속도의 정도에 대한 것이다. IPA 연구는 거시적 수준의 주장과 반대되는 것이 아니라 변함없이 상호보완적인 미시적 분석과 거시적인 설명의 발전을 풍부하게 하는 분석의 가치를 주장하는 것이라 할 수 있다.

13장

결론과 미래 발전을 위한 성찰

우리는 이 책을 통해 독자들이 역동적이고 전인적인 실체로서의 IPA를 이해하기를 바란다. IPA 연구를 처음 시도하는 사람들에게 우리는 보다 견고한 토대를 제공하고자 시도하였다. IPA 연구자들을 위해 우리는 연구 설계와 자료수집, 해석적 분석을 발전시키고 새로운 주제들을 탐구하거나 관련된 접근법들과의 연관성을 탐색하기 위해 몇 가지 영감과 격려를 제공하여 창조적인 접근법을 취할 수 있도록 도와주고자 하였다.

질적 심리학은 연구자에게 자료수집과 분석에 관여할 것을 요구한다. 또한 IPA 사례에서는 연구자가 연구 참여자에게도 관여할 것을 의미한다. 우리는 IPA 연구를 위한 이론적 영감을 제시하면서 이 책을 시작하였고 다음 장에서는 IPA 연구가 이러한 생각을 어떻게 발현시키는지를 제시하고 있다. 2장에서 제시된 철학적인 요소들은 우리에게 원칙의 중요한 틀을 제시한다. 질적연구자들은 종종 예상하지 못한 사건들을 수용해야 하는데 그러한 원칙들은 다른 접근법에서 제시하는 방법론적인 프로토콜에 비해 더욱 유익하다. 그럼에도 불구하고 이러한 철학적인 원칙들은 실제적 활용을 위한 몇 가지 전환을 요구하고 우리는 많은 대안들을 종료하지 않고 몇 가지 가능성들을 이끌어내고자 시도하였다. 따라서 우리는 독자들이 이러한 생각들을 끌어내고 이들의 의의를 탐색하며 자신들의 연구에서 발생하는 문제들을 해결하고자 도와주는 방법들을 찾기를 원한다.

이 책의 구조는 IPA 연구의 과정과 유사하게 반복적으로 진행되고 있다. 3장과 6장에서 IPA 연구를 수행하기 위해 제시한 틀은 초보 연구자들을 지지하고 격려하기 위해 잘 구조화되었으며 한편으로 숙련된 연구자들도 더욱 혁신적이고 심도 깊은 연구를 수행할 수 있도록 유연하게 구성되어 있다. 7장과 10장에서 제시된 연구 사례를 통해 우리는 몇 가지 핵심적 이론적 생각들이 어떻게 예시화 될 수 있는지 보여주었다. 또한 우리는 이러한 결과들이 IPA 연구가 왜 '진정한' 세계를 다루는 연구자들에게 적합한 연구인지를 보여주기를 원하였다. 최종적으로 마지막 두 장은 IPA의 현재 쟁점들을 살펴보았고 특히 IPA 연구가 어떻게 심리학의 주요 접근법들과 연관되는지를 제시하였다.

우리는 IPA의 미래를 위해 어떤 기대를 가지고 있는가? 우리는 IPA 연구가 계속 발전할 것이고 여러 분야의 흥미 있고 고무적인 영역에서 나타나기를 예상하고 있다. 또한 이러한 분야들은 점차 증가하여 더욱 접근가능하고 유용하고 유연하게 적용할 수 있는 접근법을 계속 찾아낼 것이다. 우리는 몇 가지 연구들이 IPA 연구를 위한 설계와 자료수집의 새로운 장을 열 것을 예상하고 있다. 소규모의 표본을 대상으로 종합적이고 다방면의 연구 설계와 심도 있는 단일 사례를 가지고 종단적인 연구를 실행하는 것은 이미 일반적인 연구 설계이다. 소규모 집단 인터뷰를 통해 경험을 공유하는 사람들로부터 진술을 수집하는데 목적을 두지만 온라인 인터뷰와 같이 거리상 떨어져 있는 사람들에 대한 접근도 더욱 일반화되고 있다. 우리는 역시 일기나 기타 저술된 자료들을 통해서도 이러한 발달이 이루어지기를 원한다. 우리는 다양한 경험적이고 심도 깊은 방법을 사용하거나 참여자들이 다양한 수준으로 재 상상을 하거나 경험에 초점을 두는 회상을 통해 발견하도록 하는데 관심을 가질 것이다. 또한 이러한 방법은 더욱 경험에 가까운 IPA 연구의 부류를 이끌어낼 수 있을 것이다.

IPA에서의 이러한 발전이 있는 가운데 12장에서 기술된 다른 질적연구들과 IPA와의 연관성을 확장하는 연구들이 나올 것을 기대한다. 우리는 이러한 발전을 환영하며 더욱 성숙하고 종합적이고 질적인 심리학을 위한 작업이 되기를 바란다. 우리는 IPA 연구가 그러한 종합적 연구에 무엇을 제기할 수 있는지가 중요하다고 생각하지만 IPA 연구의 중요 요소인 생생한 경험, 해석적 연구, 개별기술적인 초점이 중심적으로 남아 있다. IPA 연구가 다양한 설명력을 가지고 대화할 수 있는 능력으로 인해 우리는 혼합연구 내에서도 더 많은 IPA 연구가 수행될 수 있다고 예상한다. 우리는 이것을 다시 한 번 환영하는 바이지만 앞서 말했듯이 IPA 연구의 핵심 요소가 분명하게 인지되고 연구 설계를 더욱 명확하게 드러낸다면 이러한 연구가 더욱 유익하고 바람직한 방법이라는 것을 강조하는 바이다.

우리는 추후에 해석을 더욱 발전시키기 위해 많은 연구자들이 이 책에서 제기된 도전에 응하기를 원한다. 특히 초보 연구자들이 경험적인 질적 심리학을 수행하는 것은 많은 부담이 따를 것이라고 인지하면서도 '충분한' 관점의 필요성을 이해하는 바이다. 그러나 한편으로 경험 있는 IPA 연구자들이 더욱 대담하고 더 많은 해석적 분석을 수행하도록 촉구하기를 원한다. 풍부하고 심도 있는 해석은 IPA 연구와 조화를 이룰 뿐만 아니라 바람직한 연구 질의 척도이기도 하다. 중요한 것은 해석은 현상학적인 핵심과 참여자들의 관심으로부터 명확하게 발전되어야 한다는 것이다. 즉 해석은 현상학적인 핵심과 참여자들의 관심을 배제하는 것이 아니고 둘의 영역 내에서 비롯되어야 한다. IPA에서의 해석은 의미의 확대 혹은 조명의 형태로 자료에 대한 밀접한 개입에 의해 촉진되며, 충분한 발전을 위해서는 창의성, 숙고, 비판적인 자각을 필요로 한다.

해석에서 무엇이 실제로 관여되는가에 대한 질문은 IPA 연구의 핵심이며 더 나아가서는 질적 심리학의 핵심 주제이기도 하다. 그러나 해석 과정의 본질이 질적 심리학에서 간과되는 경향이 있다. 질적연구의 특정 방법으로서의 IPA 연구는 해석을 통해 무엇이 발생하였는지 분석을 통해 해석적 이론을 형성하는데 기여를 한다고 생각한다.

따라서 해석적 연구의 존재와 해석이 무엇인지에 대한 인식은 질적연구에서 질을 대표하는 것이 무엇인지에 대한 논의를 파악하는데 도움이 될 것이다. 11장에서 보았듯이 몇 가지의 현존하는 지침들은 질적연구의 신뢰성을 평가하는 다양한 방법들을 제안하는데 도움이 된다. 이것은 질적연구를 일반적으로 면밀하게 살펴보거나 무엇이 특정 연구를 더욱 훌륭하게 하는지 여부를 명확하게 진술함으로써 더욱 심도 있게 논의될 수 있다.

IPA 연구가 점차 증가함에 따라 '주제 내에서의 주제'를 살펴보는 것은 흥미로울 것이다. 10장에서 보았듯이 정체성이 대부분의 IPA 연구에서 핵심적인 구성요소로 나타난다는 것과 12장에서 많은 IPA 연구에서 중요하게 다루는 차원으로 정서적인 영역을 지목하였다는 것은 분명하다. 우리는 어떠한 주제들이 추후에 나타날지를 살펴보아야 할 것이고 추후 종설에서 이러한 주제들에 대한 구체화와 탐색을 제시하는 것은 흥미로울 것이다.

더 많은 연구들이 특정 영역에서 수행됨에 따라 2장에서 제시한 판례법의 모델이나 분석적 귀납법 혹은 최근에 발표된 질적연구의 메타종합(meta-synthesis)을 위한 몇 가지를 틀을 통해 더욱 강력한 이론적 진술을 발전시키는 것이 가능할 것이다. 예를 들면 만성적 통증에 대한 경험을 탐구하기 위해 IPA 방법을 사용한 바람직한 연구가 있다. 통증에 대한 일상적인 특징을 탐구하고 연구에서의 맥락과 표본들의 변이를 탐구하게 하는 것은 통증의 현상학에 대한 더 광범위한 주장을 이끌도록 도울 것이다.

우리는 5년 후에 IPA 연구에 대한 많은 평가가 나오리라 예상한다. 현재로서는 두 개의 종설(Brocki & Wearden 2006; Reid et al 2005)이 있으며 유용한 개요를 제공하고 있다. 그러나 이들은 모두 실질적인 종설이라기보다는 방법론적인 것이라 할 수 있다. 추후에 IPA 연구의 방법론적인 평가 과정의 추후 발전과 실체적인 영역에서의 IPA 연구에 대한 종설이 발현된다면 가치 있는 일일 것이다.

우리에게 IPA 연구는 다른 사람의 세계에 관여하고 이해하는 환상적이고 매우 심도 깊은 방법을 제공한다. 이를 통해 우리는 개개인의 생생한 경험에 대한 복잡성을 배우고 있다. 가끔 이 연구는 우리가 익숙하지 않아 그 경험이 간과되거나 주류적 이론적 모델과는 전혀 다르게 구조화된 삶을 살아가는 사람들의 삶에 대한 통찰력을 제공한다. 때로는 이 연구는 개인적 관계와 과정 혹은 전문적 중재와 그 맥락에 대한 견해에 대해 계몽적으로 제시하기도 한다. IPA 연구 과정은 힘들지만 흥미를 돋우고 자극을 준다는 것을 확인하였다. 우리는 이 책을 읽는 독자들이 격려를 받고 도전하기를 바라며, IPA 연구 경험이 즐겁고 가치 있고 강력하다고 느낄 수 있기를 희망한다.

참고문헌

Ainley, S.C. (1989). *Day Brought Back My Night: Ageing and New Vision Loss*. London: Routledge.

Ajzen, I. & Fishbein, M. (1980). *Understanding Attitudes and Predicting Social Behaviour.* Englewood Cliffs: Prentice Hall.

Allport, G.W. (1951). *The Use of Personal Documents in Psychological Science.* New York: Social Science Research Council (Bulletin No. 49).

Allport, G.W. (1965). *Letters from Jenny*. New York: Harcourt.

Anderson, M.L. (2003). Embodied cognition: a field guide. *Artificial Intelligence, 149*, 91-130.

Andrews, M., Sclater, S.D., Squire, S., & Treacher, A. (2000). *Lines of Narrative: Psychosocial Perspectives.* London: Routledge.

Antonucci, T.C. & Mikus, K. (1988). The power of parenthood: Personality and attitudinal change during the transition to parenthood. In G. Michaels & W. Goldberg (Eds.), *The Transition to Parenthood: Current Theory and Research.* Cambridge: Cambridge University Press.

Arroll, M.A. & Senior, V. (2008). Individuals' experience of chronic fatigue syndrome/myalgic encephalomyelitis: an interpretative phenomenological analysis. *Psychology & Health, 23*, 443-458.

Ashworth, P.D. (2003). (Guest editor, special issue). Contingencies of the lifeworld: Phenomenological psychology from Sheffield, England. *Journal of Phenomenological Psychology, 34* (2).

Ashworth, P. (2008). Conceptual foundations of qualitative psychology. In J.A. Smith (Ed.), *Qualitative Psychology: A Practical Guide to Methods* (2nd edn). London: Sage.

Becker, C. (1992). *Living and Relating: An Introduction to Phenomenology*. Newbury Park: Sage.

Benner, P. (Ed.) (1994). *Interpretive Phenomenology.* Thousand Oaks: Sage.

Bentall, R. (2004). *Madness Explained: Psychosis and Human Nature.* London: Penguin.

Bhogal, S. & Larkin, M. (in preparation). Staff experiences of working with British Asian service-users and their families, in an Early Intervention Service for young people experiencing first-episode psychosis. Unpublished manuscript.

Binswanger, L. (1975/1963). *Being in the World.* London: Souvenir Press.

Birchwood M., Fowler, D.G., & Jackson, C. (Eds.) (2000). *Early Intervention: A Guide to Concepts. Evidence and Interventions.* John Wiley and Sons.

Birchwood, M., Trower, P., Brunet, K., Gilbert, P., Iqbal, Z., & Jackson, C. (2007). Social anxiety and the shame of psychosis: A study in first episode psychosis. *Behaviour Research and Therapy, 45*, 1025-1037.

Bohnsack, R. (2000). Group discussions and focus groups. In U. Flick, E. von Kardoff, & I. Steinke (Eds), *A Companion to Qualitative Research.* London: Sage.

Borkoles, E., Nicholls, A., Bell, K., Butterly, R., & Polman, R. (2008). The lived experiences of people diagnosed with multiple sclerosis in relation to exercise. *Psychology & Health, 23*, 427-441.

Boyle, M. (1990). *Schizophrenia: A Scientific Delusion?* London: Routledge.

Boyle, M. (2002a). It's all done with smoke and mirrors. Or, how to create the illusion of a schizophrenic brain disease. *Clinical Psychology, 12* (April), 9-16.

Boyle, M. (2002b). *Schizophrenia: A Scientific Delusion?* (2nd edn). London: Routledge.

British Psychological Society (BPS) (2000). *Recent Advances in Understanding Mental Illness and Psychotic Experiences*. Leicester: British Psychological Society.

Brocki, J.M. & Wearden, A.J. (2006). A critical evaluation of the use of interpretative phenomenological analysis (IPA) in Health Psychology. *Psychology and Health, 21*, 87-108.

Bromley, D. (1985). The case-study method as a basic approach to personality. Paper given to BPS London Conference.

Bromley, D. (1986). *The Case Study Method in Psychology and Related Disciplines*. Chichester: Wiley.

Bruner, J. (1987). Life as narrative. *Social Research, 54*, 11-32.

Bruner, J. (1990). *Acts of Meaning*. Boston: Harvard University Press.

Burkitt, I. (1999). *Bodies of Thought: Embodiment, Identity and Modernity*. London: Sage.

Burman, E. (1994). Interviewing. In P. Banister, E. Burman, I. Parker, M. Taylor, & C. Tindall (Eds), *Qualitative Methods in Psychology: A Research Guide*. Buckingham: Open University Press.

Busch, T. (2008). Existentialism: the 'new philosophy'. In R. Diprose & J. Reynolds (Eds), *Merleau-Ponty: Key concepts*. Stocksfield: Acumen.

Campbell, D.T. (1975). 'Degrees of freedom' and the case study. *Comparative Political Studies, 8*, 178-193.

Carradice, A., Shankland, M., & Beail, N. (2002). A qualitative study of the theoretical models used by UK mental health nurses to guide their assessments with family caregivers of people with dementia. *International Journal of Nursing Studies, 39*, 17-26.

Chadwick, P., Liao, L.M., & Boyle, M. (2005). Size matters: experiences of atypical genital and sexual development in males. *Journal of Health Psychology, 10*, 559-572.

Chamberlain, K. (2000). Methodolatry and qualitative health research. *Journal of Health Psychology, 5* (3), 285-296.

Charmaz, K. (1983). Loss of self: A fundamental form of suffering in the chronically ill. *Sociology of Health and Illness, 5*, 168-195.

Charmaz, K. (1989). The self in time. In N. Denzin (Ed.), *Studies in Symbolic Interaction, A Research Annual. 10. Parts A and B*. Greenwich, CT: JAI Press.

Charmaz, K. (1991). *Good Days Bad Days*. New Brunswick: Rutgers University Press.

Charmaz, K. (1995). The body, identity and self: adapting to impairment. *The Sociological Quarterly, 36*, 657-680.

Charmaz, K. (2006). *Constructing Grounded Theory: A Practical Guide through Qualitative Analysis*. London: Sage.

Charmaz, K. (2008). Grounded theory. In J.A. Smith (Ed.), *Qualitative Psychology: A Practical Guide to Methods* (2nd edn). London: Sage.

Chodorow, N.J. (1999). *The Power of Feelings*. New Haven: Yale University Press.

Cieurzo, C. & Keitel, M.A. (1999). Ethics in qualitative research. In M. Kopala & L.A. Suzuki (Eds), *Using Qualitative Methods in Psychology*. London: Sage.

Clare, L. (2002). We'll fight it as long as we can: Coping with the onset of Alzheimer's disease. *Aging and Mental Health, 6*, 139-148.

Clare, L. (2003). Managing threats to self: awareness in early stage Alzheimer's disease. *Social Science & Medicine, 57*, 1017-1029.

Cole, M. (1996). *Cultural Psychology: A Once and Future Discipline.* Boston: Harvard University Press.

Connop, V. & Petrak, J. (2004). The impact of sexual assault on heterosexual couples. *Sexual & Relationships Therapy, 19*, 29-38.

Conrad, P. (1987). The experience of illness: recent and new directions. *Research in the Sociology of Health Care, 6*, 1-31.

Coyle, A. & Rafalin, D. (2000). Jewish gay men's accounts of negotiating cultural, religious and sexual identity. *Journal of Psychology and Human Sexuality, 12*, 21-48.

Crossley, M.L. (2000). *Introducing Narrative Psychology: Self, Trauma and the Construction of Meaning.* Buckingham: Open University Press.

Dahlberg, K., Dahlberg, H., & Nystrom, M. (2008). *Reflective Lifeworld Research* (2nd edn). Lund: Studentlitteratur.

Dahlberg, K., Drew, N., & Nystrom, M. (2001). *Reflective Lifeworld Research.* Lund: Studentlitteratur.

Damasio, A. (1995). *Descartes' Error: Emotion, Reason and the Human Brain.* New York: Avon Hearst.

Daniel, E., Kent, G., Binney, V., & Pagdin, J. (2005). Trying to do my best as a mother: Decision-making in families of children undergoing elective surgical treatment for short stature. *British Journal of Health Psychology, 10*, 101-114.

Datan, N., Rodeheaver, D., & Hughes, F. (1987). Adult development and aging. *Annual Review of Psychology, 38*, 153-180.

de Visser, R. & Smith, J.A. (2006). Mister in between: A case study of masculine identity and health-related behaviour. *Journal of Health Psychology, 11*, 685-695.

de Visser, R. & Smith, J.A. (2007). Alcohol consumption and masculine identity among young men. *Psychology and Health, 22*, 595-614.

De Waele, J.P. & Harré, R. (1979). Autobiography as a psychological method. In G. Ginsburg (Ed.), *Emerging Strategies in Social Psychological Research.* Chichester: Wiley.

Dickson, A., Allan, D., & O'Carroll, R. (2008). Biographical disruption and the experience of loss following a spinal cord injury: An interpretative phenomenological analysis. *Psychology & Health, 23*, 407-425.

Dilthey, W. (1976). *Selected Writings* (H. Rickman, Ed., Trans. and Intro.). Cambridge: CUP.

Drummond, J. (2007). Phenomenology: Neither auto- nor hetero- be. *Phenomenology and the Cognitive Sciences, 6*, 57-74.

Duncan, B., Hart, G., Scoular, A., & Bigrigg, A. (2001). Qualitative analysis of the psychosocial impact of a diagnosis of chlamydia: implications for screening. *British Medical Journal*, 5, 165-185.

Dunne, E.A. & Quayle, E. (2001). The impact of iatrogenically acquired hepatitis C infection on the well-being and relationships of a group of Irish women. *Journal of Health Psychology, 6*, 679-692.

Eatough, V. & Smith, J.A. (2006a). 'I feel like a scrambled egg in my head': An idiographic case study of meaning making and anger using interpretative phenomenological analysis. *Psychology and Psychotherapy, 79*, 115-135.

Eatough, V. & Smith, J.A. (2006b). 'I was like a wild wild person': Understanding feelings of anger using interpretative phenomenological analysis. *British Journal of Psychology, 97*, 483-498.

Eatough, V. & Smith, J.A. (2008). Interpretative phenomenological analysis. In C. Willig and W. Stainton Rogers (Eds), *The SAGE Handbook of Qualitatitive Research in Psychology*. London: Sage.

Elliott, R, Fischer, C.T., & Rennie, D.L. (1999). Evolving guidelines for publication of qualitative research studies in psychology and related fields. *British Journal of Clinical Psychology, 38*, 215-229.

Erikson, E. (1980). *Identity and the Life-Cycle*. New York: Norton.
Finlay, L. (2002). Negotiating the swamp: the opportunity and challenge of reflexivity in research practice. *Qualitative Research, 2*, 209–230.
Finlay, L. (2008). A dance between the reduction and reflexivity: explicating the 'phenomenological psychological attitude'. *Journal of Phenomenological Psychology, 39*, 1–32.
Finlay, L. & Gough, B. (Eds) (2003). *Reflexivity*. Oxford: Blackwell Science.
Finlay, & Langdridge, D. (2007). Embodiment. In W. Hollway, H. Lucey, & A. Phoenix (Eds), *Social Psychology Matters*. Maidenhead: Open University Press.
Flowers, P. (2008). Temporal tales: The use of multiple interviews with the same participant. *Qualitative Methods in Psychology Newsletter, 5*, 24–27.
Flowers, P., Davis, M., Hart, G., Rosengarten, M., Frankis, J., & Imrie, J. (2006). Diagnosis and stigma and identity amongst HIV positive Black Africans living in the UK. *Psychology and Health, 21*, 109–122.
Flowers, P., Duncan, B., & Frankis, J. (2000). Community, responsibility and culpability: HIV risk management amongst Scottish gay men. *Journal of Community and Applied Social Psychology, 10*, 285–300.
Flowers, P., Duncan, B., & Knussen, C. (2003). Re-appraising HIV testing: An exploration of the psychosocial costs and benefits associated with learning one's HIV status in a purposive sample of Scottish gay men. *British Journal of Health Psychology, 8*, 179–194.
Flowers, P., Hart, G., & Marriot, C. (1999). Constructing sexual health: Gay men and 'risk' in the context of a public sex environment. *Journal of Health Psychology, 4*, 483–495.
Flowers, P., Knussen, C., & Duncan, B. (2001). Re-appraising HIV testing among Scottish gay men: The impact of new HIV treatments. *Journal of Health Psychology, 6*, 665–678.
Flowers, P., Marriott, C., & Hart, G. (2000). 'The bars, the bogs and the bushes': The impact of locale on sexual cultures. *Culture, Health and Sexuality, 2*, 69–86.
Flowers, P., Sheeran, P., Beail, N., & Smith, J.A. (1997). The role of psychosocial factors in HIV risk-reduction among gay and bisexual men: A quantitative review. *Psychology and Health, 12*, 197–230.
Flowers, P., Smith, J.A., Sheeran, P., & Beail, N. (1997). Health and romance: Understanding unprotected sex in relationships between gay men. *British Journal of Health Psychology, 2*, 73–86.
Gadamer, H. (1990/1960). *Truth and Method* (2nd rev. edn). New York: Crossroad.
Gallagher, S. & Sørensen, J.B. (2006). Experimenting with phenomenology. *Consciousness and Cognition, 15*, 119–134.
Gallagher, S. & Varela, F. (2001). Redrawing the map and resetting the time: phenomenology and the cognitive sciences. In S. Crowell, L. Embree, & S.J. Julian (Eds), *The Reach of Reflection: Issues for Phenomenology's Second Century*. Electronpress. Available at: pegasus.cc.ucf.edu/~gallaghr/G&V01.pdf (date of access: 31 January, 2008).
Gallagher, S. & Zahavi, D. (2007). *The Phenomenological Mind: An Introduction to Philosophy of Mind and Cognitive Science*. London: Routledge.
Gergen, K.J. (1987). Toward self as relationship. In K. Yardley & T. Honess (Eds), *Self & Identity: Psychosocial Perspectives*. Chichester: Wiley.
Gergen, K.J. (1991). *The Saturated Self: Dilemmas of Identity in Contemporary Life*. New York: Basic Books.
Gergen, K.J. & Gergen, M.M. (1988). Narrative and the self as relationship. In L. Berkowitz (Ed.), *Advances in Experimental Social Psychology, Vol. 21*. New York: Academic Press.
Ghaemi, S.N. (2001). Rediscovering existential psychotherapy: the contribution of Ludwig Binswanger. *American Journal of Psychotherapy, 55*, 51–64.

Giddens, A. (1991). *Modernity and Self-Identity: Self and Society in the Late Modern Age.* Oxford: Polity Press.

Gilligan, C. (1982). *In a Different Voice: Psychological Theory and Women's Development.* Cambridge, MA: Harvard University Press.

Giorgi, A. (1997). The theory, practice, and evaluation of the phenomenological method as a qualitative research procedure. *Journal of Phenomenological Psychology, 28,* 235–260.

Giorgi, A. & Giorgi, B. (2008). Phenomenology. In J.A. Smith (Ed.), *Qualitative Psychology: A Practical Guide to Methods* (2nd edn). London: Sage.

Glaser, B.G. & Strauss, A. (1967). *Discovery of Grounded Theory: Strategies for Qualitative Research.* Mill Valley, CA: Sociology Press.

Glasscoe, C. & Smith, J.A. (2008). Through a mother's lens: A qualitative analysis reveals how temporal experience shifts when a boy born preterm has cystic fibrosis. *Clinical Child Psychology and Psychiatry, 13,* 609–626.

Golsworthy, R. & Coyle, A. (2001). Practitioners' accounts of religious and spiritual dimensions in bereavement therapy. *Counselling Psychology Quarterly, 14,* 183–202.

Gregory, D.M., Way, C.Y., Hutchinson, T.A., Barrett, B.J., & Parfrey, P.S. (1998). Patients' perceptions of their experiences with ESRD and haemodialysis treatment. *Qualitative Health Research, 8,* 764–783.

Gubrium, J.F. & Holstein, J.A. (Eds) (2002). *Handbook of Interview Research: Context and Methods.* Thousand Oaks: Sage.

Hagren, B., Pettersen, IM., Severinsson, E., Lützén, K., & Clyne, N. (2005). Maintenance haemodialysis: patients' experiences of their life situation. *Journal of Clinical Nursing 14,* 294–300.

Halling, S. (2008). *Intimacy, Transcendence, and Psychology.* New York: Palgrave.

Hammersley, M. (1989). *The Dilemma of Qualitative Method.* London: Routledge.

Harré, R. (1979). *Social Being.* Oxford: Blackwell.

Harrop, C.E. & Trower, P. (2003). *Why Does Schizophrenia Develop at Late Adolescence?* Chichester: Wiley.

Heidegger, M. (1962/1927). *Being and Time.* Oxford: Blackwell.

Henwood, K. & Pidgeon, N. (2006). Grounded theory. In G. Breakwell, C. Fife-Schaw, S. Hammond, & J.A. Smith (Eds), *Research Methods in Psychology* (3rd edn). London: Sage.

Hermans, H.J. (1988). On the integration of nomothetic and idiographic research methods in the study of personal meaning. *Journal of Personality, 56,* 785–812.

Hollway, W. & Jefferson, T. (2005). Panic and perjury: A psycho-social exploration of agency. *British Journal of Social Psychology, 44,* 147–163.

Holmes, S., Coyle, A., & Thomson, E. (1997). Quality of life in survivors of bone marrow transplant. *Journal of Cancer Nursing, 1,* 106–116.

Hopf, C. (2004). Research ethics and qualitative research. In U. Flick, E. von Kardoff, & I. Steinke (Eds), *A Companion to Qualitative Research.* London: Sage.

Howes, H., Benton, D., & Edwards, S. (2005). Women's experience of brain injury: An interpretative phenomenological analysis. *Psychology and Health, 20,* 129–142.

Hunt, D. & Smith, J.A. (2004). The personal experience of carers of stroke survivors: an interpretative phenomenological analysis. *Disability & Rehabilitation, 26,* 1000–1011.

Husserl, E. (1927). Phenomenology. For *Encyclopaedia Britannica* (R. Palmer, Trans. and revised). Available at: http://www.hfu.edu.tw/~huangkm/phenom/husserl-britanica.htm

Husserl, E. (1970). *The Crisis of European Sciences and Transcendental Phenomenology* (D. Carr, Trans.). Evanston: Northwestern University Press.

Husserl, E. (1982). *Ideas Pertaining to a Pure Phenomenology and to a Phenomenological Philosophy* (F. Kersten, Trans.). Dordrecht: Kluwer.

IRIS (2006). Early detection in psychosis. Available at: http://www.iris-initiative.org.uk/
Jarman, M., Smith, J.A., & Walsh, S. (1997). The psychological battle for control: a qualitative study of health care professionals understandings of the treatment of anorexia nervosa. *Journal of Community & Applied Social Psychology, 7*, 137–152.
Jarman, M., Walsh, S., & De Lacey, G. (2005). Keeping safe, keeping connected: a qualitative study of HIV-positive women's experiences of partner relationships. *Psychology & Health, 20*, 533–553.
Johnson, S., Burrows, A., & Williamson, I. (2004). 'Does my bump look big in this?' The meaning of bodily changes for first time mothers-to-be. *Journal of Health Psychology, 9*, 361–374.
Johnstone, L. (2000). *Users and Abusers of Psychiatry* (2nd edn). Hove: Brunner-Routledge.
Josselson, R. (2004). The hermeneutics of faith and the hermeneutics of suspicion. *Narrative Inquiry, 14*, 1–29.
Kam, S. & Midgeley, N. (2006). Exploring 'clinical judgement': How do child and adolescent mental health professionals decide whether a young person needs individual psychotherapy? *Clinical Child Psychology and Psychiatry, 11*, 27–44.
Kidder, L.H. & Fine, M. (1997). Qualitative inquiry in psychology: A radical tradition. In D. Fox & I. Prilleltensky (Eds), *Critical Psychology*. London: Sage.
Kierkegaard, S. (1974). *Concluding Unscientific Postscript* (D.F. Swenson & W. Lowrie, Trans.). Princeton: Princeton University Press.
Kirschenbaum, D. (1991). Integration of clinical psychology into haemodialysis programs. In J. Sweet, R. Rozensky, and S. Tovian (Eds), *Handbook of Clinical Psychology in Medical Settings*. New York: Plenum Press.
Lamiell, J.T. (1987). *The Psychology of Personality: An Epistemological Inquiry*. New York: Columbia University Press.
Langdridge, D. (2007). *Phenomenological Psychology: Theory, Research and Method*. Harlow: Pearson.
Lanzoni, S. (2005). The enigma of subjectivity: Ludwig Binswanger's existential anthropology of mania. *History of the Human Sciences, 18*, 23–41.
Larkin, M. (2001). Understandings and Experiences: A Post-constructionist Cultural Psychology of Addiction and Recovery in the 12-Step Tradition. Unpub. PhD thesis. Nottingham Trent University.
Larkin, M., Clifton, E., & de Visser, R. (in press). Making sense of 'consent' in a constrained environment. *International Journal of Law & Psychiatry*.
Larkin, M., Eatough, V., & Osborn, M. (submitted). Interpretative phenomenological analysis and embodied active situated cognition.
Larkin, M. & Griffiths, M.D. (2002). Experiences of addiction and recovery: the case for subjective accounts. *Addiction Research and Theory, 10*, 281–311.
Larkin, M. & Griffiths, M.D. (2004). Dangerous sports and recreational drug-use: rationalizing and contextualizing risk. *Journal of Community and Applied Social Psychology, 14*, 215–232.
Larkin, M., Watts, S., & Clifton, E. (2006). Giving voice and making sense in Interpretative Phenomenological Analysis. *Qualitative Research in Psychology, 3*, 102–120.
Latif, S., Newton, E., & Larkin, M. (2004). Experiences of psychosis and Early Intervention: Asian service-users' perspectives. Paper presented to the Annual Interpretative Phenomenological Analysis Conference, July, Nottingham Trent University.
Lavie, M. & Willig, C. (2005). 'I don't feel like melting butter': An interpretative phenomenological analysis of the experience of 'inorgasmia'. *Psychology & Health, 20*, 115–128.
Lieblich, A. (1996). Some unforeseen outcomes of conducting narrative research with people of one's own culture. In R. Josselson (Ed.), *The Narrative Study of Lives: Ethics and Process in the Narrative Study of Lives*. London: Sage.

Macdonald, I., Sinason, V., & Hollins, S. (2003). An interview study of people with learning disabilities' experience of, and satisfaction with, group analytic therapy. *Psychology and Psychotherapy: Theory, Research and Practice, 76*, 433-453.

MacLeod, R., Craufurd, D., & Booth, K. (2002). Patients' perceptions of what makes genetic counselling effective: An interpretative phenomenological analysis. *Journal of Health Psychology, 7*, 145-156.

Martin, C.R. & Thompson, D.R. (2000). Prediction of quality of life in patients with end-stage renal disease. *British Journal of Health Psychology, 5*, 41-55.

McGorry, P.D., Edwards, J., Mihalopoulos, C., Harrigan, S.M., & Jackson, H.J. (1996). EPPIC: An evolving system of early detection and optimal management. *Schizophrenia Bulletin, 22*, 305-326.

Mead, G.H. (1934). *Mind Self and Society*. Chicago: University of Chicago Press.

Merleau-Ponty, M. (1962). *Phenomenology of Perception*. London: Routledge.

Michie, S., Hendy, J., Smith, J.A., & Adshead, F. (2004). Evidence into practice: a theory based study of achieving national health targets in primary care. *Journal of Evaluation in Clinical Practice, 10*, 447-456.

Michie, S., Smith, J.A., Senior, S., & Marteau, T. (2003). Understanding why negative genetic test results sometimes fail to reassure. *American Journal of Medical Genetics, 119A*, 340-347.

Mishler, E.G. (1986). *Research Interviewing: Context and Narrative.* Boston: Harvard University Press.

Mohanty, J.N. (1975). Review of *Edmund Husserl: Philosopher of Infinite Tasks* by M. Natanson. *Journal of History of Philosophy, 13*, 542-545. Available at: muse.jhu.edu/journals/journal_of_the_history_of_philosophy/v013/13.4mohanty.pdf

Moran, D. (2000). *Introduction to Phenomenology*. London: Routledge.

Moran, D. and Mooney, T. (2002). *The Phenomenology Reader*. London: Routledge.

Morgan, C. & Fearon, P. (2007). Social experience and psychosis insights from studies of migrant and ethnic minority groups. *Epidemiologia e Psichiatria Sociale, 16*, 118-123.

Morris, D. (2008). Body. In R. Diprose & J. Reynolds (Eds), *Merleau-Ponty: Key Concepts*. Stocksfield: Acumen.

Moss-Morris, R., Weinman, J., Petrie, K., Horne, R., Cameron, L., & Buick, D. (2002). The revised illness perception questionnaire (IPQ-R). *Psychology & Health*, 17, 1-16.

Much, N. (1995). Cultural psychology. In J.A. Smith, R. Harré, & L. Van Langenhove (Eds), *Rethinking Psychology*. Sage: London.

National Institute for Clinical Excellence (NICE) (2002). *Clinical Guideline 1. Schizophrenia: Core Interventions in the Treatment and Management of Schizophrenia in Primary and Secondary Care*. London: NICE.

Newton, E., Landau, S., Smith, P., Monks, P., Shergill, S., & Wykes, T. (2005). Early psychological intervention for auditory hallucinations: An exploratory study of young people's voices groups. *Journal of Nervous and Mental Disease, 193*, 58-61.

Newton, E., Larkin, M., Melhuish, R., & Wykes, T. (2007). More than just a place to talk: young people's experiences of group psychological therapy as an early intervention for auditory hallucinations. *Psychology and Psychotherapy: Theory, Research, Practice*, 80, 127-149.

Nicolson, P. (1986). Developing a feminist approach to depression following childbirth. In S. Wilkinson (Ed.), *Feminist Social Psychology: Developing Theory and Practice.* Milton Keynes: Open University Press.

Nicolson, P. (1989). Counselling women with post natal depression: Implications from recent qualitative research. *Counselling Psychology Quarterly, 2*, 123-132.

Nightingale, D. & Cromby, J. (1999). *Social Constructionist Psychology: A Critical Analysis of Theory and Practice*. Buckingham: Open University Press.

O'Connell, D.C. & Kowal, S. (1995). Basic principles of transcription. In J.A. Smith, L. Van Langenhove, & R. Harré (Eds), *Rethinking Methods in Psychology*. London: Sage.

Osborn, M. & Smith, J.A. (1998). The personal experience of chronic benign lower back pain: An interpretative phenomenological analysis. *British Journal of Health Psychology, 3*, 65–83.

Packer, M. & Addison, R. (1989). *Entering the Circle: Hermeneutic Investigation in Psychology*. New York: State University of New York Press.

Palmer, M., Larkin, M., De Visser, R., & Fadden, G. (in press) Developing an interpretative phenomenological approach to focus group data. *Qualitative Research in Psychology*.

Palmer, R. (1969). *Hermeneutics*. Evanston: Northwestern University Press.

Parker, I. (1992). *Discourse Dynamics: Critical Analysis for Social and Individual Psychology*. London and New York: Routledge.

Parkes, C.M. (1998). *Bereavement: Studies of Grief in Adult Life* (3rd edn). London: Penguin.

Penny, E., Newton, E., & Larkin, M. (in press). Whispering on the water: British Pakistani families' experiences of support from an Early Intervention Service for first-episode psychosis. *Journal of Cross Cultural Psychology*.

Pitt, L., Kilbride, M., Nothard, S., Welford, M., & Morrison, A.P. (2007). Researching recovery from psychosis: a user-led project. *Psychiatric Bulletin, 31*, 55–60.

Platt, J. (1988). What can case studies do? In R.G. Burgess (Ed.), *Studies in Qualitative Methodology: A Research Annual: Conducting Qualitative Research, Vol. I*. Greenwich, CT: JAI Press.

Plummer, K. (2001). *Documents of Life 2: An Invitation to a Critical Humanism*. London: Sage.

Potter, J. & Wetherell, M. (1987). *Discourse and Social Psychology: Beyond Attitudes and Behaviour*. London: Sage.

Rathwell, M. (2007). The Incredible Hulk television series page. Available at: www.incrediblehulktvseries.com/index.html

Ratner, C. (2000). A Cultural-Psychological Analysis of Emotions. *Culture & Psychology, 6*, 5–39.

Read, J. (2004). Poverty, ethnicity and gender. In J. Read, L.R. Mosher, & R.P. Bentall (Eds), *Models of Madness*. London: Routledge.

Read, J., Mosher, L.R., & Bentall, R.P. (Eds) (2004). *Models of Madness*. London: Routledge.

Reichsman, F. & Levy, N. (1972). Problems of adaptation to maintenance dialysis. *Archives of Internal Medicine, 130*, 859–865.

Reid, K., Flowers, P., & Larkin, M. (2005). Exploring lived experience: An introduction to Interpretative Phenomenological Analysis. *The Psychologist, 18*, 20–23.

Reynolds, F. & Prior, S. (2003). Sticking jewels in your life: Exploring women's strategies for negotiating an acceptable quality of life with multiple sclerosis. *Qualitative Health Research, 13*, 1225–1251.

Rhodes, J.E. & Jakes, S. (2004). The contribution of metaphor and metonymy to delusions. *Psychology and Psychotherapy: Theory, Research and Practice, 77*, 1–17.

Rich, A. (1977). *Of Woman Born*. London: Virago.

Richardson, W.J. (1963). *Heidegger: Through Phenomenology to Thought*. The Hague: Martinus Nijhoff.

Ricoeur, P. (1970). *Freud and Philosophy: An Essay on Interpretation*. New Haven: Yale University Press.

Riggs, E. & Coyle, A. (2002). Young people's accounts of homelessness: A case-study of psychological well-being and identity. *Counselling Psychology Review, 17*, 5–15.

Robson, C. (1993). *Real World Research: A Resource for Social Scientists and Practitioner-Researchers*. Oxford: Blackwell.

Roose, G.A. & John, A.M. (2003). A focus group investigation into young children's understanding of mental health and their views on appropriate services for their age group. *Child: Care, Health & Development, 29*, 545–550.

Rose, D. (2003). Collaborative research between users and professionals: Peaks and pitfalls. *Psychiatric Bulletin, 27*, 404-406.
Rosenwald, G.C. (1992). Conclusion: reflections on narrative understanding. In G.C. Rosenwald & R.C. Ochberg (Eds), *Storied Lives: The Cultural Politics of Self-Understanding.* London: Yale University Press.
Rubin, R. (2004). Men talking about Viagra: An exploratory study with focus groups. *Men and Masculinities*, 7, 22-30.
Salmon, P. (2002). How do we recognise good research when we see it? Anarchism, methodologism and the quantitative *vs* qualitative debate. *Psychologist,* 16, 24-27.
Sarbin, T. R. (1990). Toward the obsolescence of the schizophrenia hypothesis. *Journal of Mind and Behaviour, 11*, 259-284.
Sartre, J-P. (1948). *Existentialism and Humanism* (P. Mairet, Trans.). London: Methuen.
Sartre, J-P. (1956/1943). *Being and Nothingness*. New York: Washington Square Press.
Schleiermacher, F. (1998). *Hermeneutics and Criticism and other Writings* (A. Bowie, Trans.). Cambridge: CUP.
Schoenberg, M. & Shiloh, S. (2002). Hospitalized patients' views on in-ward psychology counseling. *Patient Education and Counselling, 48*, 123-129.
Shaw, R. (2004). Making sense of violence: A study of narrative meaning. *Qualitative Research in Psychology, 1*, 131-151.
Shinebourne, P. & Smith, J.A. (in press). Alcohol and the self: An interpretative phenomenological analysis of the experience of addiction and its impact on the sense of self and identity. *Addiction Research & Theory.*
Sloman, A. (1976). What are the aims of science? *Radical Philosophy, Spring,* 7-17.
Smith, J.A. (1993). The case study. In R. Bayne and P. Nicolson (Eds), *Counselling and Psychology for Health Professionals.* London: Chapman Hall.
Smith, J.A. (1994a). Reconstructing selves: An analysis of discrepancies between women's contemporaneous and retrospective accounts of the transition to motherhood. *British Journal of Psychology, 85*, 371-392.
Smith, J.A. (1994b). Towards reflexive practice: Engaging participants as co-researchers or co-analysts in psychological inquiry. *Journal of Community & Applied Social Psychology, 4*, 253-260.
Smith, J.A. (1996). Beyond the divide between cognition and discourse: Using interpretative phenomenological analysis in health psychology. *Psychology & Health, 11*, 261-271.
Smith, J.A. (1999a). Identity development during the transition to motherhood: An interpretative phenomenological analysis. *Journal of Reproductive and Infant Psychology, 17*, 281-300.
Smith, J.A. (1999b). Towards a relational self: Social engagement during pregnancy and psychological preparation for motherhood. *British Journal of Social Psychology, 38*, 409-426.
Smith, J.A. (2003). Shifting identities: The negotiation of meanings between texts and between persons. In L. Finlay & B. Gough (Eds), *Doing Reflexivity* (pp. 176-186). Oxford: Blackwell.
Smith, J.A. (2004). Reflecting on the development of interpretative phenomenological analysis and its contribution to qualitative research in psychology. *Qualitative Research in Psychology, 1*, 39-54.
Smith, J.A. (2007). Hermeneutics, human sciences and health: Linking theory and practice. *International Journal of Qualitative Studies on Health and Well-Being, 2*, 3-11.
Smith, J.A. (ed.) (2008). *Qualitative Psychology* (2nd edn). London: Sage.
Smith, J.A., Brewer, H., Eatough, V., Stanley, C., Glendinning, N., & Quarrell, O. (2006). The personal experience of juvenile Huntington's Disease: An interpretative phenomenological analysis of parents' accounts of the primary features of a rare genetic condition. *Clinical Genetics, 69*, 486-496.

Smith, J.A., Flowers, P., & Osborn, M. (1997). Interpretative phenomenological analysis & health psychology. In L. Yardley (Ed.), *Material Discourses & Health*. London: Routledge.
Smith, J.A., Harré, R. & Van Langenhove, L. (1995). Idiography and the case study. In J.A. Smith, R. Harré, & L. Van Langenhove (Eds), *Rethinking Psychology*. London: Sage.
Smith, J.A., Michie, S., Stephenson, M., & Quarrell, O. (2002). Risk perception and decision-making processes in candidates for the genetic test for Huntington's Disease: An interpretative phenomenological analysis. *Journal of Health Psychology, 7*, 131–144.
Smith, J.A. & Osborn, M. (2003). Interpretative phenomenological analysis. In J.A. Smith (Ed.), *Qualitative Psychology: A Practical Guide to Methods*. London: Sage.
Smith, J.A. & Osborn, M. (2007). Pain as an assault on the self: An interpretative phenomenological analysis. *Psychology and Health, 22*, 517–534.
Smith, J.A. & Osborn, M. (2008). Interpretative phenomenological analysis. In J.A. Smith (Ed.), *Qualitative Psychology: A Practical Guide to Methods* (2nd edn). London: Sage.
Stall, R., Coates, T., & Hoff, C. (1988). Behavioural risk reduction for HIV infection among gay men and bisexual men. *American Psychologist, 43*, 878–885.
Styles, J. (1979). Outsider/insider: researching gay baths. *Urban Life, 8*, 135–152.
Swift, T.L. & Wilson, S.L. (2001). Misconceptions about brain injury among the general public and non-expert health professionals: An exploratory study. *Brain Injury*, 15, 149–165.
Thompson, A.R., Kent, G., & Smith, J.A. (2002). Living with vitiligo: Dealing with difference. *British Journal of Health Psychology, 7*, 213–225.
Timotijevic, L. & Breakwell, G.M. (2000). Migration and threat to identity. *Journal of Community and Applied Social Psychology, 10*, 355–372.
Tipton, S. (2003). Comics 101: Driven By Rage. http://www.moviepoopshoot.com/comics101/17.html (source of comic image).
Todres, L. (2007). *Embodied Enquiry: Phenomenological Touchstones for Research, Psychotherapy and Spirituality*. London: Palgrave Macmillan.
Touroni, E. & Coyle, A. (2002). Decision making in planned lesbian parenting: An interpretative phenomenological analysis. *Journal of Community and Applied Social Psychology*, 12, 194–209.
Trevarthen, C. & Aitken, K.J. (2001). Infant intersubjectivity: research, theory, and clinical implications. *Journal of Child Psychology and Psychiatry, 41*, 3–48.
Turner, A., Barlow, J., & Ilbery, B. (2002). Play hurt, live hurt: Living with and managing osteoarthritis from the perspective of ex-professional footballers. *Journal of Health Psychology*, 7, 285–301.
Van Manen, M. (1990). *Researching Lived Experience: Human Science for an Action Sensitive Pedagogy*. Albany: Sate University of New York Press.
Vandevelde, P. (2005). *The Task of the Interpreter*. Pittsburgh: Pittsburgh University Press.
Von Eckartsberg, R. (1986). *Life World Experience*. Lanham: University Press of America.
Warnock, M. (1987). *Memory*. London: Faber.
Watnick, S., Kirwin, P., Mahnensmith, R., & Concato, J. (2003). The prevalence and treatment of depression among patients starting dialysis. *American Journal of Kidney Disease, 41*, 105–110.
Wetherell, M., Taylor, S., & Yates, S. (Eds) (2001). *Discourse Theory and Practice*. London: Sage.
Wider, K.V. (1997). *The Bodily Nature of Consciousness: Sartre and Contemporary Philosophy of Mind*. Ithaca: Cornell University Press.
Wilkinson, S. (2003). Focus groups. In J.A. Smith (Ed.), *Qualitative Psychology: A Practical Guide to Methods*. London: Sage.
Wilkinson, S., Joffe, H., & Yardley, L. (2004). Interviews and focus groups. In D.F. Marks & L. Yardley (Eds), *Research Methods for Clinical and Health Psychology*. London: Sage.

Willig, C. (2001). *Introducing Qualitative Research in Psychology: Adventures in Theory.* Buckingham: Open University Press.

Willig, C. (2008). *Introducing Qualitative Research in Psychology* (2nd edn). Maidenhead: Open University Press.

Wyer, S.J., Earll, L., Joseph, S., & Harrison, J. (2001). Deciding whether to attend a cardiac rehabilitation programme: An interpretative phenomenological analysis. *Coronary Health Care, 5,* 178–188.

Yardley, L. (2000). Dilemmas in qualitative health research. *Psychology & Health, 15,* 215–228.

Yardley, L. (2008). Demonstrating validity in qualitative psychology. In J.A. Smith (Ed.), *Qualitative Psychology: A Practical Guide to Methods* (2nd edn). London: Sage.

Yin, R. (1989). *Case Study Research: Design & Methods* (2nd edn). Beverly Hills: Sage.

색 인

[ㅈ]

[ㅊ]

INDEX

공역자

김미영 이화여자대학교 간호과학부 교수
이광석 경북대학교 행정학부 교수

해석 현상학적 분석
Interpretative Phenomenological Analysis

2015년 7월 26일 제1판 제1쇄
2015년 7월 30일 제1판 발 행

저 자 Jonathan A. Smith, Paul Flowers, Michael Larkin
공역자 김미영 • 이광석
발행인 신경원
발행처 도서출판 하누리(디자인메카)
136-087 서울특별시 성북구 안암로3길 41 윤호빌딩 1층
전화: 02)2269-1599, 팩스: 02)2269-5231
E-mail: medmecca@hanmail.net
http://www.hanuripub.co.kr

신고번호 제 2-3108(2000.7.3)
ISBN 978-89-91130-42-5(94510)

정가 12,000원